Micaela von Marcard, geb. 1958, studierte Theaterwissenschaften, Geschichte und Politologie und arbeitete als freie Publizistin und Dramaturgin. Seit 1992 ist sie Chefdramaturgin der Staatsoper Unter den Linden in Berlin.

Micaela von Marcard

Rokoko
oder Das Experiment am
lebenden Herzen
Galante Ideale und Lebenskrisen

rowohlts enzyklopädie
kulturen und ideen

kulturen und ideen
Herausgegeben von Wolfgang Müller
in
rowohlts enzyklopädie
Herausgegeben von Burghard König

Originalausgabe
Veröffentlicht im
Rowohlt Taschenbuch Verlag GmbH,
Reinbek bei Hamburg, April 1994
Copyright © 1994 by
Rowohlt Taschenbuch Verlag GmbH,
Reinbek bei Hamburg
Umschlaggestaltung Jens Kreitmeyer
(Vignette: «Tanzendes Mädchen»
von Ferdinand Tietz/
Skulpturengalerie der Staatlichen Museen
Preußischer Kulturbesitz, Berlin.
Foto: Bernd W. Lindemann)
Satz Bembo PostScript Linotype Library,
QuarkXPress 3.11
bei Clausen & Bosse, Leck
Druck und Bindung Clausen & Bosse, Leck
Printed in Germany
2290-ISBN 3 499 55470 4

INHALT

François Boucher: Triumph der Venus.
1740. Stockholm, Nationalmuseum

1

AMOR

Die Kinder

Hoch schlägt die Brandung. Es stieben zwei prächtige Meeresrösser durch den ungebändigten Ozean, die Mähne golden, die Nüstern bebend aufgeworfen und die Zähne gefletscht. Mit ihren Floßfedern durchfurchen sie die Wellen, in ihrer Mitte schießt der gewaltige Gott Neptun durch die Fluten, die eine Hand verkrallt in die metallische Mähne des Schimmels, mit der anderen schwingt er eine Muschel an den Mund des wild erhobenen Hauptes und bläst mit aller Kraft zum Sturm, auf daß sich die Winde erheben. Wütend teilen sich die Wogen unter dem Muskelspiel von Pferden und Reiter, die aufgewühlten Fluten werden von den donnernden Hufen der Pferde niedergedrückt, und im Kiel des Trios entschwebt der Gischt eine milchweiße Frau, rosenbekränzt, gelassen und siegessicher gebettet in eine Muschel. Sie triumphiert mit einem kleinen Bogen in der Hand, während weiße Tauben sie im Fruchtbarkeitsrausch umschwirren, Amoretten auf Walen und Delphinen reiten und die Schaumgestalt umfliegen, derweil Neriden die Wasser durcheilen und geschwinde Tritonen durch das Toben der Wellen tauchen.[1]

Venus ist wiedergeboren! Mit Ungestüm sprengen die göttlichen Protagonisten die Bilder und Deckengemälde Tiepolos, Bouchers, Berains und Watteaus. Es werden die Himmel zu Wassern, aus dem freien Raum preschen die ozeanischen Pferde Erioles und Glaukus in das Nichts atemberaubender Perspektiven, von einem Neptun gezügelt, der sich in den luftigen Höhen der Affreschi in seinem Element fühlt und dessen meerschwarze Haare im Wind eines gewagten Pinselstrichs wehen. In den Farborkanen der Maler des 18. Jahrhunderts verwandelt sich die Wirklichkeit an den Decken und Wänden der Paläste in ein mythologisches Universum, dessen unumschränkte Herrscherin die Göttin der

Liebe ist. Die Sehnsucht nach ihrer Kraft der Empfindung holte sie und eine untergegangene Welt an die glitzernde Oberfläche der Erinnerung, um die im Zeremoniell des barocken Lebens gezügelten Herzen zu entfesseln. Daß die schönste aller Olympierinnen zum Ende des 17. Jahrhunderts wieder den Schaumkronen entsteigt und auf festes Land tritt, kündet von dem Anbruch einer neuen Epoche; mit ihrem Auftauchen erblickt ein veränderter Lebensanspruch die Welt der Gedanken. Als Apotheose der Erschaffung der Welt aus dem Geist der Liebe offenbart sich die Geburt der Venus nun. Denn die ganze Schöpfungsgeschichte des Rokoko rankt sich um die Gestalt der Aphrodite oder Venus. Die Figuren aus ihrem Wirkungsreich regieren fortan die Gefühle, ihre Erben und Kinder nehmen segensreichen und zugleich fürchterlichen Einfluß auf das Seelenleben der Menschen, die unter den Augen des in der Malerei neu zum Leben erwachten antikischen Personals wandeln.

So berichtet die Sage, daß neun Monate nachdem Aphrodite dem Meer entstiegen ist, ein Glück und Verderben bringendes Kind ins Leben tritt, das die Gemüter sowohl der Erdenbürger als auch der Bewohner des Firmaments durcheinanderbringen wird: Ward nicht Penia, die Göttin der Armut, im Rausch des Festes zu Ehren der Aphrodite Geburt ausgezogen, um sich dem Poros, dem Gott für alle Mittel und Wege, an den Hals zu werfen und sich von ihm begatten zu lassen? «Als nämlich Aphrodite geboren war, schmausten die Götter, und unter den übrigen der Sohn der Metis. Als sie nun abgespeist, kam, um sich etwas zu erbetteln, da es doch festlich herging, auch Penia und stand an der Tür. Poros nun, berauscht vom Nektar, denn Wein gab es noch nicht, ging in den Garten des Zeus hinaus, und schwer und müde wie er war, schlief er ein. Penia nun, die ihrer Dürftigkeit wegen den Anschlag faßte, ein Kind mit Poros zu erzeugen, legte sich zu ihm und empfing den Eros. Deshalb ist auch Eros der Aphrodite Begleiter und Diener geworden, wegen seiner Empfängnis an ihrem Geburtstagsfest und weil er von Natur ein Liebhaber des Schönen ist und Aphrodite schön ist.»[2] Und da er stets von einer dringenden Herzensangelegenheit zur nächsten flattert, trägt er Flügel – goldene.

So wandert der kleine geflügelte Sprößling der Armut ruhelos, ohne Obdach und unbeschuht, jahrhundertelang durch die Erdteile und Kulturen, von nur einer Sehnsucht getrieben: Es verlangt ihn nach Schönheit und Liebe. Er schläft vor fremden Türen bei den Griechen und zieht mit Lumpen auf dem Leib bis in die römische Antike, verliert unterwegs Namen und Identität, um als veritabler Sohn der Venus in aller Nacktheit wiedergeboren zu werden. Amor oder Cupido – wie Venus' Sprößling auch genannt wird –, der als kleiner mutwilliger Schelm inkarnierte Eros, springt vor der gehörigen Zeit aus dem Schoß seiner Mutter, schüttelt seine Flügel und schwingt sich in ihre Arme, um von dort aus seinen Siegeszug durch die Herzen der Ahnungslosen anzutreten. Amor ist, wie sein griechischer Urahn, gut für die Jagd auf Liebesbeute gerüstet, er nennt Pfeil und Bogen sein eigen. Doch ist er eine durch und durch bezaubernde Gestalt geworden, die Reise durch die Epochen verwandelt seine einst grobe Gestalt und sein rauhes Äußeres zu lieblich schönen Zügen. Zivilisationen können diesem Erscheinungsbild nichts mehr anhaben, und noch Jahrhunderte später schwebt das verwunschene Wesen unendlich vervielfältigt durch die Rokoko-Atmosphären. Es ist Engel und Mensch. Denn was dem Christentum bis weit ins Barock die himmlischen Heerscharen, ist in Zeiten zunehmender Säkularisierung des Lebens und um sich greifenden Atheismus die Amorette: ein Bote des (vielleicht trügerischen) Glücks. Von Wesen sorglos, gehört Amor zu den ewigen Symbolgestalten menschlicher Träume: Er verkörpert die Ursehnsucht, die sich in ein paradiesisches Leben schrankenlosen Liebens wünscht. Amor wird als Kunstgestalt auch noch im Rokoko sanft in eine lichte Götterwelt geboren. Er «springt» keck aus dem mütterlichen Leib ins Leben. Fortan spielt er weltvergessen in einem himmlischen Arkadien mit seinen gefährlichen Waffen und schießt sie von den großen Gemälden und Fresken der Zeit herab in die Herzen der Menschen. Zu seinen Füßen, auf dem Boden der Tatsachen, spielt sich freilich eine ganz andere Geburtsszene ab.

Schauplatz ist eine Gebärstation für Ledige und darinnen ein Verschlag inmitten anderer Verschläge, wo Frauen, die verlassen wurden, nur mit dem zweifelhaften Beistand einer abgebrühten und geldgierigen Hebamme ihr Kind gebären. Wehen krümmen die jungen Leiber und verzerren die Gesichter der Schwangeren. Es fließt Blut. In der Kammer verbreitet sich ein scharfer Geruch erkaltenden Schweißes. Eine Entbundene nebenan phantasiert im Kindbettfieber, langsam schwindet jede Regung aus ihrem Körper. Die Hebamme zieht ein Kind aus dem Bauch einer Niederkommenden. Nach den ersten Atemzügen versiegt ein minutenaltes Leben. Die Zustände in öffentlichen Gebärhospitälern und in den Etablissements verschwiegener Hebammen sind die Hölle. Doch bedeutet die Niederkunft für jede Frau, ob arm oder reich, ob in Palast oder Hütte, den Kampf auf Leben und Tod. Thanatos herrscht in den katastrophalen hygienischen Mißständen; jede Mutter, jeder Säugling muß seinem Rachen entrissen werden. Vor allem: das Ringen zwischen neugeborenem Leben und Tod bleibt jahrelang unentschieden.

Tote Kinder kommen in den Himmel und werden dort zu Engeln, trösten sich Eltern, deren Nachkommenschaft ihnen wegstirbt. Tatsächlich sind die künstlichen Rokoko-Firmamente das Reich kleiner geflügelter Geschöpfe. Mollige Wesen schweben über die pastellenen Deckengemälde vergoldeter Säle. Bilder mythologischen wie religiösen Inhalts sind bevölkert von Amoretten in der Statur von irdischen Kindern. Der Zauber ihrer Ausstrahlung, die Wonne ihrer Erscheinung liegt in der Botschaft, die sie überbringen und die von allen Betrachtern ersehnt wird: Sie verkörpern die Existenz und die Kraft der Hoffnung und bringen die Kunde davon unter die Menschen und Götter. Ein besonderer Sinnzusammenhang fließt in der Figur des verhimmlischten Kindes durch künstlerische Überhöhung zusammen: Die lebendigen Zeugnisse der Liebe werden im Tode selbst zu Söhnen und Abgesandten der Venus und entpuppen sich als die Schlingel, die die Sehnsucht nach der innigsten Empfindung in die Seelen der Menschen versenken.

Die runden Gesichter dieser zauberischen Kinder mit geröteten Pausbacken strahlen vor Gesundheit, pralle Schenkelchen und rosige Haut strotzen vor Lebenswillen. Selbst in Stein gehauen, erstarren die Genien menschlicher Liebesphantasie nie, ihre Körper sind in stets anmutiger Bewegung wie in einem Moment unbändigen Unternehmungsgeistes eingefangen. Die Idealvorstellung, die sich die Epoche von den Kindern erträumt, verweist ihre Existenz in eine ganz und gar überirdische Dimension; die ersehnte Bestimmung der Kinder erfüllt sich in ihrer Funktion als Liebesboten auf das vollkommenste. Jedoch abseits dieser Phantasmagorien haben Kinder keinen Platz in den Gedanken und Gefühlen der Erwachsenen. In der Kunst kann ihnen eine Rolle im Reigen der Liebesspiele zugewiesen werden, die sie in der Realität naturgemäß nicht ausfüllen können. Daher erlangen die verstorbenen jungen Erdenbürger nach ihrer Auferstehung vom Tod als Engel auf den Gemälden in Kirchen und Schlössern eine Bedeutung, die sie im Leben nie hatten. Es ist fast, als müßten die Kinder erst sterben, um ihre Existenzberechtigung nachzuweisen. Tatsächlich verrecken sie massenweise. Die Wirklichkeit im 18. Jahrhundert steht dem paradiesischen Dasein in der Allegorie als brutaler Kontrast gegenüber.

Ein großer Pferdewagen fährt von Gebärhospital zu Gebärhospital, von Findelhaus zu Findelhaus, in denen verzweifelte Mütter ihre Säuglinge abgeben. Der Kutscher nimmt dort seine Fuhrware in Empfang. Es sind Neugeborene, noch keinen Tag alt, die die Hebammen den Müttern aus den Armen reißen und schnellstens auf den Karren verfrachten. Das Gefährt ist bereits mit anderen Neugeborenen beladen; fünf, sieben, gar zehn oder mehr dieser Karren holpern wenig später über die Landstraße. Manchmal ist die Ladefläche so überfüllt, daß der eine oder andere Säugling unbemerkt vom Wagen rollt. Einen anderen hat der Kutscher beim Beladen auf der Straße übersehen, vergessen, ohne daß je wieder ein Lebenszeichen von ihm aufgetaucht wäre. Es stinkt nach Exkrementen, das Stroh, sofern es überhaupt welches gibt und die Kinder nicht auf rohe Planken «gebettet» sind, wird feucht und schimmelig. Die Wagen sind meist offen, so daß die Kinder brennender Sonne, Hitze, Kälte, Regen oder Schnee ausgesetzt sind. Mehrere Opfer sind zu registrieren, beklagt werden sie nicht. Für die Ammen, die ihre «Schützlinge» auf der Fahrt nähren sollen, ist im Wagen kein Platz. Sie laufen hinter dem Fuhrwerk her. Ihr Milchfluß stockt durch die Anstrengung, sie vermögen an die Hungernden nur wenig und schlechte Milch abzugeben. Kaum ein Bruchteil der «Wagenladung» erreicht tatsächlich lebend seinen Bestimmungsort: eine fremde Milchmutter irgendwo auf dem Land. Gräber säumen die Hauptrouten solcher Kinderfuhren. Die Schwächeren konnten den Strapazen nicht standhalten – natürliche Auslese? Dies eine typische Horrorszene, wie sie viele Ärzte, aber auch Chronisten, wie zum Beispiel Sébastien Mercier, immer wieder berichten.

Das 18. Jahrhundert der Kunst ist ein Puttenmekka. Ein allegorischer Mikrokosmos öffnet sich den Amoretten, geflügelten und ungeflügelten. Sie sind es, die die Kosmogonie offenbaren, die Geschichte des Ursprungs von Göttern, Welt und Menschen verkörpern. Sie symbolisieren die vier Jahreszeiten und verherrlichen die Musen. Bildhauer und Maler personifizieren die Gesetze des Weltalls in kindlichen Figuren, die griechischen und römischen Götter stehen in ihnen wieder auf. Der leibhaftige Sohn der schönen Venus, Amor, verwandelt sich auf einem Würzburger Deckenfresko in Saturn, der die diamantene Sichel bedrohlich schwingt und seinen Anschlag auf die Geschlechtsorgane seines

Vater Uranus plant. Der Kreislauf des Lebens versinnbildlicht sich in dieser Allegorie: Zeugt nicht der in den Ozean fallende, abgetrennte Hoden des Himmelsgottes die schaumgeborene Mutter des Amor?

In Kirchen umschwirren die Engel Heilige und Märtyrer und leisten bei der Geburt Jesu Beistand. Die Vervielfältigung Amors nimmt so ungeheure Ausmaße an, daß seine Ebenbilder selbst in ganz weltliche Regionen verpflanzt werden. Im Garten der Würzburger Residenz sind sie in Stein gehauene Synonyme für das ganze Universum menschlichen Seins und Elends. Hier finden wir sie als Kriegsversehrte mit verbundenem Kopf, als Bettler oder savoyardische Murmeltierdompteure, die auf den Marktplätzen der Zeit mit den Kunststücken ihrer Tiere Kleingeld machen. Ein Erot läßt sich von einem ebenfalls kindlichen, bockshufigen und beschwänzten Satyr mit Wein besäuseln, um dann diesem Zwitterwesen mit den riesigen Ohren ins Gesicht zu springen und die Augen auszukratzen. Ein anderer wiederum macht seiner Bestimmung als Liebesbote alle Ehre und wirbt mit Kavaliershut und Rose in der Hand in tiefer Reverenz um eine Angebetete. Bei all diesen steinernen Wesen scheint man den Schicksalen, die die leiblichen Kinder erwarten, in die Augen zu sehen.

Ideal und Realität klaffen in brutalem Maße auseinander. Verherrlichung des kindlich Unbelasteten auf der einen Seite, auf der anderen grobe Vernachlässigung und tödliche Behandlungspraktiken, die diesen kleinen Körpern und Seelen auferlegt werden und an Massenmord grenzen. Was hat eine marmorne Putte, die in Bild und Skulptur indiskrete Blicke in die geheimen Regionen weit schwingender Röcke einer Schaukelnden wagt, als wollte sie jugendliche Voyeure zur Nachahmung auffordern[3], gemeinsam mit den abgeschobenen, ausgesetzten, mißhandelten Kindern? Was hat ein auf Glucks Opernbühne zu neuem Leben erwachter Amor, der ganz aus Fleisch und Blut Nymphen und Götter zum Liebesglück verleitet, gemeinsam mit dem kleinen wimmernden Bündel, das in einem Straßengraben eines elenden Todes stirbt? «Das Säuglingsalter ist der niederträchtigste und gemeinste Zustand der menschlichen Natur nach dem des Todes», beschreibt Jean Bérulle[4] die seit dem Mittelalter immer noch vorherrschende Ansicht. Für die Behandlung der Kinder wiegt jedoch die kirchliche Auffassung von der dem Menschen angeborenen quasi naturgemäßen Bosheit und Niedertracht am schwersten, denen nur durch eine adäquate Zucht Einhalt geboten werden kann.

Jean-Honoré Fragonard: Die Schaukel.
1787. London, Wallace Collection

Zu Beginn des aufklärenden Jahrhunderts wird das Kind noch keineswegs für unschuldig gehalten. Im Gegenteil: da es noch unvernünftig und ohne Geist und Erziehung ist, bietet es gerade deshalb eine Angriffsfläche für teuflische Machenschaften. Künstlerische Überhöhung und die grundsätzliche Auffassung der Kindheit treffen sich auf einem verschlungenen Umweg in diesem Argwohn gegenüber der kindlichen Unbeschwertheit. Eine nackte Amorette, wie sie Antoine Watteau gemalt hat, die Köcher und Pfeil beiseite legt und eine noch unentschlossene Reisende kecken Auges sanft am Rockzipfel zupft, um auch sie nach Kythera, dem mythologischen Land der Sinnenfreude, einzuschiffen, ist keineswegs jenseits von Gut und Böse. Auch bei einem anderen Säugling der großen Göttin, der, weniger zart, den Bogen spannt, zielt und den verhängnisvollen Pfeil direkt in das Zentrum der Gefühle schießt, trägt der Schein des Unverdorbenen. Denn Amors Pfeile schlagen tiefe Wunden. Unter dem selbstvergessenen Spiel verbirgt sich schon die tändelnde Grausamkeit des Intriganten, mit dessen Wissen ausgestattet der bildgewordene Eros das süße Gift der Liebe in die Herzen träufelt. Was wie ein harmloser Streich Cupidos aussieht, kann für die Betroffenen in den Abgründen der Gefühle enden. Diese mutwilligen Knaben entsprechen durchaus ihrem Vorbild Eros, der von Platon als Dämon beschrieben wurde. Sowieso ist die Verführung immer noch als satanisches Handwerk verschrien und die Sexualität laut geltender Theologie das Reich des Höllenfürsten. Wird ein Kind, das noch nicht einmal aus den Windeln herausgewachsen ist, mit dem verwerflichen Akt der Verführung assoziiert, liegt eine Vermutung nahe: Eine lebenslustige Gesellschaft, die die Suche nach dem großen Glück als ein fulminantes Theaterspektakel inszeniert, weist in ihrem illusionistischen Rollenspiel den kleinen Kindern den Part des Amor zu, um einem inneren Zwiespalt Gestalt zu geben. In diesen kleinen rosigen Körpern und ihrer anmutigen Verspieltheit versteckt sich ein zwitterhaftes Wesen, Teufel und Engel zugleich.

Birgt nicht jeder Geflügelte seit Luzifers Abfall von Gott und Sturz aus dem Himmel in höllische Tiefen potentiell Satanisches? In den Bildern, die sich die Epoche von ihren Nachkommen macht, ist dieser Zusammenhang in metaphysischer Dialektik verklärt, in der Wirklichkeit wird diese Aburteilung des Kindlichen vielen zum Verhängnis. Die Religion übt also direkten Einfluß auf das Schicksal der Kinder; die, gemäß der christlichen Dogmatik, dem Menschen angeborene Bosheit findet sich auch in den harmlosesten Engelsbildern wieder. Obwohl sich das 18. Jahrhundert atheistisch geriert, wurzelt die Vorstellung von der Schuld des wesenhaft Unschuldigen noch tief in der Kultur und geht eine eigenwillige Verbindung ein mit neuen gesellschaftlichen Strömungen.

«Kinder führen das Leben von Tieren», formuliert der katholische Prediger Jacques Bénigne Bossuet[5] zur Zeit Ludwigs XIV. die anthropologische Begründung für die Mißachtung des ersten Lebensalters. Sind die Säuglinge, die ohne Pflege hilflos sind, nicht lediglich eine Vorstufe alles Humanen? Sind sie etwa autonom, können sie sich artikulieren, sind sie fähig, einen Gedanken zu fassen, den sie zielstrebig durchführen könnten? Nichts von alledem, was den Menschen in der Definition der Frühaufklärung ausmacht, weder Vernunft noch ein Wille, eignet ihnen. Sie beherrschen im Gegenteil nicht einmal ihre Motorik, geschweige denn ihren Geist. Zudem sind sie unsauber und fordern ihr Recht durch unmenschliche Laute. «Sprechen wir nicht von dem Ekel, den die Einzelheiten der Pflege, welche dieses Alter erfordert, hervorrufen kann», umreißt der Naturwissenschaftler Georges Louis Buffon[6] die Zumutung, die er und seine Zeitgenossen angesichts der Aufgabe empfinden, ein Kind zu ernähren, zu wickeln, zu säubern und zu erziehen. Für den intellektuell dominierten Menschen dieser Epoche, dessen Instinkt durch den Willen beherrscht sein will, muß das kleine Kind ein Unding sein. Den vermeintlich intellektlosen Säuglingen spricht man gleichzeitig die Seele wie auch jegliches Gefühl ab. Vollwertige und in ihrem Sein ernstzunehmende Menschen können sie also keineswegs sein – und Rücksichten glaubt man diesen Nochnichtmenschen, die sich als menschliche Wesen erst entpuppen müssen, nicht zu schulden.

Gemäß dieser gesellschaftlichen Einstellung bedürfen die Eltern keinerlei Rechtfertigung oder Begründung, ihre Kinder Fremden zu überlassen. Die wenigsten Mütter, welcher Klasse auch immer, erklären sich bereit, ihre Kinder zu stillen, die Säuglingspflege auf sich zu nehmen oder sich auch später um ihr Wohl und Wehe zu sorgen. Daher nähren höchstens 2 von 100 Frauen des Adels und des gehobenen Mittelstandes ihre Kinder selbst, will man zeitgenössischen Statistiken Glauben schenken. Zahlen für das niedere Bürgertum wie auch die Handwerker, Bauern und Tagelöhner fehlen. Jedoch kann mit Sicherheit angenommen werden, daß wesentlich mehr Mütter dieser Schichten ihren Babys die eigene Brust gereicht haben, da die Armen wahrscheinlich selten eine andere Nährmutter für ihre Kinder gefunden haben werden.

Es ist nicht nur gang und gäbe, vom eigenen Fleisch und Blut keine Notiz zu nehmen, sondern wer sich dennoch für die Sprößlinge interessiert, fällt durch seine nonkonforme Handlungsweise auf. Frauen der Gesellschaft, die ihre Kinder stillen, werden verlacht und verspottet. Selbst in der eigenen Familie formiert sich oft gegen einen solchen Wunsch eine einhellige Front. Emilie d'Epinay, die später eine der ersten Wegbereiterinnen einer kindgerechten Pädagogik sein wird, kommt selbst nie in den Genuß, die so ersehnte Mutterrolle auszuüben. Als die werdende Mutter ihren Gatten schriftlich um Einwilligung in ihr Vorhaben bittet, ist sie sich, wie aus ihrer fast stammelnden Schreibweise hervorgeht, des Ungewöhnlichen ihres Anliegens durchaus bewußt: «Ich denke, daß man keines der Mittel auslassen darf, die mir es [das Kind] lieber machen und es stärker an mich binden können [...]. Es gibt da eines [...]. Vielleicht kommt es Dir sonderbar vor? Dabei ist es so angenehm! Es bestünde darin, daß ich selbst mein Kind stille [...]. Vielleicht könnte es meiner Gesundheit förderlich sein. Zumindest ist es ein sicheres Mittel, um jene Folgen zu vermeiden, für die wir jüngst so traurige Beispiele erlebt haben; und wenn es nur dies eine Motiv gäbe, so lohnte es sich, über den unbedeutenden, rasch vergehenden Spott hinwegzusehen, mit dem man eine so natürliche Handlungsweise überschütten wird.»[7] Die Antwort des Vaters ist gnadenlos bedacht auf seine gesellschaftliche Stellung und seinen Ruf: «Das ist mal wieder eine der verrückten Ideen, die meiner armen kleinen Frau gelegentlich in den Sinn kommen! Sie und Ihr Kind stillen? Ich hätte mich fast totgelacht. Selbst wenn Sie stark genug dafür wären, glauben Sie, daß ich einer solchen Lächerlichkeit zustimme? [...] Meine liebe Freundin, gleichgültig, was die Herren Geburtshelfer und Ärzte davon denken mögen, schlagen Sie sich dieses Vorhaben gänzlich aus dem Kopf! Es ist gegen den gesunden Menschenverstand. Was für eine verdammte Befriedigung kann man dabei finden, ein Kind zu stillen? Welche Klatschweiber haben Ihnen diese Idee eingegeben?»[8]

Große Liebhaber wie Giacomo Casanova, den Herzog von Lauzun oder Alexandre de Tilly schmeichelt an den von ihnen Gezeugten höchstens, daß sie die lebenden Beweise ihrer sexuellen Kräfte sind. Nichtsdestoweniger sind vor allem die illegitimen Väter äußerst erleichtert, wenn sie das kleine Problem auf elegante Weise lösen können, nämlich das unerwünschte Unterpfand, das die Geliebte unter dem Herzen trägt, einem rechtmäßigen Ehemann unterzujubeln. In der Literatur helfen gelegentlich magische Sitzungen, die einen Ahnungslosen quasi über Nacht ohne jegliches körperliches Dazutun zum stolzen Erzeuger eines Kindes machen, das am nächsten Tag das Licht der Welt erblicken wird, wie in dem Roman «Les Aphrodites» von Andréa de Nerciat sehr eindringlich beschrieben. In der Realität geht es auch weniger mystisch, indem von cleveren Ehefrauen nach Feststellung des mißlichen Umstandes noch eine schnelle Liebesnacht mit ihrem Angetrauten, von dem sie schon seit Jahren von Tisch und Bett getrennt lebt, eingefädelt wird. Emilie de Châtelet und der Erzeuger des in ihrem Bauch wachsenden Kindes, Monsieur de Lambert, inszenieren im Verein mit dem von seiner langjährigen Freundin nicht weniger betrogenen Voltaire ein solch bravouröses Kabinettstück. Der Ehemann der geschwängerten Dame tappt in die ihm gestellte Falle. Brutale Ironie des Schicksals: Nicht nur das Kind wird tot geboren, sondern auch die Mutter stirbt an diesem Abenteuer im Kindbett.

Ein Ehebrecher indes kann sich in aller Ruhe seinen Reflexionen über eine in Frage stehende Vaterschaft überlassen, wie es zum Beispiel Graf de Tilly tut: «Übrigens wurden wir auf eine neue Probe gestellt. Rosalie ward Mutter. Jeder von uns hielt sich für den Vater. Eine Tochter wurde geboren. Man sagte damals, daß sie mir ähnlich sei. Ich weiß es nicht und werde es nie wissen, wie so viele Dinge auf Erden.»[9] Ebenso führen zwei Liebhaber der Ninon de Lenclos ihren Zwist um die Ehre der Vaterschaft auf eine für die Zeit typische Weise zu einem befriedigenden Ende: Sie würfeln am Fußende des Wochenbettes kurzerhand um die Entscheidung der Frage. Der Gewinner beteuert, daß er das Mädchen standesgemäß erziehen lassen will, und läßt es am nächsten Tag forttragen. Doch die Ehegattin des Siegers ist über den Ausgang des Streites nicht sonderlich erfreut, sie schreibt Drohbriefe an die Mutter des unglücklichen Geschöpfes. Diese Intrigen wiederum beunruhigen die Erzeugerin dann doch, und sie bittet um Rückgabe des Streitgutes, das Mädchen ist allerdings verschollen, und seine Spur bleibt vorerst verwischt. Die offensichtliche Weigerung der Männer, Verantwortung für gezeugte Kinder zu übernehmen, scheint planmäßig zu sein. Sie überlassen das Problem den Frauen mit einer Haltung, die diese zwingt, Schwangerschaften und Kinder abzulehnen. Und: in ihren

Memoiren, die unter ihrem Wortreichtum immer noch ein Körnchen Wahrheit bergen, protzen sie alle ausnahmslos mit dieser Haltung. Doch nicht nur die Männer, auch die Frauen sehen in ihrer Fruchtbarkeit ein leidiges Ärgernis. Sicher klagen Gatten und Liebhaber immer wieder laut, daß ihre Gespielinnen mit den dicken Bäuchen bis Wochen nach der Niederkunft nicht verfügbar seien. Aber warum verweigern sich die Frauen ebenfalls dem Erlebnis der Mutterschaft? Das im Leib heranwachsende Kind bedeutet für die Mutter eine übergroße Bedrohung. Die Frau ist gerade dabei, sich weit entfernt von ihren häuslichen und mütterlichen Pflichten in der Gesellschaft eine Stellung zu erobern und sich ihrer Einflußmöglichkeiten auf das öffentliche Leben klarzuwerden. Sie steckt mitten in einem diffizilen Identifikationsprozeß, bei dem eine starke Bindung an ein Kind nur hinderlich gewesen wäre. Für ihre Einstellung zu ihrem Kind gilt, was für alle zwischenmenschlichen Beziehungen im ganzen Jahrhundert gilt: Ohne Entdeckung des Ich ist eine intensive Bindung an einen anderen nicht möglich. Solange nicht eine Basis im Bewußtsein zur Selbstreflexion im Du geschaffen ist, die dem einzelnen erlaubt, Wunschbilder in ein Gegenüber zu projizieren, ist weder ein tieferes Verhältnis zwischen den Geschlechtern noch zwischen den Generationen denkbar.

Das Ich als Ausgangspunkt einer individuellen Kommunikation außerhalb höfischer Formeln, tradierter Verhaltensmaßregeln und konventioneller Konversation schält sich in der Epoche des Rokoko aber erst langsam aus den Charakterschemata des Barock heraus. Zu dem allgemeinen Personalisierungsprozeß gesellt sich noch eine – bescheidene – Emanzipierungstendenz der Frauen. Sicher, es ist nur einigen wenigen vergönnt, sich in der Literatur oder in den traditionell männlich dominierten Wissenschaften einen Freiraum zu ergattern, aber immerhin bessert sich der Bildungsstand der Mädchen doch so weit, daß sie eine gewisse Chance zum Widerstreit mit den Männern erhalten, auch wenn sich dieser nur auf gesellschaftlichem Parkett, in Salon und Boudoir, abspielt. Es hätte die Frauen schlicht überfordert, in diesem labilen Entwicklungsprozeß der Bestimmung ihres Standpunktes ihr Selbst aufzugeben, um sich in ein anderes einzufühlen. Zudem macht ihnen ihre eigene Sozialisation kaum die Notwendigkeit eines engeren Kontaktes zu ihren Kindern einsichtig. Waren sie nicht genauso vernachlässigt aufgewachsen wie diese?

Das Kind spielt höchstens eine unselige Rolle im galanten Liebeshandel. So sieht sich der lebens- und liebeslustige Graf de Tilly eines Tages einer außergewöhnlich strampelnden und greinenden Revanche eines hintergangenen Ehemanns gegenüber: «Herr Pove erzeigte mir nämlich die Ehre mir ein lebendiges Geschenk mit einem kleinen Nachkommen zu machen und schickte mir zugleich ein Kind und ein Billett. Das Kind schrie aus vollem Hals, das Billett sagte weiter nichts, als daß es recht und billig sei, Baum und Frucht nicht zu trennen, und daß er mir folglich sehr verbunden sein würde, wenn ich beides auf mich nehmen würde.»[10] Über den weiteren Verbleib des Sprößlings sagt der fruchtbare Erzeuger nichts. Er wird den Weg vieler Kinder des Jahrhunderts gegangen sein und innerhalb weniger Stunden bei einer Amme oder in einem Findelhaus gelandet sein.

Eltern entledigen sich ihrer Kinder mit atemberaubender Schnelligkeit. Kaum tut das Kind den ersten Schrei, tragen die Eltern es in die Kirche, damit es getauft wird. Dabei spielt keine Rolle, ob das Kind vielleicht noch zu schwach ist, um diese Prozedur zu überstehen. Das christliche Gebot muß erfüllt werden, um das kleine Wesen unter Gottes Schutz zu stellen. Dann sind die Eltern ihrer Verantwortung ledig und können ihre Pflichten delegieren: Oft schon an der Kirchentür legen sie das lebende Bündel einer Amme vom Lande in die Arme. Sie wird sofort auf die Heimreise geschickt. Mutter und Kind bekommen erst gar nicht die Chance, sich aneinander zu gewöhnen – vielleicht ein Glück für die zur Trennung Verurteilten. Zur Feier des freudigen Ereignisses gibt die Familie sodann einen Empfang. Gäste defilieren am Bett der Wöchnerin vorbei, um zur glücklichen Niederkunft zu gratulieren, doch fehlt der Mutter, wie Louis Sébastien Mercier in seinem «Bild von Paris» berichtet, «der Reiz, der ihrem Zustand etwas Achtungsgebietendes verleihen würde: das Kind in der Wiege». Man scheint sich mehr darüber zu freuen, daß man sich eines mißliebigen Gegenstands erfolgreich entledigt hat, denn einen Nachkommen in die Welt gesetzt zu haben. Jedenfalls bemerkt der Chronist, «daß niemand wagte, mit dem Vater oder der Mutter über das Neugeborene zu sprechen»[11]. Der Anlaß des Festes befindet sich zu dem Zeitpunkt bereits auf der Landstraße oder ist schon im Heim seiner Milchmutter angelangt. Einige sind wohl auch gar nicht mehr am Leben.

Praktizieren die Menschen dadurch, daß sie ihre hilfsbedürftigen Kinder ohne Rücksicht auf deren Konstitution in Tagesfrist fremden Frauen übergeben, eine Art von postnataler Geburtenkontrolle? Die

Ausgesetztes Kind. Satirischer Holzschnitt.
Paris, Bibliothèque Nationale

hohe Kindersterblichkeit scheint für einige Frauen sogar einen gewissen Trost bereitzuhalten. Da beruhigt zum Beispiel eine Nachbarin eine Wöchnerin, die bereits Mutter von fünf «Kanaillen» ist, mit den Worten: «Ehe sie so weit sind, daß sie dir viel Sorgen machen können, wirst du die Hälfte oder vielleicht alle wieder verloren haben.» [12] Und die Eltern tun ihr Bestes, um dieses Ziel zu erreichen, denn die allergrößten Überlebenschancen hätte das Kind, würde es an der Brust der eigenen Mutter genährt. Das beweisen zeitgenössische Statistiken aus Lyon und Paris, die fortschrittliche Ärzte und sogar Polizeikommissare erstellt haben, die einen ziemlich hoffnungslosen Kampf gegen die haarsträubenden Zustände der Kinderpflege und der aus ihr resultierenden hohen Kindersterblichkeit geführt haben. Unter den günstigsten Bedingungen lassen immerhin nur 17 % der Kinder im ersten kritischen Jahr ihr Leben. Werden sie aber weggegeben, schließen je nach Region und Jahr immerhin zwischen 25 und 37 % derjenigen, die das Licht der Welt erblickt hatten, innerhalb kürzester Zeit ihre Augen wieder – für immer.[13] Obwohl sich so viele Eltern mit der hohen Sterberate ihrer Kinder bei Ammen konfrontiert sehen, lassen sich dennoch höchstens diejenigen Frauen zwingen, sich mit der Sorge um ihre Babys zu belasten, die auch das schmalste Kostgeld der billigsten Amme nicht bezahlen können.

Alle jedoch, die auch nur einen Pfennig abzweigen können, sehen sich nach einer Amme um. Überdies lassen nur die wenigsten Familien die Milchmütter im Haus zu. Von den circa 21 000 jährlich in Paris Geborenen werden nur 1000 unter elterlichem Obdach verpflegt, wodurch allein eine Überwachung der Fähigkeiten des Kindermädchens gewährleistet wäre, die restlichen 20 000 werden außer Haus geschafft.[14] Und so bedeutet für die jüngsten Weltenbürger der erste Schritt ins Leben einen Schritt weg von dem wenigen Vertrauten, das sie mit der Welt verband: Das Neugeborene wird fortgerissen von den Stimmen, die der Fötus vom Mutterleib her kannte. Dem Schock der Geburt wird ein weiterer hinzugefügt: der des Ausgestoßenwerdens in die Einsamkeit, nicht geliebt zu werden. Die Fahrt zur Amme setzt einer lebenslangen Reise in die Fremdheit einen Beginn. Der Grundstein für die gesellschaftliche Sozialisation und eine Persönlichkeitsentwicklung in die Indifferenz und Liebesunfähigkeit ist mit diesem ersten fundamentalen Akt der Abschiebung gelegt.

Wie sollen diese mißliebigen Objekte, denen nicht einmal von den Eltern Zuneigung entgegengebracht wird, von einer bezahlten Amme mit Sanftmut umsorgt werden? Gedeih und Verderb der abgeschobenen Kinder hängt ganz und gar von den Fähigkeiten, der Bereitschaft, der Gesundheit und den weiteren Lebensumständen der Pflegemutter ab. Die höchsten Maßstäbe an die Qualitäten einer solchen Frau stellen naturgemäß die reicheren Familien, die es sich leisten können, für ihre Sprößlinge etwas mehr anzulegen. Auch sehen sie sich meist schon vor der Niederkunft nach einer Amme um: Es ist vonnöten, daß sie «völlig gesund und von liebenswürdiger Wesensart, guter Farbe und körperlicher Sauberkeit ist. Sie soll weder dick noch mager sein. Sie muß fröhlich, munter, lebhaft, hübsch, maßvoll, sanft und frei von jeglicher heftigen Leidenschaft sein», wie Verdie-Heurtin[15] die Auswahlkriterien für die Amme der königlichen Kinder Marie-Antoinettes beschreibt.

Ähnlich liest sich die von rein praktischen Gesichtspunkten diktierte Personenbeschreibung der idealen Durchschnittsamme: «Es ist ratsam, daß sie nicht zu jung, aber auch nicht zu alt ist, daß ihre Gesundheit robust ist, daß ihre Brüste weder zu groß noch zu klein sind, daß ihre Brustwarzen die Form einer Nuß haben, daß ihre Milch nicht zu flüssig, aber auch nicht zu sämig ist. Es wäre gut, wenn sie braune Haare hätte und nicht blond sei (da die Blonden in der Regel unangenehm riechen). Auf keinen Fall darf sie schielen oder verfaulte Zähne haben. Schließlich ist von äußerster Wichtigkeit, daß sie sich nach den guten Sitten zu benehmen weiß.»[16] Die Musteramme gleicht eher einer Milchmaschine als einem menschlichen Wesen − und sie soll auch so funktionieren. Doch ist man mit Madame de Coudray der Ansicht, «daß der Charakter derjenigen die stillt, das Kind stark beeinflußt und daß es mit der Milch auch deren Laster einsaugt»[17]. Letztlich ähnele es oft mehr der, die es ernährt, als denen, die ihm das Leben geschenkt haben. Also ist Vorsicht geboten. Hier klingt zum erstenmal die Ahnung einer Prägung des Kindes durch seine Bezugspersonen an. Noch glaubt man, daß diese sich auf Manieren und Verhaltenskodex beschränke, denn das Ziel einer jeden Edukation sind konforme Gesellschaftsmarionetten, die sich gemäß oberflächlicher, mechanischer Verhaltensschablonen durch die inszenierte Realität des Hofes und der Salons bewegen. Vor diesem Hintergrund enthält schon die Forderung der Aufklärer, die Kinder zu denkenden Menschen zu erziehen, revolutionäres Gedankengut. Die emotionale Dimension hingegen, Herzensbildung und Charakterentwicklung, fehlt in den Erziehungstheorien und damit auch in der Vorstellungswelt des Rokoko − vorerst − noch ganz. Angesichts der Situation auf dem Ammenmarkt sind solche Ansprüche auch ein nicht zu realisierender Luxus, denn Ammen sind Mangelware, und die Vermittlung einer solchen avanciert zu einem lukrativen Geschäft. «Es gibt in unserem Volk drei Arten, sich eine Amme zu beschaffen: Man wählt sie vorher aus, man findet sie zufällig, oder man greift auf eine Vermittlerin zurück»[18], weiß der in Säuglingsfragen äußerst engagierte

Polizeileutnant aus Lyon. Die Suche nach einer Amme läuft wegen knappen Angebotes und starker Nachfrage selbst in den nobelsten Familien nicht immer ganz so reibungslos, wie zu wünschen wäre. Prost de Royer berichtet Abenteuerliches: «Man beauftragt einen Botengänger an der Straßenecke, der sich verläuft oder etwas Verkehrtes besorgt. Wenn es so weit ist, ist die Amme nicht da, oder sie ist nie Mutter gewesen, hat nichts versprochen oder sich anderweitig verdingt.»[19] Da ist guter Rat teuer, und selbst die aristokratischen Familien sehen sich nun mit einer Situation konfrontiert, die im Volk der Normalfall ist: Die Versorgung des Kindes ist bei der Geburt noch nicht sichergestellt. In den ärmeren Schichten begibt sich der Vater sowieso erst auf Ammenfang, wenn die Frau in den Wehen liegt. Im einen wie im anderen Fall kann es passieren, daß die Frau, die man in der Not ausfindig macht «eine widerliche, ungesunde Frau ist, welche die Mutter nicht zu Gesicht bekommt und über die sich der Vater wenig Sorgen macht»[20].

Verläuft nun dieser Beschaffungsversuch auch erfolglos, wendet sich der Hilfesuchende an ein Ammen-Vermittlungsbüro. Frauen, die immer eine Milchmutter bei der Hand haben wollen und bestens empfehlen können, findet man auf allen belebten Straßen der Stadt. Auf Märkten und großen Plätzen werden sie angeheuert. «Ohne Namen, ohne festen Wohnsitz, sind sie bei der Taufe dabei, nehmen die Geschenke entgegen, nehmen das Kind mit, geben es mit einem Abschlag weiter oder überlassen es dem Erstbesten. [...] Sie nennen der Amme nicht den Namen des Kindes. [...] Der Familie nennen sie nicht den Namen einer Amme, die sie noch gar nicht haben und die sie erst anschließend zu finden hoffen.»[21] Doch was geschieht mit den Kindern der Ammen, bei denen die Glücklicheren schließlich unterkommen? Mütter sind auch sie, die ja erst die Geburt eines eigenen Kindes zu diesem «Beruf» befähigt. Die Konkurrenz der Klassen beginnt also im frühesten Alter. Buchstäblichen Brotvorteil haben Sprößlinge aus reichen Familien. Sie überleben oft auf Kosten des Lebens der leiblichen Kinder der Ammen. Eine fatale Kettenreaktion setzt ein: Mütter müssen die eigenen Kinder zu billigeren und damit schlechteren Ammen geben, um Fremde gegen ein Kostgeld durchzufüttern und so die eigene Existenz zu sichern. Die billigeren und nicht ganz so kräftigen Ammen wiederum müssen ihre Kinder weggeben zu noch kränkeren und noch preisgünstigeren Ammen, um das Kind der betuchteren Amme durchzufüttern... die ärmste der armen Ammen schließlich ist aus purer Not gezwungen, gleich mehreren fremden Kindern gegen geringstes Entgelt die Brust zu geben und auch noch das eigene Kind zu nähren – Geschäftsbedingungen, die für die schwächsten Glieder in der Kette, für die Kinder, schnell zum Tode führen. Denn diese Ammen sind selbst so schlecht genährt, daß ihre Milch kaum für ein Neugeborenes reicht, geschweige denn für zwei, drei oder noch mehr Kinder. So kommt es immer wieder vor, daß alle Säuglinge langsam, aber sicher verhungern. Das grausame Wissen der Ammen: Sie sind in vollem Bewußtsein genötigt, ihren eigenen Kindern schlechtere Startbedingungen zuzumuten, wodurch sich deren Überlebenschancen verringern.

Das Eingeständnis einer Amme, daß ihre Milch weniger wird und vielleicht sogar ganz ausbleibt, hätte sie oft den letzten Verdienst gekostet und sie ins Elend gestürzt. So greifen sie, bevor sie ihre Einnahmequelle wieder verlieren, lieber zu einem ganz und gar nicht probaten, aber dennoch immer wieder verwandten Mittel: Sie stopfen die hungrigen Mäuler mit der «bouillie», sprich mit in Bouillon oder in verdünntem Essig aufgeweichtem grobem Brot. Auch zerstoßene Kastanien und Trüffeln verleiben die Milchmütter ihren kleinen Schützlingen ein. Auf die Idee, Kuhmilch als Ersatznahrung zu verwenden, ist man in Süd- und Mitteleuropa noch nicht gekommen, obwohl damit im Norden schon längst Kinder großgezogen werden. «Man kann nicht ohne Abscheu und Entrüstung zusehen», schreibt der Chirurg und Geburtshelfer Bandelocque 1775, «wie die Ammen mit unsauberen Daumen die Bouillie tief in den Rachen der Kinder drücken und alles das, was diese wieder ausgespuckt haben oder sich weigerten herunterzuschlucken, von den Lippen zusammensammeln, um die Hilflosen erneut zu zwingen, den Brei hinunterzuwürgen.»[22]

Ein so gefüttertes Kind stirbt schon nach wenigen Tagen an Magenkrämpfen, denn diese Suppe kann von keinem Säugling verdaut werden. Die Landärzte berichten immer wieder davon, daß die Bäuche der Unglücklichen wie Ballons anschwellen und sie an peinigenden Verstopfungen, aber auch an tödlichen Durchfällen leiden. So werden heute rückblickend für das 18. Jahrhundert vor allem Verdauungsschwierigkeiten als Grund der überdimensionalen Mortalität in den ersten Lebensmonaten genannt. Auch saugen die Neugeborenen mit der Ammenmilch alle nur denkbaren Krankheiten ein, durch die sie einen frühen Tod finden. Viele der Nährenden sind mit Syphilis infiziert, haben die Krätze, Skrofeln oder Skorbut.

Kind im Wickel wird mit der «bouillie» gefüttert.
Satirischer Holzschnitt. Paris, Bibliothèque Nationale

Kaum mehr als die Hälfte aller Kinder erreicht das zehnte Lebensjahr. Die Gleichung ist einfach: Die Eltern interessieren sich für ihre eigenen Nachkommen nicht, warum also sollen es die Ersatzmütter tun? Nein, «die Kleinen zählen beileibe nicht», wie Molière einen seiner Akteure im «Eingebildeten Kranken» feststellen läßt, und schon gar nicht für jemanden, der aus purem Existenzdruck gezwungen ist, fremde Kinder durchzubringen. Zu Recht oder zu Unrecht, der Ruf der Pflegemütter ist unter Medizinern und den wenigen, die sich für die Lage der Säuglinge und Kleinkinder interessieren, denkbar schlecht. Nicht alle vernachlässigen ihre Zöglinge so, wie allseits behauptet wird, aber sicher geht ein Großteil den bequemsten, und das heißt in der verzweifelten Lage vieler Ammen auch den einzig möglichen Weg. Die Kleinen werden frühmorgens gefüttert und gewickelt, um dann den ganzen Tag über, beschmutzt von ihren Ausscheidungen und vor Hunger schreiend, auf die späte Rückkehr ihrer Amme zu warten, die auf dem Feld oder als Tagelöhnerin ihren spärlichen Lebensunterhalt verdient.

Ohne jegliche menschliche Ansprache und Aufmerksamkeit, ihren Bedürfnissen ohne Aussicht auf Erfüllung überlassen, sind die Neugeborenen während der ersten drei, vier Lebensmonate zudem auch noch zu totaler Bewegungslosigkeit verdammt. Denn sie werden nicht gewindelt, sondern «gewickelt». Dieser Wickel ist eine Art Ganzkörperbandage, mit der die Kleinen zu einem kompakten Paket verschnürt werden. «Kaum hat das Kind den Schoß der Mutter verlassen, kaum genießt es die Freiheit, seine Glieder bewegen und strecken zu können, so legt man ihm neue Fesseln an. Man wickelt es so ein, daß es den Kopf nicht bewegen kann, die Beine gerade ausgestreckt, die Arme dicht am Körper. Dann wird es mit Tüchern und Binden aller Art umwickelt, so daß es sich nicht mehr von der Stelle rühren kann. Man kann von Glück sagen, wenn es nicht so zusammengeschnürt wird, daß es nicht mehr atmen kann, und wenn es vorsichtshalber auf die Seite gelegt wurde, daß die Tropfen, die aus dem Mund sickern, von alleine fallen können. Denn es hätte nicht die Freiheit, den Kopf zu drehen, um das Abtropfen zu erleichtern.»[23] Zudem zieht man den Säuglingen noch ein viel zu großes Hemdchen an, das unter dem Wickel Falten wirft, die ihnen tief in die Haut dringen. Der Arzt Gilibert schildert das unvorstellbare Leid der Kleinen: «Wie oft haben wir, wenn wir die Bänder der Kinder öffneten, entdecken müssen, daß sie über und über mit Exkrementen bedeckt waren, deren stinkende Ausdünstungen hinreichend klarmachten, daß sie schon alt waren; die Haut dieser Unglücklichen war ganz entzündet. Sie waren von Schmutzgeschwüren übersät. Ihr Stöhnen, das wir bei unserer Ankunft vernahmen, hätte auch das grausamste Herz erweicht; man wird sich ein Bild von ihren Qualen machen, wenn man hört, daß sie sofort Erleichterung spüren, wenn man ihre Bänder löste und sie frei waren. [...] Sie waren überempfindlich, so daß sie durchdringende Schreie ausstießen, wenn man sie ein wenig unsanft berührte. Nicht bei allen Ammen erreicht die Vernachlässigung dieses himmelschreiende Ausmaß. Wir können jedoch versichern, daß es sehr wenige gibt, die so aufmerksam sind, ihre Kinder in einem befriedigenden Zustand der Sauberkeit zu erhalten, ihnen also die Krankheiten, die sie bedrohen zu ersparen.»[24]

Die «Fatschenkinder» gleichen so verschnürt und gebunden eher Mumien als lebendigen Geschöpfen. Rousseau kommentiert diese Wickelpraxis denn auch lapidar: «Man zwängt den Kopf sogar in Kopfbänder hinein. Es scheint, als habe man Angst, sie [die Kinder; Anm. d. Verf.] könnten lebendig aussehen.»[25] Das Säuglingsalter betrachtet man anscheinend als unentschiedene Phase zwischen Leben und Tod, in der niemand das «Leben» zur Kenntnis nehmen will, weil der Tod so nahe liegt. Um dem Tod nicht ins Auge sehen zu müssen, wird das bedrohte Leben mumifiziert. Folgerichtig nennen die Zeitgenossen das Bündel Mensch in der Wiege »poupard»: Der ursprüngliche Sinn des Wortes, nämlich «große Wickelpuppe», wird zum Synonym für das Kind. Das Lebewesen wird zu toter Masse versachlicht (ebenso wie man in diesem Zusammenhang die Amme als Nährmaschine ver«ding[lich]t»). Das zu einem Spielzeug degradierte Kind verdeutlicht die Stellungnahme der Zeit gegenüber dem ersten Daseinsalter: Wie ein verpupptes Insekt muß sich auch der Mensch aus einer Larve heraus zu seiner endgültigen Gestalt entwickeln.

Was die eine aus Notwendigkeit tut, um ungestört einer anderen Arbeit nachzugehen, rät der andere aus physiologischen Gründen. «Es ist nötig, die Kinder in ihre Windel einzuschnüren, um dem kleinen Körper die rechte Form zu geben, die dem Menschen am angemessensten und am sittsamsten ist» («qui est la plus décente et la plus convenable à l'homme»), empfiehlt 1668 der Chirurg Mauriceau[26]. Der Erfolg dieser Methode ist zwar mehr als zweifelhaft, und Jean-Jacques Rousseau meint sogar, daß es nur «in den Ländern, wo die Kinder derart eingewickelt werden, von Buckligen, Hinkenden, X-Beinigen, Unterentwickelten, Rachitischen und Mißgestalteten aller Art wimmelt. Aus Angst, daß der Körper sich durch freie Bewegung verbilden könne, beschleunigt man seine Mißbildung, indem man ihn einpreßt. Man würde die Kinder mit Vergnügen zu Gelähmten machen, nur um sie daran zu hindern, zum Krüppel zu werden.»[27] Dennoch hält sich noch bis zum Ende des 18. Jahrhunderts der Glaube an die Segnungen des Wickels, und nur wenige fortschrittlich Denkende kleiden ihre Nachkommen in die Vorläufer der Strampelhose und sichern ihnen so Bewegungsfreiheit. Die Furcht, der Mensch könne von Natur aus schief wachsen, ist groß, noch entscheidender jedoch der Aberglaube, daß das Kind nicht aus eigener Kraft auf zwei Beinen stehen könne. Der aufrechte Gang als entscheidendes Merkmal menschlicher Statur, das Sicherheben über die belebte und unbelebte Welt, muß durch äußerliche Hilfsmittel sichergestellt werden, denn sonst, so befürchtet der Arzt Mauriceau, «würde vielleicht auch der Homo sapiens auf vier Pfoten laufen, wie die Überzahl der anderen Tiere»[28].

Animalisches im Menschen muß ausgetrieben werden. Hat nicht gerade die menschliche Phantasie das bedrohlichste aller Wesen, den Teufel, als Zwitter zwischen Mensch und Tier sich erdacht? Alle Verderbnis rührt von diesem hermaphroditischen Geschöpf zwischen Gottes (vermeintlichem) Ebenbild und der Bestie her. Immer wieder erscheint es in männlicher Gestalt, doch geht es auf Bockshufen, und an seinem Rücken baumelt unübersehbar ein Schwanz. «Das Säuglingsalter ist der niedrigste und gemeinste Zustand der menschlichen Natur, nach dem des Todes», meint Bérulle[29]. Aus dieser Rohmasse muß erst ein Mensch geformt werden. Um diese Verwandlung ins Werk zu setzen, ist alles recht. «Das Kind verbringt fast das gesamte erste Jahr seiner Existenz in einem Zustand wahrer Erstarrung und Betäubung. Es ist gebettet in einem aufgehängten Kasten (oder einer Wiege), in dem es durch Schnüre zurückgehalten wird, die von einer Seite des Korbes zur anderen gezogen und fest verknüpft werden. In dieser Lage kann es keines seiner Glieder rühren noch die Funktionen seines Körpers üben. Es hat keine andere Bewegung als das fortwährende Schwingen der Schachtel», kritisiert der Arzt Denis Bucquet[30] die übliche Praxis.

Alle Rokoko-Generationen vor der Französischen Revolution verbringen ihre erste Lebenszeit auf diese Weise. Obwohl Unbehagen gegenüber den Aufzuchtmethoden schon Mitte des 18. Jahrhunderts aufkommt und Forderungen nach mehr Liberalität in der Kinderstube laut werden, halten Ammen und jene Mütter, die zum Ende des Ancien régime sich ihrer Kinder selbst annehmen, aus Unwissenheit und Bequemlichkeit noch überwiegend an den traditionellen Formen der Betreuung fest. Bevor reformerische Ideen und Theorien in allen Schichten und Ständen nicht nur zur Kenntnis genommen, sondern auch umgesetzt werden, vergeht lange Zeit. Voraussetzung für eine Befreiung des Körpers ist der befreite Geist. Die großen Pädagogen Rousseau, Tissot, Madame d'Epinay und Madame de Coudray bereiten mit ihren revolutionären Erziehungslehren den Boden für eine kindgemäßere Atmosphäre in der folgenden Epoche; bezeichnend aber ist, daß die gesellschaftliche Realität es ihnen noch nicht gestattet, in ihren eigenen Familien ihre Theorien in die Praxis umzusetzen. Und so kommen höchstens die Kinder, die kurz vor Ausbruch der Französischen Revolution geboren werden, in den Genuß wohltuender Veränderungen. Bis dahin erzählt die wachsende Kritik immer wieder von der dramatischen Situation der Kinder: Vandermonde charakterisiert 1750 in seinem Buch «Manière de perfectionner l'espèce humaine» das Verhalten der Mütter und Ammen gegenüber den Kleinen «als Willkürakt der Stärkeren in Hinblick auf die Schwächeren». Es sei ein «Attentat auf eine unschuldige und wehrlose Kreatur, die die Leiden, die man ihm auferlegt, ignoriert und nichts als die Natur zur Selbstverteidigung hat und höchstens schreien kann, um sich zu rächen. Doch allein darauf beschränkt sich die Ungerechtigkeit nicht. Denn das ganze Leben der Kinder ist eine einzige Qual, jeder Schritt, den sie machen, führt sie zu neuen Schmerzen.»[31]

Die Kinder sterben – sie sind des Eros Brüder im Unglück. Es ist, als hätten sich im Zeitalter mythologischer Rückerinnerung die negativen Seiten seines Schicksals in der Realität der Kleinsten potenziert. «Zuerst ist er immer arm und bei weitem nicht fein und schön, wie die meisten glauben, vielmehr rauh, unansehnlich, unbeschuht, ohne Behausung, auf dem Boden immer umherliegend und unbedeckt, schläft vor den Türen und auf den Straßen im Freien und ist der Natur seiner Mutter gemäß immer der Dürftigkeit Genosse»[32], beschreibt Platon Eros' fatale Situation. Vor allem das Los der ausgesetzten Kinder – mehrere tausend jährlich allein Paris – ähnelt sehr diesem Mythos. Im Laufe des 18. Jahrhunderts entledigen sich viele Eltern ihres Nachwuchses dadurch, daß sie ihn den Kirchen oder Findelhäusern auf die Schwelle legen. Immer mehr lösen auf diese Weise ihr Problem: Erleiden in Paris in den Jahren zwischen 1700 und 1720 nur 1800 Neugeborene jährlich dieses Schicksal, suchen 1740 hingegen schon 3000 ein neues Heim, und 1772 schließlich werden gar 7676 von ihren Erzeugern verleugnet. Bis einige Jahre nach der Französischen Revolution stagniert die Zahl der Kindesaussetzungen; circa ein Drittel – in Paris werden jährlich etwa 21000 Geburten registriert – der Säuglinge beginnen also ihr Leben in der Obhut der öffentlichen Fürsorge.

Die Früchte einer illegitimen Liebe, aber auch die Sprößlinge einer außerehelichen Liaison können so auf elegante Weise aus der Welt der Eltern geschafft werden. Die ungewollt Schwangere hat, will man Louis Sébastien Mercier glauben, leichtes Spiel, ihren Zustand zu verbergen: «Um heimlich zu entbinden, braucht sie indes weder die Stadt noch das Quartier zu verlassen, denn in jeder Straße findet sich eine Hebamme – deren Aushängeschild für sich spricht, denn es zeigt eine Frau mit Säugling. Sie gewährt ledigen Müttern Unterschlupf, und zwar in einem Raum, der meist in vier gleich große Verschläge unterteilt ist, in eine Art von Zellen also, die so angelegt sind, daß die, welche während drei Monaten in ihnen wohnen, wohl miteinander reden, einander jedoch niemals sehen und erkennen können.»[33] Daß es nicht ungewöhnlich ist, die geschwängerte Geliebte einer verschwiegenen Frau anzuvertrauen und das eigene Fleisch und Blut dann ohne jegliche Gewissensbisse dem Staat aufzuhalsen, belegt Jean-Jacques Rousseaus Lebensgeschichte, die er in seinen «Bekenntnissen» offenlegt.

«Zu Fall gebrachte Frauenzimmer, hintergangene Ehemänner, verführte Frauen und geheime Entbindungen bildeten einen alltäglichen Gesprächsstoff, und wer am besten für die Bevölkerung der Findelhäuser sorgte, fand stets den größten Beifall. Das betörte mich, ich bildete meine Denkweise nach der, von welcher ich so gar liebenswürdige und im Grunde auch äußerst anständige Leute beherrscht sah und sagte mir: da das des Landes Brauch, so soll man ihn, wenn man darinnen lebt, auch befolgen. Das war der Ausweg, den ich suchte. Ich schlug ihn leichtfertig und kühn, ohne das geringste Bedenken ein, nur Thérèses Bedenklichkeit hatte ich zu besiegen, und nur nach unerdenklichen Mühen gelang es mir, sie zur Annahme dieses einzigen Mittels zu bewegen, das ihre Ehre retten konnte. Da ihre Mutter sich vor neuem Kindersegen fürchtete und mir beistand, ließ sie sich endlich bestimmen. Man fand eine gewandte und zuverlässige Hebamme, Frl. Gonin mit Namen, die an der Ecke von St.-Eustache wohnte, um ihr diese

Ludwig XVI. besichtigt ein Findelhaus in Paris. 1790

Angelegenheit anzuvertrauen, und als die Zeit gekommen war, wurde
Thérèse von ihrer Mutter zu der Gonin geführt, um dort ihre Nieder-
kunft abzuwarten. Ich besuchte sie mehrmals dort und brachte ihr zwei
Karten, auf die ich den gleichen Namenszug gesetzt und deren eine den
Windeln des Kindes beigelegt wurde, dann gab es die Hebamme in der
üblichen Weise auf dem Bureau des Findelhauses ab. Im folgenden Jahre
der nämliche Übelstand und derselbe Ausweg, nur diesmal wurde der
Namenszug fortgelassen.»[34] Nichts ist einfacher, als das Kind an den
Pforten des Waisenhauses loszuwerden. Dort befindet sich ein Drehka-
sten mit zwei offenen Seiten, die eine außen und die andere im Inneren
des Heimes. Ohne gesehen zu werden, legt nun der Überbringer seine
leichte Last in die Kiste, gibt ihr einen Stoß, und schon entschwindet
das lästige Wesen seinen Augen für immer. Die Anonymität der Amme,
des Vaters, der Mutter bleibt gewahrt. «Zu allen Stunden des Tages und
der Nacht werden im Findelhaus Neugeborene abgegeben, und was da
kommt, nimmt man ohne große Fragerei und ohne Formalitäten auf.
Diese weise Regelung hat schon viele heimliche Verbrechen verhindert:
so weitverbreitet früher der Kindsmord war, so selten ist er heute, was
man als einen Beweis dafür nehmen darf, daß sich durch kluge Gesetz-
gebung die Sitten eines Volkes von Grund auf verändern lassen», hofft
Mercier[35]. Trotz dieser legalen Entledigungsmöglichkeit werden überall

31

Kinder ausgesetzt. Dann blüht ihnen unter Umständen ein noch grau-
sigerer Aufenthaltsort als das Findelhaus. Finder und Verwaltungsbe-
amte scheuen sich nicht, elternlose Kinder in Gefängnissen und Irren-
häusern unterzubringen, wo sie straffälligen Müttern, die sich als
Ammen verdingen müssen, übergeben werden. In dem berüchtigten
Frauengefängnis Salpêtrière befinden sich zeitweise 200 bis 300 Säuglinge sowie einige (männliche) Kinder unter fünf Jahren. Sie wachsen
auf zwischen Prostituierten, alten und invaliden Frauen, spielen mit Libertinen, die ihre Sitten dort bessern sollen, und haben Umgang mit
eingekerkerten Verrückten wie auch mit Unschuldigen, die von ihrer
Familie wegen ihres Lebenswandels oder weil sie überhaupt im Wege
waren per «lettre de cachet» in die Strafanstalt geworfen wurden.

Die meisten Findlinge sterben. Dafür sorgen desolate Zustände. Laut
Vorschrift sollen die Kinder in Tagesfrist zu einer Amme aufs Land geschickt werden, aber «faktisch blieben viele von ihnen mehrere Wochen
zusammengepfercht in viel zu kleinen Sälen und wurden von viel zu
wenigen in der Stadt ansässigen Ammen gestillt. Dieses Zusammenge-
pferchtsein auf kleinstem Raum sowie das Fehlen jeder Sorgfalt im
Umgang mit den Säuglingen führt von Zeit zu Zeit zu fürchterlichen
Blutbädern. Das größte Problem ist die Unterbringung dieser kleinen
Unglücklichen auf dem Land. Der Krippe und im großen und ganzen
allen ähnlichen Anstalten fehlen Gelder, so daß sie die Frauen der ländlichen Gemeinden, die sich bereit erklären, einen Säugling zu übernehmen, nur schlecht bezahlen können.»[36] Und so ziehen es die meisten
Bäuerinnen vor, dem Sohn oder der Tochter eines Gutbürgerlichen
oder eines solventen Handwerkers die Brust zu reichen.

Sammelpunkt aller Findlinge ist meist die größte Stadt in den Provinzen, in Zweifelsfällen verfrachtet man sie jedoch auch gleich in die
Hauptstadt. So gelangen auch viele elternlose Kinder aus den umlie-
genden und entlegenen ländlichen Gebieten nach Paris, wo sie weiter-
verschoben werden. Den Bedürfnissen des Kindes wird dabei am wenigsten Rechnung getragen. «Seine Überlebenschancen sind gering;
schon unterwegs kann es der Kälte, der Mühsal des Transports oder –
ich wage es, dies auszusprechen – dem Mangel an Nahrung erliegen,
und wer weiß, ob nicht just mit ihm ein neuer Corneille, ein neuer
Fontenelle, ein neuer Le Sueur zugrunde geht! Das Unglaublichste aber
ist, daß dieser selbe Säugling, der die tausend Mühen und Gefahren einer Reise von der fernen Normandie bis nach Paris gerade glücklich

überstanden hat, womöglich noch am Abend seiner Ankunft wieder dorthin zurückkehren muß, weil ihm das Schicksal einen Krippenplatz in der normannischen Provinz beschieden hat. Den Transport der Neugeborenen besorgt ein Mann mittels eines Kastens. Dieser wird auf dem Rücken getragen, ist inwendig gepolstert, mit Luftlöchern versehen und in drei Fächer aufgeteilt, in die man, geschnürt und aufrecht, je einen Säugling steckt. Der Mann unterbricht seinen Marsch nur, um gelegentlich in aller Hast etwas zu essen und seinen Passagieren ein bißchen Milch zu geben. Oft kommt es vor, daß, wenn er seine Kiste öffnet, ein Kind schon tot ist. Dann setzt er seine Reise mit den beiden andern fort und hat es doppelt eilig, sie im Findelhause loszuwerden. Kaum aber sind sie dort abgeliefert, macht er sich wieder auf den Weg, die nächste Fuhre herbeizuschaffen, denn dies ist sein täglich Brot.»[37]

Mütter und Väter verschließen die Augen vor den katastrophalen Zuständen, die ihre Kinder erwarten. Daß sie nichts davon haben wissen können, scheint fraglich, vor allem wenn es sich um Intellektuelle handelt wie im Fall Rousseau. Sie hätten in Zeitungen immer wieder über die Mißstände lesen können; so erfährt, wen es interessiert, am 9. April 1771 aus der «Gazette des Deux Ponts», daß «zum Beispiel in der Normandie von 108 [in die Waisenhäuser; Anm. d. Verf.] eingelieferten Säuglinge nur deren vier am Leben blieben. Aus den anderen Provinzen des Königreichs verlautet Ähnliches.»[38] Angesichts dieses Massensterbens übt sich die ganze Gesellschaft in der Kunst des Verdrängens. Zynismus spricht aus Rousseaus Rechtfertigungstirade, der immerhin fünf Kinder dem sicheren Tod ausgeliefert hat. Er verteidigt sich in einem Brief an die befreundete Madame de Francueil: «Sie, Madame, kennen meine Lage. Ich verdiene mein Brot von einem Tag zum anderen mühevoll genug. Wie könnte ich noch eine Familie ernähren?» Seine größte Sorge scheint aber zu sein: «Und wie könnte ich den Beruf eines Schriftstellers ausüben, wenn häusliche Sorgen und lärmende Kinder mir die Ruhe des Geistes raubten, die zu einer gewinnbringenden Arbeit erforderlich ist? Die Schriften, die der Hunger diktiert, tragen nicht viel ein. Also müßte ich zu Protektionen meine Zuflucht nehmen, zur Intrige, zur Verstellung; ich müßte mich um irgendeinen untergeordneten Posten bewerben; kurz, ich müßte all die Schändlichkeiten begehen, die ich verabscheue. Mich, meine Kinder und ihre Mutter von dem Blute des Unglücklichen ernähren! Nein, Madame, es ist besser, sie sind Waisen, als daß sie einen Schurken zum Vater haben.»[39]

Ein Großteil der Eltern, die ihre Kinder aussetzen, handeln jedoch nicht nur aus egoistischen Motiven, sondern aus bitterer Not. Der Anwalt des Volkes, Louis Sébastien Mercier, analysiert und verteidigt die Beweggründe der vermeintlich unmenschlich Handelnden als Anklage gegen die Regierung: «Doch so grausam und widernatürlich solche Gleichgültigkeit anmuten mag, zeigt doch gerade sie, wie groß die Not der breiten Massen ist. In Wahrheit nämlich rührt fast alles, was man gemeinhin als Unordnung zu bezeichnen und mit der Unkultur und Barbarei des Volkes zu erklären beliebt, vom Elend! Des Lebens Notdurft zu befriedigen fällt den unteren Schichten immer schwerer. So sehr sich die Leute abmühen, ehrlich durchzukommen und sich durch ihrer Hände Fleiß zu ernähren, es will ihnen immer weniger gelingen. Wie soll etwa eine Schwangere, die selber hungert und die vom Kindbett aus nur kahle Wände sieht, wie soll so eine für den Unterhalt ihres Kindes aufkommen können? Bereits weiß ein Viertel der Bewohner von Paris des Abends nicht mehr, ob der nächste Tag soviel Arbeit bringen wird, daß der daraus springende Verdienst wenigstens für das Allernötigste reicht. Ist es da verwunderlich, wenn die, welche nichts als des Leibes Nöte kennen, mit der Zeit moralisch vor die Hunde gehen.»[40] Die sporadisch wiederkehrenden Hungersnöte, bei denen jedesmal Tausende krepieren, geben von der katastrophalen Lage eines Großteils der Franzosen Zeugnis. Doch rechtfertigen sich besser situierte Eltern, die ihre Kinder ins Waisenhaus schaffen, auch noch mit ganz anderen Argumenten. So bekennt Rousseau: «Diese Maßnahme erschien mir so gut, so rechtlich, daß ich mich einzig aus Rücksicht für die Mutter nicht ganz öffentlich damit rühmte [...], ich erblickte darin in der Tat nichts Böses. Alles erwogen, wählte ich für meine Kinder das Beste oder glaubte doch wenigstens, daß es das Beste sei. Ich hätte gewollt und ich wollte noch heute, ich wäre wie sie aufgezogen und herangebildet worden.»[41] Das Märchen von der guten Ausbildung durch den Staat glauben viele.

Währenddem kursieren jedoch ganz andere Pläne. Im Zuge eines ökonomisch gelenkten Staates machen sich königliche Finanzbeamte Sorgen um das wertvolle Menschenmaterial, das da ungenutzt in den Findelhäusern herangezogen wird. Es fällt zum Beispiel Monsieur de Chamousset auf, daß die wenigen Überlebenden eher zu Landstreichern, Bettlern und ähnlich nutzlosen Subjekten verkommen, als sich zu sinnvollen Mitgliedern der Gesellschaft zu entwickeln. Im Gegenteil, sie fallen auch noch der Armenfürsorge zur Last, indem sie im Gefängnis Bicêtre, da sie erwiesenermaßen vollkommen mittellos waren, freie Kost und Logis erhalten, anstatt dem Königreich, das ja Steuergelder für sie verschleudert hatte, gewinnbringend zu Diensten zu sein. In der sich etablierenden Industrie heißt das: Arbeitskräfte werden gebraucht, und in militärischen Belangen: Soldaten. Was liegt da näher, als die Parasiten am Staat das Kriegshandwerk erlernen zu lassen und sie so dem zu weihen, dem sie nur mit Mühe entronnen waren – dem Tod? Chamousset formuliert seine Idee vom Besitzanspruch des Staates am Leben seiner Ziehkinder, das ihm ein absolutes Verfügungsrecht über deren Existenz quasi per Naturgesetz zusichere, denn so begründet er, sie seien durch ihre traurige Situation geradezu prädestiniert für den Kriegsdienst: «Kinder, die keinen anderen Vater kennen als das Vaterland, [...] müssen ihm gehören und in der Weise verwendet werden, die für das Vaterland den größten Nutzen bringt: ohne Eltern, ohne eine andere Hilfe als jene, die eine weise Regierung ihnen gewährt, hängen sie an nichts, haben sie nichts zu verlieren. Wäre es möglich, daß solche Menschen, die nichts an das Leben zu binden scheint und die man, würde man sie dazu bestimmen, Soldaten zu werden, rechtzeitig mit der Gefahr vertraut machen könnte, der Tod nicht schreckt?» Erziehung vermag vieles, und so werde es sicher auch gelingen, «Menschen, die man mit diesen Gefühlen aufzieht und die davon nicht durch gegenseitige Zuneigung oder durch Bande der Verwandtschaft abgelenkt, dazu zu bringen, dem Tod und den Gefahren gleichmütig entgegenzusehen»[42]. Fazit des Philosophierens: das Kind als Kanonenfutter und potentielle Tötungsmaschine. Erst, wenn es dieser Funktion gerecht wird, wird die Erhaltung seines Lebens sinnvoll und die Kosten-Nutzen-Rechnung aufgehen.

Ein sehr modernes Programm äußert sich hier zum erstenmal in der Geschichte: die Konzeption einer Pädagogik zur Gefühllosigkeit. Der Geist der Wissenschaftler und Wirtschaftsplaner greift um sich, der kaltherziges Kalkül mit der Manipulierbarkeit des in seinem Charakter noch nicht gefestigten Kindes treibt und der den Menschen als empfindungslose Maschine im Sinne möglichst effizienter Nutzung brachliegender (Kampf- und Produktions-)Ressourcen projektiert. Das Ziel einer solchen Utopie sind Wesen, die ihren Verstand nicht zu gebrauchen vermögen und willenlos wie die Marionetten an den Fäden der Machthaber hängen, mit einem Wort: der entmündigte Mensch. Louis Sébastien Mercier sieht die Gefahren für den Humanismus, die sich hinter eher solchen Idee verbergen: «Der Vorschlag wurde laut, aus diesen Findelkindern Soldaten zu machen. Welch ein barbarisches Projekt! Hat man denn das Recht, ein Kind, nur weil man es großzieht, dem Kriege zu weihen? Was wäre das für eine unmenschliche Barmherzigkeit, die von denen, deren sie sich annimmt, eines Tages Blut und Freiheit abfordert! Keiner darf als Soldat geboren werden, außer es dienten alle Bürger ohne Unterschied.»[43]

Doch das Kind eignet sich auch für bevölkerungspolitische Projekte in den Kolonien: Waisen, die der öffentlichen Fürsorge zur Last fallen, sollen ins französische Kanada und an den Mississippi verfrachtet werden. Als die Obrigkeit es jedoch nicht bei diesen Plänen bewenden läßt und Soldaten und Polizisten sich auch an Kindern des Volkes vergreifen, gehen Eltern, Verwandte und auch das ganze Quartier, aus dem die Geraubten stammen, auf die Barrikaden. «Bereits 1663 und wiederum im Jahre 1675 kommt es zu schweren Unruhen, die sich gegen die Soldaten des Hospitals richten. Diese werden verdächtigt, großangelegte Razzien durchzuführen, bei denen auch Kinder verhaftet werden. Genauso im Jahre 1701. 1720 ist die Lage noch ernster: am 4. Mai erläßt der König nach heftigen Straßenkämpfen eine Ordonnanz, die unter Todesstrafe verbietet, die Polizisten zu behindern, die den Auftrag haben, Vagabunden, arbeitsfähige und invalide Bettler festzunehmen. [...] Tatsächlich waren am 29. April Soldaten vom Volk auf dem pont Notre-Dame und in der rue Saint-Antoine gelyncht worden, die seit einigen Tagen ohne Unterschied Kinder, junge Mädchen, Männer und Frauen aufgegriffen hatten, um sie nach Übersee zu schicken. In ihrem Übereifer nahmen sie auch Söhne und Töchter reicher Kaufleute fest. Die Antwort des Volkes folgte auf dem Fuße: ihre Kinder hätten nicht zur Urbarmachung Louisianas oder des Mississippi zu dienen.»[44] Als sich 1750 die Kindesentführungen häufen, kommt es tagelang zu schwersten Unruhen. Findelkinder haben keine Lobby, während Eltern alles unternehmen, um ihre Kinder aus den Fängen der Polizei und der Justiz freizubekommen. Die Waisen werden tatsächlich heimlich auf Schiffen mit Ziel Amerika eingeschifft.

Auch der Schriftsteller und Bühnenautor Pierre Carlet de Marivaux besinnt sich ihrer Ungebundenheit und macht sie folgerichtig zu Testpersonen in einem Stück. Um einen «dispute» über das Gefühlsleben der Menschen auf dem Theater schlichten und beantworten zu können, schafft der Experimentator des Stückes eine Situation, die den Anfang allen Seins simulieren soll. «Wir werden die Natur selbst befragen, nur sie allein kann eindeutig Antwort geben. [...] Um genau zu wissen, ob die erste Wankelmütigkeit oder Untreue von einem Mann gekommen ist, wie Sie behaupten und auch ich, müßte man den Beginn der Welt und der Gesellschaft erlebt haben. [...] Wir werden diesem Beginn beiwohnen; ja, die Männer und Frauen aus dieser Zeit, die Welt und ihre ersten Liebesgefühle werden wieder vor unseren Augen erscheinen, so, wie sie damals waren, oder zumindest, wie sie gewesen sein müssen; vielleicht werden es nicht die gleichen Geschicke sein, aber es sind die gleichen Charactere; Sie werden den gleichen Zustand der Herzen sehen, ebenso unberührte, neue Seelen wie die allerersten, ja falls das möglich ist, noch unberührtere.» [45]

Wie gelingt ihm das? Ganz einfach. Schon des Prinzen Vater, der von «Natur aus philosophisch veranlagt» war, quälte die gleiche brisante Frage, und um Gewißheit zu bekommen, hatte er sich kurzerhand sechs Säuglinge beschafft, drei Mädchen und drei Jungen, die er in einen Wald brachte, in dem sie nicht nur von der Außenwelt vollständig isoliert wurden, sondern sich auch untereinander nie zu Gesicht bekamen. Dort verpflegten sie zwei Dienstboten, und als die Zeit ihrer Geschlechtsreife gekommen ist, werden sie aufeinander losgelassen. Ganz offensichtlich hat der Prinz sich also elternloser Kinder bemächtigt, mit denen er, da sich niemand um ihren Verbleib Sorgen macht, nach Gutdünken verfahren kann. Für die Figur dieses Herrschers scheint zu gelten, was laut Chamousset dem Staat und damit dem König zusteht: Waisenkinder sind Freiwild, die ihren Gönnern mit Leib und Seele gehören.

Da kann man fast von Glück sagen, daß nur einer von zehn Findlingen die ersten drei Monate überlebt. Sicher sind jedoch viele der Kinder, ob nun Waisen oder zu Ammen Verschickte, an seelischer Vereinsamung zugrunde gegangen. Während des ersten Lebensabschnitts braucht jeder Säugling eine Person, mit der er eine symbiotische Beziehung eingehen kann, um psychisch und körperlich gesund zu bleiben. Die Kinderpsychologin Margaret Mahler beschreibt den Zusammenhang aus heutiger Sicht folgendermaßen: «Bei der menschlichen Spezies ist die Funktion der Selbsterhaltung und die Ausrüstung dafür verkümmert. Das rudimentäre Ich des neugeborenen Kindes und des Säuglings muß durch die emotionale Verbindung, die durch die Pflege und Fürsorge der Mutter hergestellt wird, ergänzt werden. Innerhalb dieser Matrix der psychologischen und soziologischen Abhängigkeit von der Mutter vollzieht sich jene strukturelle Differenzierung, die zur Anpassungsorganisation des Individuums führt: nämlich dem Ich.»[46] Mangelnde Liebe und Zuwendung kann ein Kleinkind umbringen und bei den etwas Älteren zu schweren Störungen des sich entwickelnden Selbstgefühls führen. Kinder ohne menschliche Bindungen verlieren jeden Lebenswillen und können an ihrer Gefühlsnot sterben; sie schwinden an der Agonie ihres Ich dahin, das nur in der Wechselbeziehung mit einer beschützenden, unterstützenden und bestätigenden Person sich formen und erhalten kann. Der Verlust der Identifikationsperson in diesem labilen Zustand des Seins ist so gravierend, weil sie die Funktion eines Spiegelbildes der kindlichen Identität übernimmt. In ihm erkennt sich das Kind wieder, und von ihm kann und muß es sich lösen, erst wenn es zu einem autonomen Wesen herangewachsen ist.

Entscheidend für die menschliche Individuation ist die Zeit zwischen den ersten Daseinsmonaten und dem Alter von drei Jahren. Die Persönlichkeiten der Rokoko-Menschen entwickeln sich also während ihrer Unterbringung bei der Amme. Sie hätte die Bezugsperson sein müssen, mit der sich alle die für das menschliche Subjekt wichtigen Interaktionen abspielen; nur in ihr hätten sich aristrokratische Erben, Nachkommen betuchter Bürgerlicher, Handwerkerkinder sowie die Blagen der niedersten Schichten in der beispiellosen und notwendigen Bindung und Abhängigkeit einer Mutter-Kind-Symbiose finden können, sie sollte ihren Zöglingen auf die Beine helfen und ihnen die ersten Worte in den Mund legen. Der Schlüssel zum Verhalten und Wesen der Menschen im 18. Jahrhundert liegt in den Händen der Amme. Doch anstelle einer Bezugsperson, die sich um ihr Leid und Weh kümmert, bleiben die Kinder nicht nur mutterseelenallein, sondern werden in einen Wickel gefesselt und auch dann noch ganze Tage angebunden, wenn sie schon im Krabbel- und Laufalter sind. Statt der Liebe, die die kindlichen Beschwerden lindert, werden ihnen Narkotika verabreicht. Die Amme streicht ihnen eine Opiumtinktur auf die Zunge, umnebelnden Mohnsirup weiß sie herzustellen, und gelegentlich flößt sie ihrem ständig vor Schmerz, Hunger und Verzweiflung greinenden und schreienden «Schützling» auch mal etwas Branntwein ein. Der einzige Vorteil: Das kleine bedürftige Wesen verbringt die Zeit der Abwesenheit seiner Milchmutter in einem Zustand des Dämmerns und regi-

Jean Baptiste Chardin: Die Lehrerin.
Washington, National Gallery

striert seine Einsamkeit und das Fehlen einer Identifikationsperson nur
unbewußt.

Liebesentzug dieser Art hat katastrophale Folgen: «Theorien unter-
streichen die Bedeutung einer optimalen menschlichen Symbiose für
die Wandlungen im Verlaufe der Individuation und die Errichtung eines «Identitätsgefühls», das hinsichtlich seiner libidinösen Besetzungen
stabil ist. [...] Wenn Lustgefühle aufgrund äußerer sensorischer Wahr-
nehmungen sowie der Reifungsdrang die Besetzung nach außen ge-
richteter Anteilnahme steigern, während im Innern ein optimales
Wohlgefühl und damit eine sichere Verankerung innerhalb des symbiotischen Umkreises besteht, können diese beiden Formen der Besetzung
frei hin und her schwingen. Das Ergebnis ist ein optimaler symbioti-
scher Zustand, von dem eine reibungslose Differenzierung – und die
Ausdehnung über den symbiotischen Umkreis hinaus – ihren Ausgang

nehmen kann.»[47] Es steht fest, daß die Kinder des 18. Jahrhunderts wohl nur in den seltensten Fällen diese emotionale Sicherheit genießen, von der aus sie in Ruhe spielerisch-experimentell ihr Selbst an der Mutter und später an der Außenwelt erproben können. Die Suche des Kindes nach seinem Ich und seiner Individualität wird frühzeitig durch den Zwang unterbrochen, die Schutzschildfunktion der Mutter durch eigene Mechanismen zu ersetzen. Seine Ich-Differenzierung sowie auch die Wahrnehmungsfähigkeit seines Ich wird in dem Maße auf eine Schablone reduziert sein, wie der diffizile Charakterbildungsvorgang in der ständigen Interaktion zwischen Mutter und Kind unterbleibt. Es mangelt dem vernachlässigten Kleinkind an einer Orientierungshilfe und einem Maßstab seines Verhaltens, mit dem es auf eine nur ihm eigene, da im Umgang mit einer auf das Kind subjektiv reagierenden Mutter erlernten Weise die Welt wahrnehmen und erobern kann. Die Strukturierung des Subjekts bleibt verschwommen, und die Erfahrung der Gesellschaft artifiziell und nicht realitätsgemäß. Die verzweifelte Suche der Menschen des 18. Jahrhunderts nach ihrer Identität scheint vorprogrammiert.

Liebesfähigkeit und die emotionale Entwicklung basieren auf der libidinösen Verfügbarkeit der Mutter oder einer ihr adäquaten Person, durch die das komplexe Zusammenspiel von Körper und Gefühlen erfahren wird, aus dem sich die Bausteine zum Ich zusammensetzen. «Wir gehen von der Vorstellung aus, daß das Gefühl der Identität aus zwei Erlebnisarten hervorgeht, die einander abwechseln, nämlich aus lustvollem körperlichem Kontakt mit der pflegenden Mutter sowie aus halluzinatorischer Wiedervereinigung mit ihr während des Schlafens und eingeschobener Wachperioden. Während dieser allmählich länger werdenden Wachperioden kommt es vermutlich zur libidinösen Besetzung der Körperoberfläche und all jener Durchgangsphänomene, die das perzeptuelle Grenzgebiet zwischen Selbst und Objektwelt bilden. [...] Die Bildung primitiver, prävisueller Engramme wird durch Berührungsimpressionen über die Mutter vermittelt. Die Wahrnehmung innerer Vorgänge, etwa die mit dem Füttern und der Reaktion auf Berührung verbundenen, die später durch die Wahrnehmung der Entfernung ergänzt werden, bilden die Grundlagen der seelischen Repräsentation des Körpers als Körperschema. All das konstituiert den Kern der Idee des Ichs, des Zentrums, um das sich Erinnerungsspuren, Gefühle und Vorstellungen vom Selbst kristallisieren, strukturieren und organisieren.»[48]

Schmerzvoll sind die Erfahrungen, die die Kinder im 18. Jahrhundert mit ihrem Körper, frustrierend die, die sie mit ihrem kindlichen Geschlechtstrieb machen. Allein eine autistische Erfüllung ihrer libidinösen Wünsche blieb ihnen, die die entstehenden Gefühle in narzißtischer Weise ausschließlich auf sich selbst lenkt und nicht mit einer zweiten Person in Verbindung bringt. In der Psyche des Kindes könnte sich so eine fatale Gleichung einprägen: Lustvoll ist nur die aktive Manipulation des eigenen Körpers, während alles, was von außen kommt, schmerzbringend und leidvoll ist.

Ein ganzes Weltbild entsteht aus diesen Kindheitstraumata: das manische Zirkulieren der aufklärerischen Zeitgenossen um das rudimentäre Selbst, in dem die ganze Dimension des Du als quälendes Vakuum klafft. Die Suche nach der verlorenen Ich-Ganzheit und der Stellung des Individuums in der Gesellschaft prägt die Umgangsformen fundamental und hat entscheidende Auswirkungen auf Inhalte von Wissenschaft und Kunst. In seinen Memoiren bringt der spätere Großmeister der Diplomatie, Talleyrand, den psychischen Zusammenhang von grober Vernachlässigung in den Kindertagen, scharfem Geist und Selbstbezogenheit auf den Punkt: «Ich fühlte mich vereinsamt, ungeliebt und ohne Stütze und so gut wie ganz auf mich angewiesen, aber meine Urteilskraft wurde dadurch frühzeitig geschärft. [...] darin mag wohl auch der Grund liegen, daß ich später Schmerz und Mißgeschick leichter und resignierter ertragen konnte, weil ich stets in mir selbst den sichersten Halt fand. Es ist ein Gefühl wie wehmütiger Stolz, der mich nicht ohne eine gewisse Befriedigung auf jene Jahre meiner Kindheit zurückblicken läßt.»[49]

Das gesamte Liebes- und Sozialverhalten der Frauen und Männer, die nach den beschriebenen Maximen und Praktiken aufgewachsen sind, wird das verzweifelte Ringen um die versäumten zwischenmenschlichen Gefühle zutage fördern. Eine Ahnung des Verlustes weckt in ihnen zwar die Sehnsucht nach dem Nicht-Erlebten, doch macht die Unfähigkeit, nicht erlernte und nie erfahrene Gefühle zu reproduzieren, das emotionale Elend dieser Generationen nachvollziehbar: Sie werden versuchen, Augenblicke des Glücks in ständig wechselnden Affären zu erhaschen, da ihnen die Disposition zur tiefempfindenden Liebe vorenthalten wurde. Der eigene Körper und die eigene Lust avanciert zum ausschließlichen Zentrum eines jeden Liebesaktes, für den die Partner austauschbar sind. Ja, selbst Gewalt und Brutalität in geschlechtlichen

Beziehungen, wie von de Sade und anderen Autoren zum Ende des Jahrhunderts beschworen, werden vor diesem Hintergrund plausibel: In ihnen symbolisiert sich die zwanghafte Sucht nach Gefühlen. Da fügen sich Menschen selbst und anderen als Wiederholung der kindlichen Erfahrungen Grausamkeiten zu, die auch als hilflose Racheakte im Rollenwechsel vom Opfer zum Henker zu verstehen sind.

Überleben ist Triumph. Vielleicht fürchten viele Eltern eine Berührung mit ihrer eigenen Vergangenheit als Kinder und bringen es buchstäblich nicht übers Herz, ihre Kinder in den Pflegestellen zu besuchen und dort ihren einstigen Leiden wieder zu begegnen. Vielleicht ist es der eigene Sieg über den Tod, der den Eltern oft das Ableben einer Tochter oder eines Sohnes als nebensächlich erscheinen läßt. Wie anders ist es sonst zu erklären, daß sogar ein aufgeklärter Denker wie Diderot etwas verständnislos einer verzweifelten, dem Wahnsinn nahen Mutter gegenübersteht, die gerade ihre Lieblingstochter verloren hat: «Die ganze Woche haben wir damit zugebracht, diese arme Frau zu trösten. Ich glaubte, sie würde den Verstand darüber verlieren. Am ersten Tag öffnete sie den Mund, und zwar, um ihr Kind zu rufen. […] Ich billige es jedem zu, todunglücklich zu sein, der solch ein Kind verliert. Die Kleine war weiß wie Schnee, zum Malen schön, sie hatte überaus reizende Züge; und dann diese Unbefangenheit, diese Zartheit, diese Empfindsamkeit, dieser ausgeprägte Charakter, wie man ihn in diesem Alter sonst nicht kennt. Das Leben ist kein Verlust für dieses Kind, doch das Kind ist ein wahrer Verlust für seine Eltern. Sie hatten sechs, und dieses eine, das ihnen nun genommen wurde, tröstete sie über die Existenz der anderen hinweg.»[50] Das Kind ist generell als Mensch wertlos, nur dieses eine, besonders gelungene Exemplar, welches der Tod sich geholt hat, berechtigt zur Trauer, meint der Schriftsteller. Die Haltung gegenüber der Kindersterblichkeit hat sich in den drei Jahrhunderten bis zur Revolution tatsächlich kaum geändert, konnte sich nicht schon Montaigne nur ungenau daran erinnern, wie viele seiner Nachkommen ihm weggestorben sind: «Ich habe zwei oder drei Kinder im Säuglingsalter verloren, nicht ohne Bedauern, aber doch ohne Verdruß», bekannte der große Essayist schon im 16. Jahrhundert.[51]

Die wenigen, die den Gefahren des Säuglings- und Kleinkindalters widerstehen, müssen lange auf die Rückkehr in ihr Elternhaus warten: Vier bis fünf Jahre gehen nach der Geburt eines Kindes ins Land, bevor es die Eltern aus den Fängen der Amme befreien und in die eigene Obhut nehmen (allerdings nur, um es kurze Zeit später wieder fortzu-schicken). Tag der Freude oder Tag des Schreckens? Ambivalente Ge-fühle werden alle Beteiligten plagen. Die Kinder sehen große und wahrscheinlich ein wenig unheimliche Unbekannte kommen, die sich Vater und Mutter nennen und von ihren Kindern verlangen, ihnen in eine unbekannte Stadt, in ein unbekanntes Haus, zu Leuten, die sie noch nie gesehen haben, zu folgen. Die Kinder kennen ihre Eltern, die Eltern ihre Kinder nicht. Ein paarmal hatten eine elegante Dame und ein geschminkter Herr ihren Sprößlingen einen Besuch abgestattet, vor denen sie eine Verbeugung oder einen Knicks hatten machen müssen. Nun sollen sie diesen Fabelwesen gehorchen. Oder hoffen die Kinder, durch sie von ihren Leiden befreit zu werden?

Ungewisses erwartet jedoch auch die Eltern, so manche mögen beim Anblick ihres Fleisch und Blutes unangenehm überrascht werden: Von tiefen Pockennarben gezeichnet und anderen verheerenden Krankhei-ten verunstaltet sind die einen, die anderen verkrüppelt oder verwach-sen. Der Politiker Talleyrand muß eine Unvorsichtigkeit seiner Amme ein Leben lang büßen: «Eine direkte elterliche Fürsorge war damals keine Mode, und ich verlebte die ersten Tage meiner Kindheit in einer Vorstadt von Paris, wo man mich bei einer Bürgersfrau in Pension ge-geben hatte. Als ich vier Jahre alt war, ließ mich diese Frau eines Tages von einer Kommode herabfallen, wodurch ich mir den Fuß verstauchte. Die Frau sagte nichts und die Meinigen bemerkten es erst mehrere Mo-nate später, als sie mich aus dem Haus fortnahmen, um mich zu meiner Großmutter [...] zu bringen.»[52] Ein Arzt wird bei der Verletzung nicht konsultiert, und so wachsen die Knochen nicht mehr richtig zusammen. Der Klumpfuß bestimmt Talleyrands weiteres Schicksal entscheidend, denn ein schöner Körperwuchs und Anmut in Haltung und Bewegung kennzeichnen den Aristokraten. Ein Verkrüppelter ist für das alte Adels-geschlecht der Talleyrand-Périgord als Erbe nicht tragbar, und so fügen die Angehörigen dem körperlich ohnehin schon Gestraften noch eine weit erniedrigendere Verletzung, eine seines Stolzes, zu: Als sein älterer Bruder stirbt, ziehen die Eltern ihm, dem Zweitgeborenen, den jüng-sten Sohn in der Erbfolge vor. Der rechtmäßige, aber unliebsame Erbe soll der geistlichen Laufbahn geopfert werden und in einem Kloster ver-schwinden.

Angesichts eines mißgestalteten Kindes wären wahrscheinlich viele entsetzte Erzeuger erleichtert, wenn sie das Los anderer Eltern hätten teilen dürfen, die ihre Kinder vermißt melden müssen oder plötzlich, ohne es zu wissen, ein vertauschtes Kind ihr eigen nennen. Auf verschlungenen Wegen verlieren sich die Spuren vieler kleiner Lebewesen, und wenn die Eltern eine plötzliche Sehnsucht nach ihnen erfaßt, sind sie nirgends mehr auffindbar. Das Ammenvermittlungsbüro, bei dem sie Erkundigungen über ihren Verbleib einziehen möchten, existiert nicht mehr, die Vermittlerin, der man das Neugeborene anvertraut hatte, ist spurlos verschwunden, und selbst, wenn man sie findet, hat sie über die ihr übergebenen Kinder kein Buch geführt und weiß nicht, wo sie geblieben sind. Meist konnte sie weder lesen noch schreiben und hatte weder der Amme den Namen der Familie noch den Angehörigen den Namen einer Amme genannt, die sie ohnehin erst suchen mußte. Scharfe Kritik übt der Lyoner Polizeileutnant Prost de Royer an dieser hanebüchenen Praxis: «Während unsere Hospitäler alle ausgesetzten Kinder, für die sie die Sorge übernehmen, eintragen und numerierten [...], während der Jäger seinen Hund markiert, damit man ihn nicht verwechseln kann, während der Metzger die Tiere, die geschlachtet werden sollen, um uns Nahrung zu geben, sorgfältig auseinanderhält, verläßt das Kind aus dem Volke unsere Mauern ohne einen Taufschein, ohne ein Papier, ohne Personenbeschreibung, ohne daß man weiß, was aus ihm werden soll.»[53] Gelangt gelegentlich doch eines glücklich in die Arme der Väter und Mütter zurück, ist es mehr als fraglich, ob es tatsächlich ihrem Samen und Bauche entsprungen ist. Wie viele Kinder werden vertauscht! Sei es durch eine Amme, der ein hochwohlgeborenes Kind gestorben war, das sie geschickt durch ihr eigenes ersetzt, sei es weil Körper und Namensschilder durcheinandergeraten auf Transporten, auf Zwischenstationen oder durch einen sonstigen Zwischenfall.

Der «verlorene Sohn» hat im Rokoko noch seine ursprüngliche Bedeutung. Ausgetauschte, untergeschobene, ausgesetzte, aber auch Ammen ohne Namensschild überlassene Kinder werden in ein Vakuum der Identitätslosigkeit geworfen. Sie sind wurzellos, ohne Familie, geschichtslose Menschen, ohne sozialisierenden Hintergrund. Ihre Einbindung in die Gesellschaft geschieht nie auf natürlichem Weg, sie sind auf das Wohlwollen anderer angewiesen, sind von künstlich hergestellten Bindungen abhängig, die sich nicht aus Blutsbanden ergeben, kurz: Ihre Existenz ist alles andere als selbstverständlich, sie sind die Verkörperung der Persona non grata. Das vorrevolutionäre Europa ist voller solch unglücklicher Existenzen, auch in der Literatur wimmelt es von

Ein reizendes Pärchen. Zwei von den
Eltern füreinander bestimmte Kinder. Kupferstich nach einer
Zeichnung von Jean Michel Moreau le Jeune. 1784

ihnen. Da sind sie alle wieder, inzwischen herangewachsen: der von der
Tür eines reichen Edelmannes ausgesetzte uneheliche Bediensteten-
sprößling, von Beaumarchais «Figaro» genannt, das bei einem Überfall
durch die Ermordung und Beraubung der vermutlich adeligen Eltern
zur namenlosen Waise gewordene Mädchen, dem Marivaux den Na-

men «Marianne» gibt, das kleine illegitime Opfer eines Familienzwistes, dessen Vater vor den Verfolgungen seiner Angehörigen, die eine Heirat mit der Geliebten um jeden Preis vereiteln wollten, nach Amerika fliehen mußte und dessen Mutter vor Gram kurz nach ihrer Entbindung starb, Diderots «natürlicher Sohn» Dorval. Und immer wieder Findelkinder, die wie durch ein Wunder das Hospital überlebten. «Gleich nach meiner Geburt ward ich an einen Ort verschleudert, der die Grenze zwischen Einöde und Gesellschaft heißen kann; und als ich die Augen auftat, mich nach den Banden umzusehen, die mich mit den Menschen verknüpften, konnte ich kaum einige Trümmer davon erblicken. Dreißig Jahre lang, Madame, irrte ich unter ihnen einsam, unbekannt und verabsäumet umher, ohne die Zärtlichkeit irgendeines Menschen empfunden, noch irgend einen Menschen angetroffen zu haben, der die meinige gesucht hätte»[54], beschreibt Dorval seine trostlose Bindungslosigkeit.

Extreme Schicksale, denen Schriftsteller eine künstlerische Form geben, sind als Metaphern allen menschlichen Seins zu verstehen. In der Tat erzählen im Ancien régime die Erlebnisse von Waisen immer auch exemplarisch die Geschichten vieler anderer Kinder, und so reproduzieren die Literaten den gesamtgesellschaftlichen Leidenszustand in überspitzter, krasser Form in ihren der brutalsten Wirklichkeit nachempfundenen Figuren oder bilden ihn auf den Brettern, die die Welt bedeuten, abstrahierend ab.

Findlinge haben in ihrer totalen Schutzlosigkeit etwas vom ersten Menschen, sie stellen seine Urform dar, die noch keinerlei zivilisatorischen Einflüssen unterlag; auf ihr Wesen haben nicht einmal behütende elterliche Instinkte gestaltend oder deformierend eingewirkt. Sie müssen um die Grundlagen der Existenz kämpfen, ihr Dasein ist ein einziges Ringen ums nackte Überleben, in dem sich Menschenmögliches offenbart: Diese Reduzierung auf Notwendigstes läßt sie als Modellfall alles Humanen erscheinen. Allein in sich selbst müssen sie Kraft finden, nur auf die eigenen Fähigkeiten können sie bauen. Bestehen die Waisen den Zweikampf mit dem Tod, sind sie die einsamsten, aber zugleich auch die am ehesten autonomen Persönlichkeiten und existieren ausschließlich um ihrer selbst willen. Dieses Faktum macht sie für die Schriftsteller so interessant, die sich auf die Suche nach der Identität machen und der Bewährung des rein Menschlichen in der Gesellschaft nachspüren. «La vie de Marianne» von Marivaux ist der Roman einer

Individuation eines elternlosen Mädchens, dem auch noch die Zieheltern an der Schwelle ihres Erwachsenenalters wegsterben und das sich nun ganz allein der Welt ausgesetzt sieht. Gesellschaftliche Mechanismen lassen sich anhand einer solchen Situation beschreiben.

Marianne bezieht einen Beobachterposten und versucht ihr Ich an den Reaktionen ihrer Mitmenschen. Sie kann ihr Selbstvertrauen nicht aus einem familiären Fundament ziehen, sondern ihre Bestätigung nur aus dem eigenen Ich erfahren. Dazu muß sie sich selbst erst einmal eines konstruieren. Sie löst dieses Problem durch Reflexion, wobei sie sich vor allem ihrer Fähigkeiten durchaus bewußt ist: «Mühelos konnte ich die Gedanken all dieser Leute erraten und mein Instinkt entdeckte nichts, das ihm nicht schon bekannt gewesen wäre [...]. Wir Frauen besitzen zweierlei Arten Verstand. Erst einmal unseren eigenen, den uns die Natur beschert hat, der uns dazu dient, vernünftige Überlegungen anzustellen (je nach dem Grade seines Vermögens), der sich in seinen gegebenen Grenzen entfaltet und nur mit der Zeit Wissen und Einsicht erwirbt. Sodann besitzen wir noch einen anderen, der nur zum Teil unser eigen ist und den man bei den dümmsten Weibern antreffen kann. Es ist der Verstand, den uns die Eitelkeit und Gefallsucht bescheren und den man mit einem anderen Wort als Koketterie bezeichnet. Oh, er braucht, um zu lernen, nicht der Zahl der Jahre zu harren. Fix und fertig ist er von allem Anfang an vorhanden. Was er (auf seinem Gebiet) in der Praxis vorgehen sieht, weiß er stets theoretisch zu erfassen. Er ist ein Kind der Hoffart, das voll ausgebildet zur Welt kommt, dem es anfangs an Dreistigkeit mangelt, das aber darum nicht weniger nachdenkt. Ich glaube, man kann ihm Anstand und Ungezwungenheit beibringen, aber er macht sich immer nur die Form, nie das Wesen zueigen.»[55]

Aus der Not der Liebesentbehrung und dem Fehlen einer Lebensstellung per Geburt erscheint dem jungen Mädchen die Analyse des menschlichen Wesens und der gesellschaftlichen Spielregeln unabdingbar für die Definition des eigenen Standpunktes. Der Zwang zur Selbstfindung und Durchsetzung ihrer Interessen macht sie zu einem vom Verstand regierten Menschen. Was den anderen mit in die Wiege gelegt wird, erreicht sie durch den Geist. Marianne wird zur integersten Persönlichkeit heranreifen, indem sie konsequent ihrem Programm folgt: Sie übt sich im antithetischen Verhalten, das nach einem genauen Kodex verläuft; erst fordert sie andere durch eine Handlung heraus, beobachtet dann die Reaktion, die sie hervorruft, um schließlich im Sinne optimaler Wirkung ihr Benehmen zu korrigieren und anzupassen. Diese Spiegelung der eigenen Wirkung im Verhalten der anderen ist Teil eines langandauernden Individuierungsprozesses, in dem sich Kinder im Laufe ihrer Entwicklung jahrelang spielend üben. Doch was bei ihnen ganz unbedarft geschieht, macht Marivaux' Heldin mit vollem Bewußtsein. Sie, die keinerlei Rückhalt hat, wird kraft eigenen Willens zum sozialen Wesen. Das Exempel ist statuiert, die Suche nach dem Ich aus der eigenen Natur heraus in die gesellschaftlichen Verhältnisse hinein gelingt dieser Charakterfigur.

Unabhängigkeit, Schlagfertigkeit und schneidender «Mutter»witz zeichnen auch noch einen anderen Findling der Weltliteratur aus, er sollte sogar Vorbildcharakter für die Umstürzler haben und Wegbereiter für die große Revolte gegen das absolutistische System werden: Figaro. Welche Karriere! Und doch im Gedankenspiel eine durchaus folgerichtige: Das vom Schicksal benachteiligtste Geschöpf, das kleine, irgendwo vor einer Tür abgelegte Bündel Mensch, entwickelt sich zum Rächer an den politischen Zuständen – zwar noch moderat, aber doch eindeutig oppositionell. Die Lebensgeschichte des Barbiers verläuft denn auch weitaus turbulenter als jene von Marianne, deren Streben immer noch darum geht, sich anzupassen. Nicht so der Barbier, seine Integrationsversuche scheitern alle. Um so schattenreicher verläuft denn auch die Sozialisation des literarisch zwei Generationen später Geborenen: «Gibt es ein verrückteres Schicksal als das meine? Sohn von ich weiß nicht wem, geraubt von Banditen [die ihn wohlgemerkt unweit eines Schlosses in Spitzenwindeln gehüllt fanden, was diese und natürlich auch ihn Vermutungen über seine hochherrschaftliche Herkunft anstellen ließen; Anm. d. Verf.], mit ihren Sitten aufgewachsen, werde ich ihres Treibens überdrüssig und will ein ehrliches Leben beginnen, doch überall weist man mich zurück! Ich studiere Chemie, Pharmazie, Chirurgie, und der ganze Einfluß eines großen Herrn reicht gerade aus, daß ich die Lanzette eines Viehdoktors in die Hand bekomme! – Der Quälerei kranker Tiere überdrüssig, und um etwas ganz anderes zu machen, werfe ich mich mit aller Kraft aufs Theater: hätte ich mir doch lieber einen Stein um den Hals gehängt! Ich bastle eine Komödie über die Sitten im Harem zusammen. Als spanischer Autor glaube ich, darin Mohammed ohne Bedenken verspotten zu dürfen: unverzüglich beklagt sich ein Abgesandter von weiß ich wo, ich hätte in meinen Versen die Hohe Pforte, Persien, einen Teil Vorderindiens, ganz Ägypten und die Königliche Cyrenaica, Tripolis, Tunis, Algerien und Marokko beleidigt, und schon landet meine Komödie auf dem Scheiterhaufen, ein paar islamischen Prinzen zuliebe, von denen sicher nicht einer auch nur lesen kann, und die uns den Buckel bleuen und dazu ‹Christenhunde› schimpfen. Da man den Geist nicht erniedrigen kann, rächt man sich, indem man ihn mißhandelt.»[56]

Und so geht es weiter und weiter im wechselvollen Geschick des Tausendsassas, das nach dem Muster der gängigen spanischen Schelmen- und Abenteuerromane verläuft: Auf einen Aufstieg folgt der Fall des Protagonisten, der sich dann wieder an eine neue Karriere macht, welche aber nach kurzem erneut im Desaster endet. Winkte gerade noch großer Reichtum, ist der Held schon wieder ohne einen Dukaten auf der Flucht vor den Intrigen und Nachstellungen seiner Feinde, die überall auf ihn lauern. Variationen dieses Themas gibt es viele, der eine heuert auf einem Schiff an, das von Piraten geentert wird oder untergeht, und nur unser Überlebensspezialist wird gerettet, als Sklave verkauft und durch wunderbare Geschehnisse wieder auf freien Fuß gesetzt. Der andere versteckt sich in einer Dachkammer und heckt, während er am Hungertuch nagt, neue Pläne aus, gründet Zeitungen, verfaßt Pamphlete für und gegen alle und jedes und schreibt im Auftrag großer Herren Spottgedichte gegen deren Feinde, wird hinter Gitter gesteckt und so fort.[57] Taugenichtse werden sie geschimpft oder Possenreißer, doch ist in ihnen schon der gescheiterte Literat vorgeformt, der wenige Jahre später auf die Barrikaden gehen wird. Aus ihren unerschrocken plappernden Mündern sprudelt ganz nebenbei immer wieder die schärfste Kritik an den herrschenden Mißständen: Korruption, Vetternwirtschaft, Bestechung sind es ja gerade, durch die ihnen die mächtigen Reichen Steine in den Weg rollen können. Eines ist jedoch all diesen gewitzten Glücksrittern der Literatur gemeinsam, sie gehen vollkommen unbeschadet an Leib und Seele aus diesen Turbulenzen hervor, sie werden sogar durch jede Erfahrung noch schlauer, autonomer und mehr sie selbst.

Auch Figaro findet sich am Ende der aufregenden Reise in seine unendlichen Möglichkeiten, gerade als er mit dem Tod kokettiert, an den Wurzeln seines Seins wieder. «Diesmal verließ ich die Welt, und zwanzig Klafter Wasser sollten mich von ihr trennen, als ein wohltätiger Gott mich zu meinem ursprünglichen Handwerk zurückführt. Ich ergreife wieder meinen Barbierbeutel und meinen englischen Streichriemen und wandere von Stadt zu Stadt, den blauen Dunst den Narren überlassend, die sich davon nähren, und die Scham weit hinter mir, weil für einen Fußgänger zu schwer; und so lebe ich endlich ohne Sorgen. Ein vornehmer Edelmann kommt nach Sevilla; er erkennt mich, ich verheirate ihn, und als Dank dafür, daß ich ihm seine Frau verschafft habe, will er mir die meine wegschnappen. Intrigen und Lärm deswegen. Kurz bevor ich in einen Abgrund stürze und fast meine Mutter heirate, tauchen meine Eltern auf. *(Springt erregt auf)* Es wird hin und her gestritten: Sie sind es, er ist es, nein ich, nein du, wir sind es nicht; ja wer denn sonst? *(Fällt auf die Bank zurück)* Oh, seltsamer Lauf der Dinge!»[58] In der Tat, seltsam ist er. Das Schicksal hat ihm ein eigenwilliges Schnippchen geschlagen, sein Lebensweg verläuft umgekehrt zu dem üblichen. Er bekommt die Rolle des Sohnes erst zugeteilt, als er bereits erwachsen ist und die Eltern nicht mehr braucht. Indem er zu seinem Ausgangspunkt zurückkehrt und sich der Kreis seines Lebens schließt, das Vakuum seiner Existenz sich füllt, vollendet sich faktisch seine Individuation. Nun ist Figaros Existenz auch offiziell legitimiert und die Frage nach seinen Erzeugern, wenn auch nicht zu seiner vollen Zufriedenheit – er hatte vorausgesetzt, Sohn adeliger Eltern zu sein – geklärt.

Die Stimme der Natur identifiziert jedenfalls kein verlorenes Kind, auch keine Mutter und keinen Vater. Daher muß sich ein Autor, der gänzlich abhanden gekommene oder im Findelhaus verschwundene Kinder wieder mit ihrer Familie zusammenführen will, mit anderen künstlichen Erkennungszeichen behelfen. Einige der literarischen Rabeneltern haben, bevor sie sich ihrer Kinder entledigten, besondere Vorsorge walten lassen. Marceline und Bartholo zum Beispiel ritzten ihrem unehelichen Sohn Emmanuel eine Hieroglyphe in den rechten Arm; an dieser Tätowierung erkennen sie ihn als eigenes Fleisch und Blut. Nur hat sich von dem kleinen Emmanuel nicht viel erhalten, vor ihnen steht die leibhaftige Personifikation des «Figaro». Andréa de Nerciat, dessen kleine Helden in seinem Roman «Les Aphrodites» von ihren ahnungslosen Erzeugern in aller Nacktheit brünstig umarmt werden und dabei hätten erkannt werden können, muß natürlich einen kleinen Umweg wählen, um die Auflösung der von der Mutter angestrengten Nachforschungen etwas hinauszuzögern und den vollzogenen Inzest plausibel zu machen und zu rechtfertigen. In dieser Geschichte sind es nicht die Eltern, die auf die rettende Idee kamen, die Kinder zu markieren, sondern die klarsichtige Frau, die sie ins Waisenhaus trug:

«Ich kam auf den Einfall, das Kind unter dem linken Arm, nahe der Achselhöhle mit einem Kreuz zu zeichnen. [...] Vier Jahre später, als ich zufällig die Findelanstalt besuchte, brachte man ein kleines halberfrorenes Mädchen getragen, das notdürftig eingehüllt war und folgendes Stück Papier angeheftet trug: Mutter: Lucette-Flora Hanneton; Vater: Roch-Balthasar-Marcel, Marquis... ohne Namen. Das Kind war in der Rue St. Honoré aufgefunden worden... Die Kleine erhielt den Namen Madeleine-Coeur, weil sie so hübsch war. Ich schlug vor, daß man sie mit demselben Zeichen versehe, wie Noël, da sie doch von gleichem Vater und gleicher Mutter waren. Dies geschah (...) Es hat sich gefügt, daß die beiden dank Herrn Madré, einem der Inspektoren der Anstalt, versorgt sind, der sich von Zeit zu Zeit die Freude gestattet, diesem Fegefeuer einige unschuldige Geschöpfe zu entreißen, für die das tägliche Brot und ein ehrlicher Erwerb das Paradies sind.»[59]

Wunder retten diese Kinder wie auch Figaro vor dem sicheren Tod im Waisenhaus, und Wunder führen sie wieder zu ihren Erzeugern zurück, denn es ist ja mehr als unwahrscheinlich, daß Kinder, zu denen kein Verwandter mehr Kontakt hat, überhaupt wieder aufgespürt werden können. Eltern, die ihre Kinder aussetzen, denken vielleicht schon daran, sie eines Tages wieder zu suchen und zu sich zu nehmen. Doch beachten sie meist nicht die einfachsten Vorsichtsmaßnahmen, geschweige denn, daß sie die Verlassenen in irgendeiner Form markieren. Selbst ein Intellektueller wie Rousseau verabsäumt es, bei vieren seiner fünf dem Findelhaus Anvertrauten ein Namenschild der Eltern beizulegen. Da ist bei Nachforschungen guter Rat teuer, und meist führen sie auch zu keinem Ergebnis. So auch nicht im Falle Rousseau, für den sich die Marschallin von Luxembourg erbötig macht, die Spur seiner Kinder zu verfolgen. Die Reaktion des Homme de lettres auf den negativen Ausgang der Suche klingt allerdings auch eher erleichtert denn schmerzerfüllt.

Wiedervereinigungsszenen zwischen Findelkindern und ihren Eltern in der Literatur entbehren also jeglicher realistischen Grundlage, sie dienen vor allem dazu, die Herzen von Lesern und Zuschauern in einer Angelegenheit zu berühren, über die sie sich sonst niemals Gedanken gemacht haben. Sentimentalismen sind in der Literatur nicht nur gestattet, sondern notwendig. Das gilt für die Zeit des Rokoko mehr denn je: Das allseitige Happy-End, in dem sich die wiedergefundenen Eltern mit ihren Kindern zu einer Familie vereinigen, ist gerade in diesem brutalen und rationalen Jahrhundert von unerhörter Innovationskraft und bereitet von langer Hand eine durchgreifende Veränderung der Beziehungen Eltern–Kind vor. Die vollzogene Eheschließung ist als verspätete Wiedergutmachung an dem großen Unrecht, das den Kindern und in einigen Fällen auch den Frauen zugefügt wurde, zu verstehen. Sicher, den eigentlichen Opfern nützt der Wandel ihres Geschicks zu diesem Zeitpunkt auch nichts mehr, aber dennoch wird keine der Tränen, die in Beaumarchais' «Tollem Tag» vor Rührung über das neue – und wahrscheinlich trügerische – Familienglück geweint werden, umsonst vergossen sein. Sie sind ein Appell und rufen einen eklatanten Mißstand ins Bewußtsein. Keiner auf der Szene kann sich der Betroffenheit entziehen: Hier wird von einem Ideal geträumt, von dem die Realität noch weit entfernt ist.

Auf dem Theater und im Roman eröffnet das Unmögliche jedoch oft auch eine Dimension für obzöne und gesellschaftliche Normen in Frage stellende Anspielungen. Denn in den Köpfen Schreibender spukt eine Wiederbegegnung zwischen verlassenen Kindern und ihren ungetreuen Eltern als delikate Probe aufs Exempel: Wie ist es um die Kraft der Blutsbande bestellt? Figaro weiß auf das Entzücken seiner wiedergefundenen Mutter, ob die Stimme der Natur es ihm nicht tausendmal gesagt habe, eine klare und deutliche Antwort: «Nie.»[60] Doch reizen ungeklärte Familienverhältnisse zu ganz anderen Phantasien, die den Bruch eines der strengsten Tabus ermöglichen: des Inzestverbots. Figaro wird um ein Haar mit seiner leiblichen Mutter vermählt, Dorval und Rosalia, Geschwister, ohne es zu wissen aus Diderots Feder, verlieben sich unsterblich ineinander. Und in «Les Aphrodites» von Andréa de Nerciat verguckt sich die Mutter in ihren Sohn, und der Vater wirft ein begehrliches Auge auf seine als Mann verkleidete Tochter. Wird in den ersten beiden Stücken der Vollzug des frivolen Gedankenspiels durch die Entdeckung der familiären Bindungen frühzeitig vereitelt, hält sich de Nerciat keineswegs an diese Konvention. Was ein wirklich libertiner Schriftsteller ist, der bringt die mit Sanktionen belegten sexuellen Konstellationen aufs Papier: Mutter wie Vater haben vor Aufdeckung der Blutsbande bereits mit den Früchten ihrer Liebe genüßlich «Posto gefasst».

Vor Schreck über die unerwarteten Enthüllungen fällt die mütterliche Sohnesgeliebte erst einmal in Ohnmacht, um sich beim Erwachen dem Vater der Geschwister, der gleichzeitig auch der Geliebte der eigenen

Tochter ist, gegenüberzufinden: «Lucette (Limfort von sich stoßend): ‹Was höre ich? O Verbrechen über Verbrechen! Hinweg von mir, Ungeheuer! Oder vielmehr *(sie zückt einen Dolch)* lerne, wie man soviel Schande von sich abwäscht, und folge meinem Beispiel! Sieh...› Glücklicherweise gelingt es Limfort und Madame Durut, den Stoß abzuwenden. Der Dolch fliegt ihr aus der Hand und fällt gerade der eintretenden Célestine zu Füßen. / Célestine erschrickt zuerst, beruhigt sich aber bald und belustigt sich sogar über den seltsamen Zufall, der Vater, Mutter und Kinder bis über den Hals in Blutschande gestürzt hat. Selbst das ehemalige Liebespaar (obwohl zwischen den beiden nicht ein Schatten von Sympathie sich erhalten hat) lächelt schließlich über das seltsame Abenteuer, und sie kommen überein, daß das Schicksal verhältnismäßig gnädig war.»[61] In allen Stücken stehen die Protagonisten der verbotenen Liebe nach Aufklärung der wahren Sachlage ihren offen zu Tage getretenen Gefühlen ein wenig hilflos gegenüber; das körperliche Verlangen, das wohl alle empfunden haben, muß plötzlich einer widernatürlich erscheinenden Platonik weichen. Beispiele wie die erwähnten beweisen das Paradox des Inzesttabus: Erotische Anziehung zwischen Blutsverwandten liegt in der Möglichkeit menschlicher Disposition. Fazit dieser Feststellung: Kind und Eltern bilden keine naturgegebene Einheit. Sie ist nur ein künstliches Abfallprodukt vertrauten Umganges. Ist das Inzesttabu schon kein Naturgesetz, kann man es auch brechen. August der Starke, der seinen Namen wohl auch für seine überdimensionale Potenz erhält – er zeugte immerhin 354 uneheliche Kinder – nahm sich die Reflexionen seines Jahrhunderts über dieses Thema sehr zu Herzen und setzte sich wohlgemut und tatkräftig über die gesellschaftlichen Übereinkünfte und die religiösen Dogmen bezüglich des Inzests hinweg. «Eine von seinen unzähligen Maitressen, die Gräfin Orselska, war seine eigene Tochter, die ihm von einer Schenkwirtin in Warschau geboren wurde. Die Orselska schenkte ihrem Vater und Geliebten noch während seines Lebens ein Kind von dem Grafen Rotowsky, der ebenfalls ein uneheliches Kind von Friedrich August war.»[62]

Giacomo Casanova, der keine Möglichkeit zu amourösen Verwicklungen ausläßt, stellt über dieses Problem aus gegebenem Anlaß folgende Überlegungen an: «Daß die Verbindung eines Vaters mit seiner Tochter von Natur aus abscheulich sei, würde kein Philosoph zu behaupten wagen; aber das Vorurteil ist so stark, daß man einen völlig verderbten Verstand haben müßte, um es mit den Füßen zu treten. Es ist die Frucht der Achtung vor den Gesetzen, die eine gute Erziehung einer edlen Seele beigebracht hat; und wenn man es so definiert, ist es kein Vorurteil mehr, sondern eine Pflicht. [...] Wenn sich ein Vater aufgrund seiner väterlichen Autorität seiner Tochter bemächtigt, übt er eine der Natur verhaßte Tyrannei aus. Im Vergleich mit der natürlichen, rechten Liebe empfindet die Vernunft eine solche Verbindung als ungeheuerlich. Bei den Nachkommen wird man nur Verwirrung oder Widersätzlichkeit finden; kurzum, eine solche Verbindung ist in jeder Hinsicht abscheulich. Aber sie ist es nicht mehr, wenn die beiden sich lieben und nichts davon wissen, daß Gründe, die ihrer gegenseitigen Zuneigung fremd sind, sie an dieser Liebe hindern sollten. Der Inzest, das ewige Thema der griechischen Tragödie, rührt mich keineswegs zu Tränen, sondern bringt mich zum Lachen.»[63] Der frischgebackene Vater einer erwachsenen Tochter reagiert aber doch eher mit Trauer auf die Entdeckung, daß die entzückende Leonilda, nach der er sich so verzehrt und die er gerade zu heiraten gedachte, nun weder seine Geliebte noch seine Gattin werden kann, weil sie seinem Samen entsprossen ist. Ein einziger Trost bleibt dem Virtuosen der Liebeständelei: Er hat nach siebzehn Jahren jene wiedergefunden, die dem göttergleichen Geschöpf das Leben geschenkt hat. Und so versäumt er nicht, alte Erinnerungen wieder aufzufrischen und das an der Tochter entbrannte Feuer mit der Mutter zu löschen.

Ganz so glimpflich geht eine andere Leidenschaft zwischen Mutter und Kind nicht aus: Die berühmt-berüchtigte Ninon de Lenclos krönt die zarten Bande, die sie an den Grafen von Gersai binden, mit einem Sohn. Der Vater nimmt sich des illegitimen Kindes an, läßt es erziehen und führt den herangewachsenen Jüngling schließlich in die Gesellschaft ein, ohne ihm das Geheimnis preiszugeben, wer seine Mutter ist. Schließlich wird er auch Ninon de Lenclos vorgestellt, die in dem Ahnungslosen von Stund an eine unwiderstehliche Begierde entflammt. Erst macht er ihr den Hof, sie weist ihn ab, ohne den stürmisch Verliebten ganz zu entmutigen. Eines Tages startet der unwissende Sohn eine Attacke, um von seiner Mutter die letzte Gunst zu erlangen. In ihrer Not verrät die Begehrte ihrem Kind den Grund ihrer Verweigerung. Verzweifelt und entsetzt, flieht der Chevalier aus dem Haus, rennt in den nahe gelegenen Wald und bohrt sich den Degen in die Brust.

Ohne Familie Aufgewachsene suchen in deutlich älteren Liebhabern die als Kind vermißten Eltern, diese wiederum sehnen sich nach den freiwillig oder gezwungenermaßen entbehrten Kindern – eine einleuchtende Kompensation frühkindlicher Traumata und elterlicher Versäumnisse. Verliebt sich nicht vielleicht auch ein Casanova unbewußt in seine Tochter, weil er in ihr ein Spiegelbild zu erblicken glaubt? Nur, ist es das eigene oder das ihrer Mutter? Oder jagen die Ältergewordenen den Erinnerungen ihrer Jugend nach, wiederholen mit ihren Kindern schon vergangene Lieben, um so die eigenen schwindenden Kräfte zu beschwören? Den Wiederholungstäter Casanova, in Betrachtung seiner neuen Angebeteten versunken, befällt eine leise Ahnung, obwohl er über sein genealogisches Verhältnis zur eigenen Tochter noch nicht aufgeklärt ist: «Der Herzog setzte sich ihr zu Füßen auf das Bett, während ich ohne Hintergedanken stehen blieb und wie gebannt auf ihr bezauberndes Gesicht starrte, das ich glaubte, gekannt und sogar geliebt zu haben. Ich sah sie zum ersten Mal deutlich. Über meine recht zerstreute Miene lachend, wies sie mich auf einen kleinen Lehnstuhl, der neben dem Kopfende des Bettes stand.»[64]

Psychologische Erklärungen kann man jedoch nicht dafür anführen, daß die erotische Phantasie einiger Schriftsteller sich eine andere Spielart des Inzests besonders lustvoll ausmalt, um sich und den Leser in voyeuristischer Manier an dem Bruch des Tabus zu befriedigen: dem der Geschwisterliebe. Die behauptete Unschuld der Kinder erlaubt die detaillierte Beschreibung des Unaussprechlichen, denn legt der Autor ihnen, die gar nicht wissen, was sie tun, die Erzählung der Geschehnisse selbst in den Mund, macht er sich keines Verstoßes schuldig. Mirabeau begegnet durch diese delikate Zugabe der Langeweile, die sich sonst angesichts der ständigen Kopulationsszenen ausbreitet. Eine geschickte Dramaturgie erhöht die Spannung für die Leser des «Gelüfteten Vorhangs»[65], die um den doppelten Verstoß der kaum halbwüchsigen Geschwister Rosa und Vernol wissen, die sich unmündig, ohne Trauschein und noch dazu als Bruder und Schwester selbstvergessen und vollkommen ahnungslos miteinander vergnügen. Der Genuß des lesenden Voyeurs steigt mit der Gefahr der Entdeckung des Geschwisterpaars. Eines machen die inzestuösen Zusammenhänge, mit denen die Kinder ihre ersten und einzigen wirklichen Auftritte in der Literatur des Rokoko haben, jedoch ganz deutlich: Ihre Existenz wird für die Zeitgenossen erst interessant, wenn sie herangereift sind und als Sexualobjekte taugen.

Amor ist immer im Spiel, wenn Kinder auf der (gesellschaftlichen)

Bildfläche erscheinen. Und so ist Fragonards Darstellung zweier ganz junger Mädchen, die, hinter einem Vorhang versteckt, neugierig eine uns verborgene Alkovenszene verfolgen, symptomatisch für die Stellung der Kinder in dem Jahrhundert. Denn obwohl es sich offensichtlich um Mädchen handelt, die ihre sexuelle Reife noch nicht erreicht haben, sind sie doch in das erotische Geschehen involviert. Läßt der perlenfarbige Vorhang nicht die unbedeckt zarte Rundung eines knospenden Busens durchschimmern? Kecken Blickes greift die eine «kleine Neugierige» in einen Korb voll Rosen, um eine Blüte mit sanftem Schwung in den Raum zu werfen. Wollen Kinder im Haus ihrer Eltern irgend etwas von der Welt erfahren, müssen sie sich heimlich Eintritt verschaffen in die Gemächer des Geschehens, um an verbotenem Ort Einblick in das gesellschaftliche Treiben zu erhaschen. Denn offiziell partizipieren sie keineswegs am Leben ihrer Erzeuger. Sie sehen sie nur für einige Minuten am Tag, um Madame und Monsieur bei einer Tasse Schokolade in dem noch verdunkelten Raum bei der Morgentoilette zusammen mit einem Schwarm anderer Besucher Reverenz zu erweisen.

Die Beziehungen zwischen Eltern und Kindern in höheren Kreisen gestalten sich meist derart, daß der Anspruch des Fürsten von Ligne durchaus Allgemeingültigkeit beanspruchen kann: «Mein Vater liebte mich nicht, ich weiß nicht warum nicht, denn wir kannten uns nicht.»[66] Strenge, Unnahbarkeit und offen zur Schau getragene Gleichgültigkeit sind die Richtlinien, nach denen sich Eltern zu ihren Kindern verhalten. «Es ist bei uns Sitte, daß Vater und Mutter ihre Kinder nicht mehr erziehen, nicht mehr sehen, nicht mehr ernähren. Ihr Anblick stimmt uns nicht mehr zärtlich, sie sind Objekte, die man vor aller Augen verbirgt, und eine Frau würde nicht mehr vornehm wirken, wenn sie den Anschein erweckte, sich darum zu sorgen»[67], schreibt Montesquieu über die häuslichen Verhältnisse. Selbst adelige Kinder werden denkbar kurz und nach brutalen Disziplinarregeln gehalten. «Es ging mir wie allen Kindern meines Alters und Standes: außer dem Hause die schönsten Kleider, zu Hause nackt und halb verhungert»[68], berichtet der Herzog von Lauzun über seine Lage. Verlumpte Kleider tragen sie, wenn sie niemand sieht, doch gehen die kleinen Repräsentanten großer Häuser auf die so berühmten Kinderbälle, werden sie mit Gold und Silber durchwebten Taftkleidern herausgeputzt und tragen Perücken über geschminkten Gesichtern wie die Erwachsenen. Zurückgekehrt von dem öffentlichen Ereignis, nimmt das häusliche Leben wieder seinen normalen Gang, und sie erhalten wieder denkbar spärlichste Kost: «Der Sohn des Marschall des Noailles hat berichtet, daß er als kleiner Junge um 5 Uhr morgens geweckt wurde, daß er eine Steckrübensuppe erhielt und manchmal so hungrig war, daß er versuchte, von den reich beladenen Tellern, die von der väterlichen Tafel zurückkamen, ein Stück Fleisch zu stibitzen. Wenn die Diener ihn verpfiffen, ließ sein Vater ihn auspeitschen.»[69] Kein Wunder, daß das vorherrschende Gefühl der Sprößlinge angesichts ihrer Erzeuger Angst ist, erstaunlich jedoch, daß Eltern gelegentlich ihre weibliche Nachkommenschaft bitten, das törichte «Zittern zu unterlassen, das ihrer töchterlichen Liebe beigemengt ist»[70]. Die Mutter «bewahrt ein strenges, hartes und mürrisches Gesicht, über das sie unnachgiebig wacht; sie glaubt an ihre Aufgabe und Pflicht, dem Kind gegenüber die Würde der Gleichgültigkeit aufrechterhalten zu müssen. Daher erscheint die Mutter dem kleinen Mädchen wie das Abbild einer fast schrecklichen Macht, einer Autorität, der es sich zu nahen fürchtet. Das Kind wird furchtsam; seine scheuen Zärtlichkeiten flüchten sich wieder zurück, und das Herz verschließt sich. Wo nur Respekt sein soll, stellt sich Furcht ein.»[71] Es bleibt den Kindern nichts anderes übrig, als sich in der Beherrschung ihrer Empfindungen zu üben. Sie wissen um die Macht der Gefühle nur in der Form ihrer Unterdrückung. Schon der Mathematiker und Pädagoge Jean Pierre de Crousaz kritisiert, daß man die Diziplinierung so weit treibe, daß bereits die Kleinsten daran gewöhnt seien, ihre Gedanken für sich zu behalten und weder ein Gefühl noch eine Überlegung zu äußern. Das Kind ist nicht von Geburt an ein Automat, es wird zu einem erzogen. Es soll wie eine Maschine funktionieren und sich nur nach den Regeln der Etikette benehmen, um quasi auf Knopfdruck zu knicksen, eine Verbeugung zu machen und elegant eine Liebenswürdigkeit zu erwidern. Die Weichen für sein späteres Sozialverhalten sind gestellt. Liebe ist für Kinder dann ein Wort ohne Gefühlsbedeutung, es bezeichnet ein oberflächliches Verhaltensschema, eine körperliche Interaktion, die sie vielleicht schon einmal aus einem sicheren Versteck heraus beobachtet haben. Wie soll es anders sein? Es hat die Kleinen, die einmal Erwachsene sein werden, ja nicht einmal ein Hauch von wahrer Liebe in ihrer Kindheit umweht. Das höchste der Gefühle, welches eine Mutter für ihr Kind aufbringt, besteht oft darin, daß sie es für einige Minuten gegen ihr Schoßhündchen, einen Pekinesen oder einen Bologneser, eintauscht und sich an ihm wie an einem Spielzeug erfreut.

Vor allem die Mädchen werden von ihrer Kleidung erneut in eine puppenhafte Bewegungslosigkeit gezwungen. Kaum entwachsen sie dem Wickel, schon preßt man sie in ein enges Mieder und einen Reifrock, der durch ein Eisengestänge in ausschweifender Weite gehalten wird. Dazu müssen sie auch noch Federhütchen auf dem Kopf balancieren; eine Ausstaffierung, mit der sie nur unter Schmerzen ausgelassen spielen können und die die Miniaturfrauen dazu anleiten, das gezierte Gehabe einer Dame anzunehmen. Der kleine Fratz, wie man den kleinen Erwachsenenabklatsch neckisch nennt, wird von allem Anfang an auf seine zukünftige gesellschaftliche Rolle hin mehr dressiert als erzogen. Das Mädchen darf viel weniger Kind sein als der Knabe: Ihm sichert eine seit dem 17. Jahrhundert in Form und Schnitt ein wenig verweiblichte Kleidung zumindestens Körperbewegung zu; ganz im Gegensatz zu ihren geschnürten Schwestern tragen die Buben weite Hemdchen und Pagenhosen. «Unsere Tochter ist eine kleine braune Schönheit, sehr hübsch, ja, das ist sie, sie küßt mich sehr ungeschickt, weint jedoch niemals... Man küßt mich, man kennt mich, man lacht mich an, kurz, man nennt mich Maman...Ich liebe sie rundherum. Ich habe ihr gerade die Haare abschneiden lassen: sie ist als Zauskopf frisiert – eine Frisur, die wie für sie geschaffen ist. Ihr Teint, ihr Hals und ihr kleiner Körper sind bewundernswert. Sie tut hundert kleine Dinge: sie liebkost, sie verteilt Klapse, sie macht das Kreuzzeichen, sie bittet um Verzeihung, sie knickst, sie küßt die Hand, sie zuckt die Achseln, sie tanzt, sie schmeichelt, sie faßt einen beim Kinn: kurz, sie ist in jeder Beziehung reizend. Ich vergnüge mich ganze Stunden mit ihr»[72], notiert die verzückte Madame de Sévigné.

An einem Kind ist nur die unbedarfte Imitation des Erwachsenen bemerkenswert, und doch steht selbst diese eingeschränkte Wahrnehmung und Beschreibung des kindlichen Wesens in der Memoirenliteratur, den Tagebuchaufzeichnungen und Briefen der Aristokraten des Absolutismus noch ziemlich einzigartig dar. Bezeichnenderweise spricht hier auch nicht die Mutter des kleinen Mädchens, sondern Madame de Sévigné bringt in ihrer Eigenschaft als Großmutter einer Enkelin diese liebevollen Gefühle entgegen. Auch Talleyrand macht die Erfahrung, daß die älteren Damen eher ihr Herz für die Kinder entdecken als die Generation, die sie gebärt. Als er seine Amme verlassen muß, rumpelt der fünfjährige Junge mit einer Gouvernante in einer öffentlichen Postkutsche 17 Tage lang vierhundert Kilometer weit direkt zu seiner (Ur-)

Jean Baptiste Chardin: Federball spielendes Mädchen.
Florenz, Galleria degli Uffizi

Großmutter, ohne seine Eltern zuvor zu Gesicht bekommen zu haben. Für ihn soll es dennoch das einzige Glück werden, das er in seiner Kindheit erlebt: «Sie fand sofort an mir Gefallen und behandelte mich mit einer Sanftmut, wie mir eine solche bis dahin nicht zuteil geworden war. Sie war die erste in meiner Familie, die mir eine herzliche Zuneigung erwies, und auch die erste, die ich aufrichtig liebte. Sie war auch die erste, die mir das Glück zu lieben nahegebracht hat. […] Ja, ich liebte sie sehr. Ihr Angedenken ist mir heute noch teuer! Wie oft habe ich mich in meinem Leben nach ihr gesehnt! Wie oft habe ich mit Bitterkeit gespürt, wie kostbar aufrichtige Zuneigung in der eigenen Familie ist […].»[73]

Die entbehren wohl die meisten von der Amme ins Elternhaus zurückgekehrten Kinder nach wie vor. Sie werden mit einem Erzieher oder einer Gouvernante in einem möglichst weit von den Gemächern der Eltern entfernten Flügel des Hauses untergebracht und ihrer Ausbildung überlassen. Die ruht meist in den Händen von unterbezahlten Hauslehrern, deren Stellung und Salär eher denen eines Domestiken ähnelt und die sich wohl selten der Mühe unterziehen, ihren Schülern allzuviel beizubringen. Emotionale Sicherheit werden die Zöglinge bei ihren Lehrern auch kaum finden, denn die Zuchtmeister werden wegen erwiesener Unfähigkeit, Anmaßung welcher Art auch immer oder Frechheiten ständig ausgewechselt. Sind sie aber fähige Lehrer, verlassen sie selbst ihre Herrschaft, von der sie mißachtet werden. Charles Pinot Duclos weiß von der Qualität des Unterrichts, den er genossen hat, Einschlägiges zu berichten: «In meiner Kindheit gab man mir einen Informator, um mich die lateinische Sprache zu lehren, die er mich nicht lehrte: und einige Jahre darauf wurde ich einem Hofmeister übergeben, um mich in dem Ton der großen Welt zu unterrichten, die er nicht kannte. Weil man mich diesen beyden Herrn bloß überantwortet hatte, um die Mode mitzumachen, so wurde ich sie auf eben diese Weise bald wieder los. Mein Informator bekam eine Ohrfeige von einem Kammermädchen, dem meine Mutter einige geheime Verbindlichkeiten schuldig war. Unterdessen hielt sie die Dankbarkeit doch nicht ab, einen großen Lärm zu erheben, sie mißbilligte laut eine solche Insolenz, und rieth dem Herrn Abbé seinen Abschied zu nehmen, um ihr nicht wieder ausgesetzt zu seyn. Mein Hofmeister wurde ganz anders behandelt; er war einschmeichelnd und höflich und fand Gnade vor den Augen der Favoritin meiner Mutter. Während er über meine Erziehung wachte, fing er an, dem Mädchen ein Kind zu machen, und sie zuletzt zu hey-rathen. Meine Mutter versorgte beyde, und auch ich gewann dabey, denn ich wurde mir in einem Alter überlassen, wo ein Hofmeister am allernöthigsten seyn würde, wenn dieses Handwerk so geehrt wäre, daß geschickte Männer sich damit abgeben.»[74]

Darauf legt man aber vorerst noch nicht oder auch nicht mehr allzu-viel Wert. Zwar ist das Wort «Pädagogik» in aller Munde, und neue Un-terrichtsziele sind durchaus in der Diskussion, aber sie setzen sich nur allmählich und vorerst als in ihren Inhalten nicht ernstgenommene Mo-deströmung durch. Für die meisten Familien gilt bis zur Mitte des Jahr-hunderts immer noch, was der 1754 geborene Talleyrand über seine Erziehung sagt: «So wurde denn auch die meinige sehr dem Zufall überlassen, nicht aus Gleichgültigkeit, sondern einfach, weil meine Eltern sich sagten, man müsse hierin handeln und sein wie alle anderen. Nach den damaligen Ansichten würde man eine allzugroße Sorgfalt für Pedanterie gehalten und Zärtlichkeit gar lächerlich gefunden haben. Die Kinder jener Zeit waren nichts als die Erben des Namens und des Wappens, und man meinte, genug für sie getan zu haben, wenn man ihre Zukunft durch eine Anstellung mit Aussicht auf Avancement, durch ein Amt oder eine gute Pfründe gesichert hatte, indem man ne-benbei noch versuchte, sie gut zu verheiraten.»[75] Eigentlich können sich die Kinder schon glücklich schätzen, wenn sie von ihren Hauslehrern und Gouvernanten lesen und schreiben lernen. Doch ist selbst bei die-sen Grundfesten allen Wissens kein Erfolg gesichert. Es geschieht, daß sogar adelige Mädchen im mannbaren Alter noch nicht dieser Funda-mentalkünste mächtig sind. Die Hofgeschichtsschreibung berichtet zum Beispiel von dem denkwürdigen Fall der hocharistokratischen Made-moiselle de Brézé, die nach ihrer Hochzeit mit dem Großen Condé wieder ins Kloster zurückkehren muß, weil sie nicht in der Lage ist, den Ehekontrakt mit ihrem Namenszug zu versehen. Dafür kann sie sich formvollendet und elegant durch das Leben bewegen, den richtigen Ton der gesellschaftlichen Konversation treffen, vielleicht das eine oder andere Instrument virtuos spielen. Sie beherrscht das umfassende Re-pertoire der Gesellschaftstänze und vermag den Katechismus von hinten nach vorn und von vorn nach hinten herzubeten. Die Anfangsgründe in diesen Disziplinen jedenfalls hätten ihr eigentlich bereits die Gouver-nante sowie die zusätzlich engagierten Musik- und Tanzlehrer in den wenigen Jahren, die sie sich zu Hause aufhält, beibringen sollen.

Doch das Kloster harrt schon ihrer, wo sie den letzten Schliff erhält. Nach kaum zwei, drei Jahren im Elternhaus beginnt für das sieben-, achtjährige Mädchen die nächste Etappe auf seiner Reise in die Fremdheit. Eine etwas längere Schonfrist wird den Jungen gewährt; hinter ihnen schließen sich die Pforten eines Kollegs erst, wenn sie zehn Jahre alt sind. «Interniert» sind nun beide: Wurden die Knaben früher noch in nahe liegenden Städten in Bürgerfamilien untergebracht, tendieren die Eltern seit Ende des 17. Jahrhunderts immer mehr dazu, auch ihre männliche Nachkommenschaft Tag und Nacht unter Aufsicht der Lehrer zu stellen. Mit dieser Entwicklung beginne ein langer Prozeß der Einsperrung von Kindern, meint der Historiker Philippe Ariès. Sie werden in eine Uniform gesteckt, die sie äußerlich von der übrigen Menschheit unterscheidet und sie meist nach Altersstufen kennzeichnet und voneinander trennt. Nach und nach setzt sich eine Hierarchisierung der Schüler durch, und verschiedene Schultypen entstehen. Nun sind Mädchen wie Jungen vom normalen Alltag der Erwachsenenwelt komplett ausgeschlossen und wachsen, abgesondert voneinander, in einer Art Kinderghetto auf, in dem ein kompliziertes Geflecht von Regeln und Strafen gilt. Schlimmstes Sakrileg: der Kontakt zum anderen Geschlecht. Frauen erhalten keinen Zutritt zu den Collèges, nicht einmal die Mutter, ihnen ist der Besuch ihrer Söhne untersagt. Das Weibliche wird so künstlich zu einem unbekannten Kontinent stilisiert, den das männliche Kind ersehnt und doch fürchtet. «Die Frau wird zum Eindringling, verspottet von einer männlichen Gemeinschaft, die sie zugleich begehrt und von sich fernhält.»[76] In der kindlichen Absonderung liegt die Wiege für das spätere Verhältnis zwischen Männern und Frauen: «Natürlicherweise nehmen die Kinder, die auch beim Katechismus und in der Schule voneinander separiert aufwachsen, sich selbst wahr, als würden sie zwei unterschiedliche, parallel existierende Gesellschaften bilden, wobei die der Mädchen überdies noch eine sehr reduzierte Autonomie genoß und häufig als Zielscheibe für Spott und Verachtung der Jungen diente.»[77]

Eklatante Unterschiede gibt es auch in den Lehrplänen für Mädchen und Jungen. Jesuiten und Jansenisten versuchen sich zunehmend im Laufe des Jahrhunderts den Rang der besten Schule streitig zu machen, die Buben der reichsten Leute für sich zu ergattern und ihrer Glaubensrichtung zu verpflichten – mit dem positiven Ergebnis, daß die Anforderungen an die Schüler stetig wachsen. Tatsächlich setzt sich in den

Mädchen in einer Klosterschule.
Kupferstich von Beginn des 18. Jahrhunderts.
Paris, Musée Carnavalet

Collèges allmählich die Tendenz zu einer umfassenden Bildung durch. Die Zöglinge werden in naturwissenschaftlichen Disziplinen, Mathematik, Latein, Griechisch, Geographie, Religion und Geschichte ebenso unterrichtet wie in den schöngeistigen Fächern Musik und Literatur. Ganz anders bei den Mädchen. Die Klosterschulen kämpfen noch gegen die alte Erwartungshaltung von reinen Aufbewahrungsanstalten, in denen ausschließlich die religiöse Doktrin vermittelt wird. Zunehmend regt sich jedoch Widerstand gegen diese reduzierten Lehrpläne.

Vorbildcharakter für eine fortschrittlichere Erziehung des weiblichen Teils der Menschheit soll das Mädchenstift Saint-Cyr bekommen, das die Mätresse und heimliche Gattin Ludwigs XIV., die Marquise von Montespan, Ende des 17. Jahrhunderts für Töchter verarmter Adeliger gründet. Ein festumrissener Lehrplan wird ausgearbeitet, der in vier aufeinanderfolgenden Etappen zu absolvieren ist und die Schülerinnen im Alter zwischen 7 und 20 Jahren beschäftigt: «[...] die erste, bis zum 10. Lebensjahr, ist dem Elementarwissen und dem Katechismus gewidmet, die dann zwischen dem 11. und 14. Lebensjahr mit dem Unterricht der Geschichte, der Geographie und der Musik bereichert werden. Im Alter zwischen 14 und 16 Jahren sind die Schülerinnen dann angehalten das Studium des Französischen, der Malerei und des Tanzes zu vertiefen. In der letzten Klasse schließlich, in die die Mädchen mit 17 Jahren kamen, wurde der Akzent auf die moralische Erziehung gelegt.»[78] Außerdem wird noch Haushaltsführung gelehrt und die Handhabung der Nadel bis zur Vollendung geübt.

Für geraume Zeit bleiben diese Grundsätze hehres Ideal. Die Unterrichtsrealität sieht meist noch ganz anders aus. Männer sind es, die die Benachteiligung der Frauen in bezug auf ihre Ausbildung zuerst als unhaltbaren Mißstand in das Bewußtsein der Zeitgenossen bringen und die Ursache für die Beherrschung der Frau durch den Mann in der fehlenden Förderung und Schärfung ihres Geistes suchen. «Gesetze, welche aus dem Willen des Mannes hervorgegangen sind, können nur als Ausfluß seiner Stärke, nicht eines natürlichen Rechtes betrachtet werden, und die Gleichstellung der Geschlechter ist bei uns umso wichtiger, als die Unterordnung der Frau auch dem Manne Schaden bringt», fordert Condorcet[79]. Das sieht auch Charles de Secondat, Baron de la Brède et de Montesquieu, der für fundamentale Änderungen im Erziehungswesen und für die Gleichberechtigung der Geschlechter streitet: «Die Mädchen, [...] die einen Geist besitzen, der nicht denken, ein Herz, das nicht fühlen darf, Augen, die nicht sehen, und Ohren, die nicht hören dürfen; die immer einfältig erscheinen müssen und unaufhörlich zu Kleinkram und guten Ermahnungen verdammt sind, sie sind genugsam bereit zur Ehe.»[80] Denn in ihr soll der weibliche Lebensplan gipfeln.

Im Sprechzimmer des Klosters beginnt die letzte Etappe der Mädchen und der Jungen auf ihrer Reise in die Fremdheit: Dort treffen und sehen sich zukünftige Gatten vor dem entscheidenden Schritt zum ersten und meist einzigen Mal. Es ist ein überwachter Blick durch Gitter auf ihr Schicksal, das sie nicht selbst beeinflussen dürfen und das ihnen keine Freiheit zu versprechen scheint. Kaum sind die Kinder im heiratsfähigen Alter, verlassen sie ihr altes Gefängnis, nur um in ein neues geschickt zu werden: in den unumgänglichen Bund fürs Leben. «Sie kommen kaum aus ihrem Gefängnis heraus, um schon einem Unbekannten verlobt zu werden, der sie gerade am Sprechgitter erspäht hat: Wer er auch sei, sie sehen in ihm einen Befreier und schätzen sich überglücklich, wäre er auch ein Affe. Sie geben sich ihm hin, ohne ihn zu lieben. Dies ist ein Geschäft, das man macht, ohne sie zu fragen, und bald danach bereuen es beide Seiten.»[81] Dabei sind die frisch Vermählten noch nicht ganz aus den Kinderschuhen herausgewachsen. Sie sind so jung, die Mädchen vielleicht gerade fünfzehn, die Knaben um die siebzehn, gelegentlich auch schon mal zwanzig. Die Eltern schieben ihre Kinder wiederum ab, mit der vernunftgesteuerten Verkuppelung ihrer Kinder entledigen sie sich ihrer ein für allemal.

Das fremdbestimmte Kind bleibt so lange Objekt, wie es der (Entscheidungs-)Gewalt der Erwachsenen unterstellt ist, ohne Recht auf Einflußnahme, ohne die Möglichkeit des Widerspruches. Entbehrung ist das Losungswort seiner Sozialisation, Entbehrung von Gefühlen, von Zuneigung, Entbehrung von Beachtung, ja, selbst in den höchsten Kreisen leidet es Mangel an existentiellen Dingen. Das Kind wird im Bewußtsein seiner Nichtswürdigkeit in die Erwachsenenwelt heraustreten. Eine denkbar schwere Arbeit wartet seiner: Das mißachtete Geschöpf muß sich buchstäblich aus dem Dreck zu einem menschlichen Wesen erheben. Für die einen kann das Mobilisierung aller eigenen Kraft bedeuten, um sich aus der übergroßen emotionalen Not zu retten, eine Herausforderung des menschlichen Geistes, die zu umstürzlerischen Ideen und überragenden Forschungsergebnissen führt. Manche schaffen es, sie werden als große Charaktere ihr Jahrhundert überragen, andere wiederum versinken im Luxus und suchen in der Verschwendung ihre Berechtigung. Doch sie alle leisten Schwerarbeit bei ihrer Selbstdefinition. Groteskerweise schafft gerade die kindliche Erniedrigung die Voraussetzung für eine anthropologische und kulturelle Revolution von unschätzbarem Ausmaß: Im Kampf um die menschliche Würde liegt die Wiege des Individuums. In diesem Jahrhundert erlebt das Subjekt seine Geburt.

2

CHERUBIM
Mädchen und Jünglinge

Blitze durchzucken den Himmel. Eine große Wolke zieht auf, umgeben von Lichtglanz und loderndem Feuer. Funken sprühen durch die Atmosphäre. Da geschieht das Unglaubliche: Mitten am lohenden Firmament erstrahlt eine Gestalt wie Glanzerz. Es ist ein Cherub, der flammende Engel aus des himmlischen Vaters unmittelbarer Umgebung, ein überirdisches Geschöpf in menschlicher Gestalt. Ezechiel berichtet von der wunderbaren Erscheinung dieser Gottvertrauten: «Vier Gesichter hatte ein jedes und ebenso vier Flügel […] Ihre Gesichter aber sahen so aus: Ein Menschengesicht und ein Löwengesicht zur Rechten hatte jedes von den Vieren, ein Stiergesicht zur Linken jedes von den Vieren und ein Adlergesicht jedes von den Vieren. […] Ihre Flügel waren nach oben hin ausgespannt; je zwei berührten einander, und je zwei bedeckten ihre Leiber. […] Und ich betrachtete die Wesen, und siehe, je ein Rad war auf dem Boden neben den Wesen, bei allen Vieren […] und das Aussehen der Räder war wie der Glanz des Chrysoliths, und es hatten vier dieselbe Gestalt. […] Und hohe Felgen hatten sie, und ich schaute sie an und diese Felgen waren voll von Augen ringsum bei den Vieren.»[1] In tausenderlei Farben changieren ihre dem elysischen Pfau nachgebildeten Augen, mit denen sie alles Geschehen ringsum wahrnehmen. Denn die Cherubime bewachen das Tor zum Paradies.

Welche Metamorphose erfährt dieser geflügelte Heilsbringer plötzlich im Rokoko! Dort treibt ein ganz und gar irdischer Cherubim am Hof, in Salon und Boudoir sein Unwesen. Gemacht aus Fleisch und Blut, hat er zwar seine Flügel und Räder irgendwo auf dem langen Weg zwischen Himmel und Erde verloren, aber eine gewisse unwiderstehliche Bezauberung strahlt dieser im Pagengewand durchs Leben tänzelnde Jüngling immer noch aus. Und immer noch verkörpert der einstige Flammenengel Ureigenschaften, die sich hinter den symbolischen Attributen seines Namensgebers verbergen. Ein menschgewordener Bruder Amors scheint er zu sein, ein «Cherubino di amore» wie ihn Bazile in «Figaros Hochzeit» nicht ohne Neid nennt, der seinen Auserwählten das Tor zum Liebesparadies aufschließt. Nun aber keine mystische Gestalt mehr, verheddert sich der heranwachsende Cupido wie jeder andere Sterbliche in seinen eigenen Fallstricken und wird von seinen eigenen Pfeilen getroffen.

Cherubino zu Susanna: «Es ist wahr, bei meiner Ehre! Ich weiß nicht mehr ein noch aus; seit einiger Zeit fühle ich etwas in meiner Brust sich regen; mein Herz beginnt zu klopfen, wenn ich nur eine Frau sehe; die Wörter *Liebe* und *Lust* lassen es zittern. Das Bedürfnis, jemand zu sagen *Ich liebe dich*, ist so dringend in mir geworden, daß ich es sage, wenn ich ganz allein durch den Park laufe, zu deiner Herrin, zu dir, zu den Bäumen, den Wolken, zu dem Wind, der sie mit meinen Worten vertreibt.»[2] «Und wenn ich keinen habe, der mich hört, spreche ich von Liebe mit mir selbst», fügt da Ponte[3] in seiner Bearbeitung des Stückes für Mozarts Oper hinzu. Cherubinos Kopf ist schlichtweg immer verdreht; verliebt ist er in alle und jede, aber zuerst einmal in sich selbst. Da geht es ihm ähnlich wie allen seinen literarischen Kollegen des Berufsstandes «Jüngling». Ob Page oder Rekrut, Chevalier oder Diener, die Adoleszenten erleben die ersten Verwirrungen ihrer Gefühle. Das eint sie mit ihren weiblichen Pendants. Dieses «Ich weiß nicht mehr, was ich bin, was ich tu, mal bin ich von Feuer, mal bin ich von Eis», wie Mozarts Librettist[4] die psychische Situation seines prototypischen Helden treffend in musiktheatralische Worte faßt, markiert nicht nur den Beginn der Geschlechtskarriere, sondern läßt ebenso den einsetzenden Prozeß der Identitätsfindung zu Sprache werden. Der Rokoko-Mensch definiert sich vorwiegend durch seine erotische Rolle, und so ist das Interesse an der Pubertät als einer der ausschlaggebenden Stadien der menschlichen Entwicklung nicht verwunderlich. Die überragende Bedeutung der Geschlechtsreifung personifiziert sich in dieser Zeit in den Jünglingen und Jungfrauen.

Diese Wesen an der Schwelle zwischen Kind und Erwachsenem erregen nicht nur voyeuristische Neugier; daß sie jetzt mit einem Mal die Bühnen von Theater und Oper bevölkern und sich durch Romane und Novellen intrigieren, wobei ihnen aber selbst auch übel mitgespielt wird, verrät ebenso den Wunsch, Wurzeln und Wesen der menschlichen Sexualität freizulegen, zu erkennen und zu analysieren. Allzu wenig weiß man noch über sie: Die Entdeckung der Chromosomen, die über unser Geschlecht entscheiden, steht noch aus, von den männlichen und weiblichen Hormonen, die, in unterschiedlichem Verhältnis in jedem vorhanden, zu einem Großteil geschlechtliches Rollenverhalten und Ausprägung der Geschlechtsorgane bestimmen, ahnt man nichts. Für den Zeitgenossen des 18. Jahrhunderts beginnt die menschliche Existenz erst, wenn die Jungen und Mädchen zu galanten Taten fähig und tauglich sind. Kinder fristen ein unbeachtetes Dasein, über ihre Geschlechtlichkeit, die bei ihren noch so unentschiedenen Körpern nur an den äußeren Geschlechtsteilen zu erkennen ist, macht sich niemand Gedanken. So laufen die Knaben noch bis weit ins 17. Jahrhundert hinein in Mädchenkleidern durch die Kinderzimmer, und auch später trägt die Ausstaffierung der Jungen stark weibliche Züge. Darin äußert sich wohl weniger die Auffassung, daß Kinder Neutren seien, als vielmehr die reizvolle Vorstellung, daß sie die Anlage zur Androgynität in sich tragen. Der Körper des Kindes ist «potentiell zweigeschlechtlich, nicht nur weil er die Merkmale des einen oder anderen Geschlechtes annehmen kann, sondern auch weil bei jedem Geschlecht die Merkmale, die beim anderen ausgeprägt sind, in rudimentärer Form vorliegen», unterstützt Elisabeth Badinter[5] heute die These, die sich hinter der damaligen Kinderkleidung verbirgt. Aber auch die Jünglinge entwachsen der an der Weiblichkeit inspirierten Mode nicht.

Kniebundhosen aus weich fallendem, schimmernde Falten werfendem Samt, Taft oder changierender Seide umschmeicheln die kleinen Narzisse, Halskrausen aus zarten Spitzen unter einem eleganten, auf die schmale Taille zugeschnittenen Rock schmücken sie, zierliche Hüte, auf denen üppige Federbüsche sanft im Takt der Bewegung wippen, krönen die jungen Adonisse. Anmutig in Schnitt und Stoff, unterstützt noch diese Livree der Pagen und Rekruten die für heranwachsende Knaben typischen femininen Körperformen. Sie folgen damit ihren engelhaften Vorbildern: Nicht nur die Cherubime, sondern alle Geflügelten in der Ikonographie des Barock und Rokoko tragen androgyne Züge. Nur kurz ist das andere Geschlecht bei den Zwölf- bis Siebzehnjährigen erahnbar, doch das Rokoko macht diese Wachstumsphase zum Diktat der Jünglings- und auch der Männermode. Offenbart sich in der so betonten Ambivalenz der Wunsch nach einem tieferen Verständnis

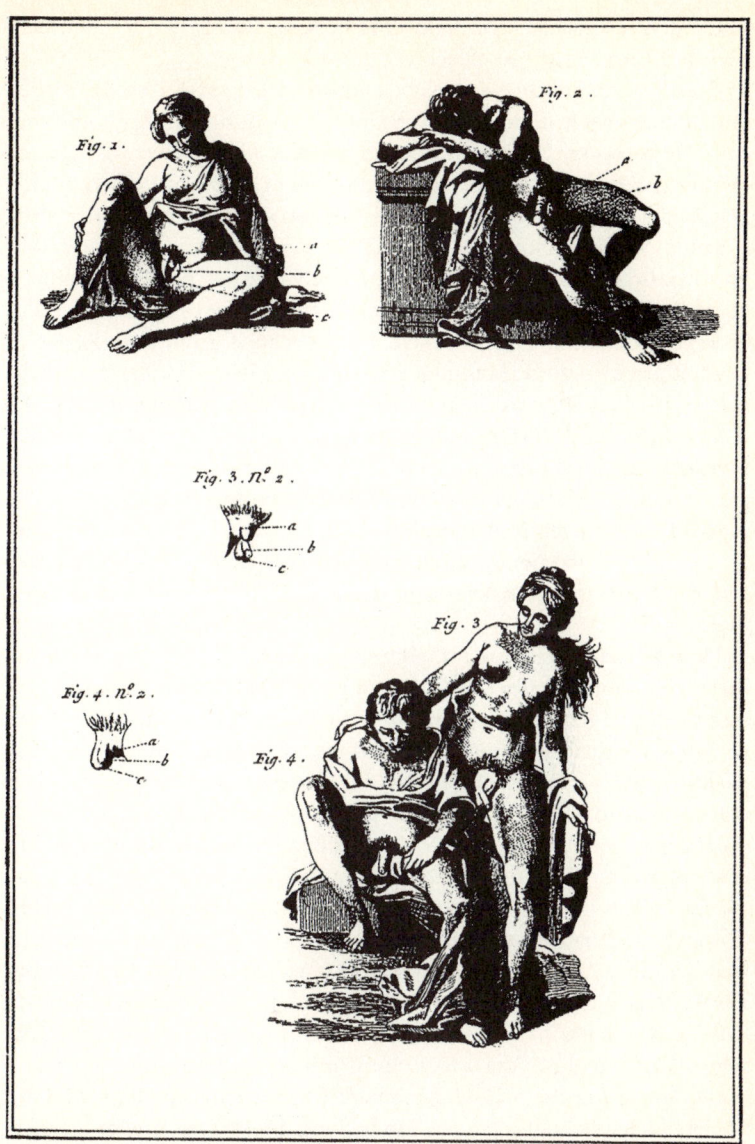

Tafel «Hermaphroditen» aus der «Encyclopédie»

des anderen Geschlechts oder vielleicht sogar die geheime Sehnsucht nach der Einheit der Geschlechter?

Zwitterhafte Fabelwesen beleben schon zu frühester Zeit die Sagen- und Märchenwelt. Kam Hermaphroditos, der Sohn der Aphrodite mit dem Götterboten Hermes, schon als zweigeschlechtlicher Mensch auf die Welt, oder verwuchs er kraft verzweifelter Liebe mit einem Weib? Darüber scheiden sich die antiken Geister. Im Sprachrohr der Aufklärung, der «Encyclopédie», wird Ovids Version wie folgt nacherzählt: Der herrliche Jüngling wurde «unsterblich von der Nymphe Salmacis geliebt, deren Zärtlichkeit er verächtlich zurückwies; eines Tages nahm er ein erfrischendes Bad in einem Brunnen in Karien, und die Gelegenheit erschien der Erbrannten günstig, ihre Liebe zu stillen – aber das Herz des Undankbaren blieb eisig. In ihrer Verzweiflung, daß sie ihn nicht entflammen konnte mit dem Feuer, das sie verzehrte, rief die Nymphe die Götter an und flehte darum, daß ihre beiden Körper niemals mehr getrennt würden; ihr Wunsch wurde erhört, und infolge einer merkwürdigen Metamorphose verschmolzen sie zu nur einer Person. [...] Der Sohn der Venus nun erreichte seinerseits, daß alle, die sich fortan in dem Brunnen wuschen, derselben Veränderung unterworfen wurden.»[6]

Honoré-Gabriel Riqueti, Comte de Mirabeau, nun will dieser faszinierenden Zweigeschlechtlichkeit auch biblisch auf den Grund gehen und stößt bei der Lektüre auf Umstürzlerisches, was er flugs den interessierten Zeitgenossen mit seinem Buch «Erotikon Biblion» ins Gedächtnis ruft: «Einer jener Absätze der Genesis, die dem menschlichen Scharfsinn von alters her Rätsel auferlegt, ist der Vers 27 des Kapitel 1: ‹Gott schuf den Menschen nach seinem Ebenbilde. Als Mann und Frau erschuf er ihn.› Es ist durchaus möglich, daß Gott den Adam als androgynen Zwitter geschaffen hat, denn er sagt im folgenden Vers zu Adam: ‹Wachset und mehret euch und füllet die Erde.› Das geschah am sechsten Tag. Erst am siebenten aber schuf Gott die Frau. Was zwischen der Erschaffung Adams und der der Frau geschah, ist ungeheuerlich.»[7] Denn laut Mirabeau wuchs und mehrte sich Adam aus seiner hermaphroditischen Natur heraus – doch leider nur infolge eines Irrtums: Gott hatte am sechsten Tag die Schöpfung beider Menschen vollendet. Während Mirabeau den Schöpfer bei der Erschaffung des Weibes glaubte, spazierten Adam und Eva bereits im Garten Eden? Gott nämlich ruhte sich am siebten Tag von den Strapazen seiner Taten aus.

Doch der Entdeckerdurst des Schriftstellers zur Untermauerung seiner Zwitterthesen schläft nicht, und so bringt er Platons Deutung des Ursprungs und der Erschaffung der Menschen wieder in die Diskussion. Ihr zufolge soll der erste Mensch ein hermaphroditisches Gebilde gewesen sein. Mann und Weib in einem, haben die Nachfahren dieses Edenbürgers wegen ihrer geschlechtlichen und geistigen Potenzen den Göttern den Krieg erklärt und den Zorn Jupiters auf sich gezogen. Der erzürnte Gott trachtete sie zu vernichten, und als Herr über Donner und Blitz «gab er sich damit zufrieden, den Menschen zu schwächen, indem er ihn spaltete»[8]. Eine folgenschwere Tat, denn zerstört war die menschliche Vollkommenheit, das unendliche Drama beginnt; zwei Prinzipien stehen einander gegenüber: das männliche und das weibliche. Der aus «Talent und Immoralität zusammengesetzte Koloß», wie Graf de Tilly seinen Schriftstellerkollegen Mirabeau betitelt, kann das nicht unwidersprochen hinnehmen. Er scheut sich denn auch nicht, gleich ein prägnantes Beispiel aus den Annalen des Klosters Issoire in der Auvergne von 1737 für das fruchtbare Scheitern des Spaltungsaktes durch den Himmelsgott zu geben: «Ein junges Mönchlein ohne Lug / – ich selber hab ihn nie gesehen – des Mannes und Weibes Geschlechtsteile trug / sah Kinder auch von ihm entstehen / und einzig nur durch sich allein / zeugte, gebar er wie Weiber / tat sich dazu kein Werkzeug leihn / der wohlversehenen Männerleiber.» Das Klosterregister hingegen «sagte, daß er sich nicht selbst schwängerte. Er wurde den Gerichten ausgeliefert und bis zu seiner Entbindung festgehalten.»[9] Wie dem auch sei: Allein die Vorstellung einer solchen Selbstbefruchtung muß die Leser faszinieren. Die authentische und sehr erregte Diskussion um das Geschlecht des «Chevalier» d'Eon wird der Phantasie auf die Sprünge geholfen haben. Diesem Edelmann oder Edelfräulein(?) gelingt es zeit seines Lebens, die skandalgierige Welt darüber im Zweifel zu lassen, ob er ein Mann ist oder eine Frau. Das Geheimnis seiner Androgynität wird nie gelüftet, er nimmt es mit ins Grab.

Die wirklich aufgeklärten Denker versuchen in ihrer «Encyclopédie» ein für allemal mit dem Mythos des Hermaphroditen aufzuräumen. «D.J.», der Autor des Artikels über die Zwitter, behauptet, daß die Natur letztlich für Klarheit sorge, denn in keinem ihm bekannten Fall seien beide Geschlechter in einem Körper gleichermaßen funktionsfähig gewesen. «Wenn sich die Natur auch manchmal bei der Erschaffung des Menschen irrt, geht sie doch nie soweit, Metamorphosen, Unsicherheiten der Grundanlage oder ein Gemisch der Geschlechter zuzulassen. [...] Die Natur vermischt nie für immer die wirklichen Merkmale und die tatsächlichen Insignien; schließlich offenbart sie die Charakteristika, die das Geschlecht ausmachen; und falls der äußere Anschein gelegentlich in der Kindheit zu Irrtümern verleiten sollte, kommt die Wahrheit spätestens in der Pubertät zu Tage.»[10] Daß die so nach Klarheit strebende Natur jedoch auch zu Verwirrungen bei der Bestimmung, ob Mann oder Frau, führen kann, gesteht der Aufklärer ein. Da ist zum Beispiel der Fall der berühmten Marguerite Malaure, die 1693 im Aufzug eines Jungen mit dem Degen an der Hüfte und aufgestülptem Hut in Paris erscheint. Sie sei ein Zwitter und könne sich ihrer beiden Geschlechter je nach Laune auch bedienen, behauptet sie, macht Furore – und Geld. Denn gegen einen kleinen Unkostenbeitrag läßt sie sich von jedem neugierigen Arzt untersuchen. Diese staunen und sind sich einig: Die Mannfrau hat die Wahrheit gesprochen. Einzig der Chirurg Saviard bleibt ungläubig, und als er selbst ein Auge auf das androgyne Wesen wirft, macht er die Entdeckung, daß es eine herabgesenkte Gebärmutter hat, die irrtümlich für ein männliches Geschlechtsteil gehalten wird. Durch einen operativen Eingriff bringt er den Uterus wieder an die richtige Stelle und heilt die Frau von ihrer körperlichen wie geistigen Konfusion.

Ganz so einfach geht das nicht in allen Fällen. Saviard weiß von angeborenen Deformationen, die auf den ersten Blick zu Zweifeln am Geschlecht des Kindes berechtigen. In der «Encyclopédie» wird von einer seiner Patientinnen berichtet, die mit Zwillingen niedergekommen ist. Einer von beiden lebt nur acht Stunden, während der andere aufgrund der «Einzigartigkeit seines Geschlechts» ins Findelhaus gegeben wird. Von diesem sonderbaren Exemplar fehlt jede Beschreibung, aber was Saviard von seinem Zwilling notiert, ist schon bemerkenswert genug. Er «hatte ein gut geformtes und an der richtigen Stelle sitzendes Glied mit einer unbedeckten Eichel, unter der die umgestülpte Vorhaut einen Wulst (Schlauch) bildete. Dieses Glied hatte keinen Harnröhrenausgang und bestand aus nichts als zwei ausgehöhlten Körpern mit normaler Haut sowie erektiven Muskeln. Seine Hoden waren in der Art einer Vulva gespalten und inmitten dieser Spalte befand sich ein Loch, das man für eine Vagina halten konnte; der Urin floß aus dieser Öffnung; um sie herum hatte er kleine rötliche Erhebungen, die man als myrthenblattförmige Auswüchse ansah. Darunter besaß er eine doppelte

Hautfalte, die für das, was man die ‹Gabel› der Frauen bezeichnet, durchging; und auf der Seite besaß er weitere Falten, die man für Schamlippen hielt. Schließlich, fühlte man auf jeder Seite der gespaltenen Hoden gut die Testikel. Die inneren Genitalien waren wie bei Männern angelegt; und da sie keinerlei Ähnlichkeit mit einer Gebärmutter aufwiesen, resultiert daraus, daß es sich um ein männliches Wesen handelte, dessen Harnröhre derart mißgebildet war, daß es zeugungsunfähig gewesen wäre.» Fazit: «Der Hermaphrodismus ist nichts als eine Chimäre.»[11] Dennoch scheint das Phänomen auch die Lexikographen fasziniert zu haben, denn in ihrem Illustrationsband widmen sie gleich zwei Kupferstichblätter den verschiedensten Variationen der Genitalveränderungen, die die Geschlechtsbestimmung erschweren. Mademoiselle de Lespinasse vermutet gar, daß der Mann das Monstrum der Frau und die Frau das Monstrum des Mannes sei. Trotz encyclopédistischer Klarstellung bleibt die Fiktion einer potentiellen Zweigeschlechtlichkeit weiterhin in den Köpfen der Menschen. Agdistis, Jupiters Sohn, der gleichzeitig Mann und Frau war, feiert noch Anfang der 1790er Jahre seine Auferstehung. Da steht er in der Vorstellung des Malers Lequeu mit femininen Gesichtszügen, die gelockter Bart ziert, Brust und Bauch weiblich gerundet, während in der Scham die Insignien der Männlichkeit prangen. Triumphierend schwingt er das Symbol von Frau, Liebe und Fruchtbarkeit, eine Rose, in der Hand über seinem Kopf, um in der anderen das Zeichen männlicher Angriffslust und Verwundbarkeit, den flammenden Pfeil, zu halten. Antipodisches vereint sich in dieser Gestalt zu einer Versöhnung der Geschlechtsprinzipien.

Die mythische Mißgestalt eines Zwitters ruft den phantastischen Traum von der menschlichen Universalität und der totalen Autonomie des Ich wach, einem Ideal, dem das ganze Jahrhundert nachläuft. Durch Travestien versucht man das verlorengegangene Umfassende des Seins wiederherzustellen. Was auf den ersten Blick nur wie ein harmloses Verwirrspiel im Dienste der Intrigen aussieht, hat mythologische und psychologische Hintergründe. Mythen berichten durch alle Zeiten und Kulturkreise immer wieder von Menschen, die nicht sind, was sie zu sein vorgeben; und vom griechischen bis zum elisabethanischen Theater wimmelt es nur so von Figuren, die in die Haut des komplementär entgegengesetzten Wesens schlüpfen. In archaischen Gesellschaften gehört die symbolische Umwandlung zu einem Bestandteil der Initiation in die Weihen des Erwachsenendaseins und die Geheimnisse der

Liebe. Selbst fortgeschrittene Zivilisationen verfolgen ein ähnliches Erziehungsprogramm. «Die Epheben von Athen mußten bei den Übergangsriten ein weibliches Kleidungsstück tragen», während sich «umgekehrt der Übergang vom Stand des jungen Mädchens zum Stand der Frau mit Hilfe einer männlichen Verkleidung vollzog».[12] In Sparta gar «wurde das junge Mädchen einer Frau übergeben, die ihr die Haare kurzschnitt, sie in das Gewand und die Schuhe eines Mannes steckte und sie allein und ohne Licht auf einem Strohsack schlafen ließ», berichtet Plutarch. Rituelle Inversion der Geschlechter zielt auf Identitätsverwirrung.

Vertauscht ein Mädchen ihr Kleid mit Hose und Hemd, um männliches Gebaren anzunehmen, oder hüllt sich ein Jüngling in Rock und Korsett, weibliches Benehmen imitierend, dann versuchen beide den aufgezwungenen, geschlechtlichen Dualismus der Welt ad absurdum zu führen und die Fremdheit zwischen den beiden Prinzipien zugunsten einer übergeschlechtlichen Harmonie zu überwinden. In dem Moment, wenn sich ihre Körper zu entwickeln beginnen, sich die ersten unentschlossenen Rundungen abzeichnen und ambivalente Gefühle die Knaben und Mädchen verwirren, kann die Flucht in das andere Geschlecht eine entscheidende Station im Prozeß der Selbstfindung werden. Wie ein Puzzlespiel muß sich in den Jahren der Adoleszenz Identität zusammensetzen, so daß die Suche nach dem Ich immer auch eine Suche nach dem Unbekannten einschließt. Alle Schattierungen der sich entwickelnden Persönlichkeit auszuleuchten, tief im Unbewußten Verborgenes ans Licht zu bringen ist Sinn und Zweck der Verkleidungstradition. Die Entdeckung der in jedem latent vorhandenen Bisexualität mag wohl faszinierend und verstörend zugleich sein, sie stellt für den einzelnen das normierte Rollenverhalten erst einmal in Frage.

Lust am Androgynen ist ein typisches Rokoko-Phänomen. Kaum ein Autor dieser Zeit versagt es sich, die Probe aufs Exempel zu machen, ob sein Protagonist auch Figur in Frauenkleidern macht oder seine Heldin sich im Anzug bewährt. Susanne in «Figaros Hochzeit» jedenfalls ist ganz entzückt, als sie ihr vollbrachtes Verkleidungswerk an Cherubino bewundert: «Sehen Sie sich diesen Grünschnabel an, wie hübsch er als Mädchen aussieht. Ich bin ganz eifersüchtig! Wollen Sie gefälligst nicht so hübsch aussehen!»[13] Doch der mädchenhafte Jüngling tritt mit seiner variablen Vielgestalt durchaus in die Fußstapfen seines engelhaften Vorbildes: Hatte nicht auch der Vertraute des Herrn ein mannigfaltiges

Aussehen, symbolisierten nicht seine vier Köpfe das Umfassende der Schöpfung, indem er Adler, Löwe, Stier und Mensch in einem Wesen vereinigte?

Die versuchte Symbiose von Mann und Frau durch Verkleidung intendiert ähnliches. Auch die Titelfigur des Romans «Die Liebesabenteuer des Chevalier de Faublas» von Jean-Baptiste Louvet de Couvray führt in einem Amazonenkostüm eine ganze Gesellschaft hinters Licht. Das kann ihm um so leichter gelingen, als er eine «zarte, elegante Figur hat» und «ein ganz leichter Flaum nur sich auf seinen Wangen bemerkbar macht».[14] Die Travestierten durchleben eine geradezu atemberaubende Metamorphose, wenn sie aus ihrem eigenen Ich für längere Zeit heraussteigen, um den Habitus des anderen Geschlechts am eigenen Leib zu leben und zu erleben. Die Erfahrungen, die sie dabei machen, sind zwangsläufig sehr zwiespältig: Während sie in die Geheimnisse des bislang Fremden, Unverstandenen eindringen, sind der als Frau maskierte Mann und die als Mann verkleidete Frau andererseits gezwungen, sich selbst und das Treiben der eigenen Geschlechtsgenossen aus der Distanz zu betrachten und – schlimmer noch – zu beurteilen. Dieser merkwürdige Zustand, Nicht-Mann und Nicht-Frau zu sein, beziehungsweise nicht mehr sein zu dürfen, läßt die Neben-sich-Stehenden klarsichtig Ähnlichkeiten mit dem anderen und dessen Anteilen in sich erfassen, führt aber ebenso zu der schmerzlichen Erkenntnis, daß die Differenzen zwischen den Geschlechtern wahrscheinlich unüberbrückbar sind.

Ungebrochen und in der festen Überzeugung, richtig zu handeln, betreten die jungen Marivauxschen Frauenfiguren, die sich auf das Abenteuer des Rollentausches eingelassen haben, die Bühne; in tiefster Einsamkeit und desillusioniert verlassen sie sie wieder. Was ist in der Zwischenzeit geschehen? Der «Chevalier» in der «Falschen Zofe»[15] hat das Gewand der Männer aus Selbstschutz genommen, um aus diesem getarnten Blickwinkel dem Verhalten ihres zukünftigen, ihr noch unbekannten, dennoch für sie erwählten Gemahls auf die Schliche zu kommen. Doch was für eine Wahrheit erfährt sie! Durch den kleinen Trick mit den fremden Kleidern dringt der falsche Chevalier in die Männerwelt ein und erschleicht sich so Geständnisse, die er als Frau nie erhalten hätte. Die Welt, die sich seinem Blick nun eröffnet, ist alles andere als idyllisch. Der zukünftige Gatte plant eine skrupellose Intrige zur Ausschaltung seiner derzeitigen Geliebten, die er der höheren Mitgift der ungewußt Eingeweihten opfern will. Einziges Hindernis für die Realisierung dieses Planes: ein Reuegeld, welches derjenige zahlen muß, der den anderen zuerst verläßt. Um dieses zu umgehen und am besten noch selbst abzukassieren, bittet Lelio die verkleidete Dame um Mithilfe. Sie, ausgerechnet sie, soll die ehemals «Angebetete» auf die Pfade der Untugend führen, indem sie ihr Liebe vorgaukelt. Sie, die selbst ein Opfer dieser Intrige ist, soll eine andere Frau ebenfalls zu einem Opfer machen. So brutal, wie an ihr gehandelt wird, muß sie nun an einer anderen handeln und, Gipfel der Ironie, mit Inbrunst versichern, daß «eine Frau verraten» eine «ruhmreiche Tat» sei. Der falsche Chevalier leidet unter seiner Maskierung sehr fraulich, leidet daran, zu einem solchen Mittel greifen zu müssen, leidet an dem Zwang, mit «männlichen» Methoden eine andere Frau zu betrügen. Ein kaum erträgliches Spiel, ein gefährliches allemal.

Hauptsächlich die Vernunft gebietet auch einer anderen Frauenfigur, Marivaux' Leonida aus der «Triumph der Liebe»[16], in Männerkleidern zu gehen, jedoch können weder sie noch der falsche Chevalier ihre heimliche Freude an dem erotischen Verwirrspiel mit dem Geschlechtertausch verleugnen. Daß der Balanceakt auf dem Drahtseil ihrer Identitäten sie und die anderen Betroffenen in die Abgründe ihrer Herzen stürzen läßt, können sie zuvor nicht ahnen. Leonida alias Phokion richtet grausames Unheil im Gefühlsleben aller Personen an, die im Garten des Philosophen ein abgeschiedenes Dasein führen wollen. Mit ihr bricht höfisches Kalkül und höfische Lebens- und Liebesweise in den kleinen Mikrokosmos ein, den sich Hermokrates geschaffen hat, um fern von Gefühlserschütterungen und Enttäuschungen nur seinen Wissenschaften leben zu können. So sieht der «Triumph der Liebe», wie Marivaux das Stück ironisch betitelt hat, aus: Als Leonida erobert der Eindringling die Herzen der beiden Männer, denn ihnen gibt sie sich unter ihrer männlichen Maske, die sie auch in der Folge nicht ablegt, als Frau zu erkennen. Als Phokion verführt sie die altjüngferliche Leontine ins Chaos der Verliebtheit. Letztlich zusammenfinden wird nach moralischer Auffassung das einzig «richtige», in Alter und Geschlecht «zusammenpassende» Paar, aber wohl mehr aus Gründen der Staatsräson als infolge wirklicher Liebe. Denn durch die Ehe mit Leonida bekommt der rechtmäßige Erbe, Agis, dessen Vater von Leonidas Onkel gestürzt worden war, den Thron seines Landes zurück. Die Heiratskandidaten verlassen den Garten, mehr oder weniger glücklich. Grausam ist das

Schicksal der anderen, der getäuschten Liebenden, sie bleiben zurück, allein gelassen mit den Trümmern ihrer Gefühle.

Marivaux rührt an das Unsagbare: ein meisterhaft chiffriertes Spiel mit den homosexuellen Neigungen und Veranlagungen der Menschen! Stellt sich den beiden Frauen in der Geschichte ihrer Kostümierung nicht immer wieder die existentielle Frage, ob die Wahrheit der Liebe vielleicht nur zwischen den gleichen Geschlechtern zu finden sei? Selbst wenn man die verwirrenden Affinitäten, die sich aus den Travestien ergeben, unabhängig von ihrer offenkundigen Doppelbödigkeit interpretiert, offenbaren sich nicht-normengerechte Sehnsüchte: Der Mann, der sich in einen als Frau verkleideten Jüngling verliebt, und der Mann, der sich in einen Jüngling verliebt, von dem er weiß, daß er eigentlich eine Frau ist, suchen beide das Ideal einer männlichen Frau. Die Frau hingegen, die sich in eine als Mann verkleidete Frau verliebt, und die Frau, die sich in eine Frau verguckt, von der sie weiß, daß sie eigentlich ein Mann ist, suchen beide das Ideal eines weiblichen Mannes.

Das Rokoko ist von dem geheimnisvollen Reiz des Androgynen in den verkleideten Menschen fasziniert. Dennoch überrascht nicht, daß dieser Traum vor allem auf dem Theater und im Roman als eine Art lebensferner Beschwörung der einstigen Vollkommenheit ausgelebt wird. Ein erwachsener Mann, der sich in Frauenkleidern sehen läßt, gibt sich nach wie vor der Lächerlichkeit preis, und eine Frau, die wie ein Mann auftritt, erregt Ärgernis. Die Gefahren für den Bestand des patriarchalischen Wertesystems sind zu groß: Sprengten Männer, aber hauptsächlich die zur direkten politischen Machtausübung nicht zugelassenen Frauen, die Schemata des ihnen zugedachten Rollenverhaltens, geriete die Staatsform beträchtlich ins Wanken. Das kann selbst eine Gesellschaft, die sexuelle Fragen sonst relativ liberal handhabt, nicht dulden. Literarischen Ausdruck findet diese Einstellung in der schockierten Reaktion des Grafen Rosambert in den Memoiren des Chevalier de Faublas, als er die Wahrheit über seinen Duell-Gegner erfährt: «Alsbald demaskierte sich der Sieger und zeigte dem verblüfften Überwundenen das Gesicht der Frau von B★★★. ‹Hier, du Schuft›, sagte die Marquise, ‹schau her, erkenne mich, stirb vor Scham: Ein Weib hat dich zu Boden gestreckt! Dein Mut und deine Gewandtheit reichten nur aus, um sie zu beschimpfen.› Rosambert schien einen Augenblick niedergedrückt durch den Schmerz seiner Wunde und den Schimpf seiner Niederlage.»[17] Das leibhaftige Pendant zu der schießkundigen Marquise trifft es indes schlimm: Die Schwester Mirabeaus wird unter anderem deswegen per Lettre de cachet von ihrer Familie ins Gefängnis gebracht, weil sie es liebt, in Männerkleidung auf Eroberungstour zu gehen. Dabei hat sie nicht einmal, jedenfalls nicht nachweislich, lesbische Neigungen.

Im Laufe des Jahrhunderts dient der geheime Arrestbefehl immer häufiger dazu, sexuell Nonkonforme aus der Gesellschaft auszuschließen. Er entpuppt sich zusehends als das ideale Mittel, um aus der Art Geschlagene zu beseitigen – und immer mehr Eltern und Verwandte bedienen sich dieser Möglichkeit. Dazu bedarf es nur eines förmlichen Antrages beim Polizeilieutnant, der möglichst mit einigen das üble Verhalten des Einzusperrenden bestätigenden Zeugenaussagen versehen wird.

Ursprünglich ist die Lettre de cachet ein wirksames Mittel der Prävention für verzweifelte Eltern oder Ehepartner, die befürchten müssen, daß die Familienehre durch eine vorhersehbare Straftat des Kindes oder Gatten leichtfertig aufs Spiel gesetzt wird. Auch kann so prügelnden Ehemännern, Trinkern oder Leichtlebigen, die den anderen Familienmitgliedern das Leben zur Hölle machen und sie an den Bettelstab bringen, das Handwerk gelegt werden. Sitzengelassene Frauen versuchen ihren ungetreuen Ehemann durch eine Lettre de cachet von einer schändlichen Geliebten zu entzweien, indem sie ihn für eine Zeit hinter Schloß und Riegel festsetzen lassen, und im Gegenzug versucht der Gemahl sein zänkisches Weib durch Inhaftierung zum Schweigen zu bringen. Die Idee der Lettre de cachet liegt ursprünglich darin, ein Korrektiv für die aussichtslose Zerrüttung der zwischenmenschlichen Beziehungen zu sein. Die Ehre der Familie wird durch den geheimen Arrestbefehl nicht angetastet, er stellt sie im Gegenteil dadurch wieder her, daß skandalöse Verhältnisse beseitigt werden: Es gibt keine Klageerhebung durch einen Staatsanwalt und keinen Prozeß, der Aufsehen in der Öffentlichkeit erregen könnte. Mit aller Diskretion und ohne die Möglichkeit des Einspruchs oder der Verteidigung wird der Delinquent abgeholt und eingesperrt.

Willkür und Mißbrauch sind dadurch Tür und Tor geöffnet. Was die einen schützt, bringt die anderen in den Kerker. Bis zur Mitte des 18. Jahrhunderts akzeptiert man kritiklos den gesellschaftspolitischen Ordnungscharakter der geheimen Arrestbefehle, doch dann bricht ein Sturm der Entrüstung los. Kein Wunder, denn «heute vermehren sich die königlichen ‹ordre› auf verschwenderische Weise und sie werden aus unterschiedlichsten Gründen bewilligt, aus einer Fülle von persönlichen Erwägungen. Einst hatte man sie den Staatsaffären vorbehalten, bei denen die ordentliche Justiz zur Wahrung eines Staatsgeheimnisses ausgeschlossen blieb. Schließlich bewilligte man sie angesichts einiger bemerkenswerter Umstände, in denen der Souverän von den Tränen einer Familie gerührt war, die sich entehrt fühlte. Heute glaubt man ihrer immer dann zu bedürfen, wenn ein Mann aus dem Volk es an Respekt gegenüber einer ehrenwerten Person hat fehlen lassen, so als hätten die Mächtigen und Vermögenden nicht schon genug Vorteile. Es handelt sich dabei um die gewöhnliche Bestrafung eines unvorsichtigen Gesprächs, von dem man nur den Beweis durch eine Denunziation hat. Sie ist immer ein unsicherer Beweis, da der Denunziant immer auch Zeuge ist», klagt Malesherbes in einem Brief an den König.[18] Diese Mißstände bekommen auch immer mehr wortgewaltige Schriftsteller zu spüren, sie wandern wegen antimonarchistischer, staatsgefährdender und erotischer Texte hinter Gitter. Kaum ein Aufklärer, der nicht wenigstens einmal die Welt vom Inneren eines Gefängnisses aus betrachten darf.

«Die lettre de cachet verkörpert vollkommen das alte System mit seinen Ungerechtigkeiten, seiner Intoleranz, seinem Mißbrauch, und seinem hassenswerterweise verkündeten Recht, über das Leben und die Freiheit aller zu bestimmen.»[19] Das Verfügungsrecht der Gesellschaft als verlängerter Arm der Familie über Körper und Geist bekommt der Libertin und Intellektuelle Mirabeau mehr als einmal am eigenen Leib zu spüren. Durch seine Hohnschriften fühlt sich der eigene Vater derart kompromittiert, daß er den renitenten Sohn festsetzen läßt. Mirabeaus Verschwendungssucht und sein lasterhaftes Leben machen öffentlich Schlagzeilen. Schließlich entführt der verheiratete Schriftsteller eine ebenfalls verheiratete Frau, der Eklat ist perfekt. In diesen Familiendramen bricht ein Grundkonflikt auf, der zwischen Eltern und Kindern schwelt. Erzeuger, die die gespannten Beziehungen durch vernachlässigende Erziehungspraktiken zu verantworten haben, beherrschen noch ihre erwachsenen Kinder und haben mit der Lettre de cachet ein legitimes Druckmittel in der Hand, die elterliche Macht weiterhin zu exekutieren. Die Zahlen sprechen eine deutliche Sprache und quittieren die elterlichen Versäumnisse: Zwei Drittel aller Familienanträge auf Arretierung stellen Eltern gegen mißratene Kinder.

«Der König war zu gut, um einem Grand Seigneur eine Lettre de cachet zu verweigern, der Intendant zu liebenswürdig, um nicht einem

Bittgesuch einer Dame zuzustimmen, der Schreiber des Ministers und dessen Mätresse, die Freunde seiner Mätresse erhielten, verschafften und beanspruchten aus Gefälligkeit, aus Achtung oder aus simpler Freundlichkeit diese fürchterlichen Anordnungen gegen diejenigen, die man lebend begrub.»[20] Zum Verhalten, das von der gesellschaftlichen Norm abweicht, gehört neben einem liederlichen Lebenswandel vor allem eine nicht standesgemäße Liebe. Die Mesalliance eines Aristokratensprößlings ist der meistgefürchtete Fauxpas, der eine angesehene Familie in Verruf und ihre wohlkalkulierte Heirats-, das heißt Finanzpolitik, durcheinanderbringen und zum Ruin eines großen Hauses führen kann. So ein Fehltritt gilt es um jeden Preis zu vermeiden, eine Lettre de cachet macht dem Selbstbestimmungsversuch von Verliebten oftmals ein vorzeitiges Ende. Statt vor dem Traualtar findet sich – meist die Frau – in einer Kloster- oder Gefängniszelle wieder. Dem männlichen Beteiligten einer intendierten Mißheirat wird Gefängnisverschonung verordnet; ganz gleich ob sich ein Nobler in eine Prostituierte unsterblich verliebt oder eine Adelige einen Bürgerlichen ehelichen will, das «schwächere Geschlecht» muß fünfmal so häufig die Strafe für die sanktionierte Liebe zwischen den Klassen auf sich nehmen.[21] Der Galan wird nur dann in Gewahrsam genommen, wenn er es zu bunt treibt und vor allem «abartigen» Neigungen frönt. De Sade bekommt diesbezüglich mehrfach die doppelte Sexualmoral zu spüren, er wird nicht nur einmal wegen «Sodomiterey» und anderer Perversionen eingelocht. Erlaubt ist nur, was hinter zugezogenem Vorhang geschieht, nicht was als Skandal in die Öffentlichkeit gelangt.

Männliche Homosexualität ist in der Aristokratie kein Thema und wird – im Gegensatz zur weiblichen – auch keines für die Literatur. Sie wird praktiziert, in höchsten Kreisen, ohne daß jemand Anstoß nimmt, wie aus den Memoiren des Herzogs von Saint-Simon und den Briefen der Liselotte von der Pfalz hervorgeht. Die Schwägerin Ludwigs XIV. muß es ja wissen, schließlich liebt ihr Gatte, der Herzog von Orléans, die Männer exzessiv. Der Vater des zukünftigen Regenten hält sich zu seiner Belustigung einen ganzen Hofstaat von Favoriten. Die Liste der Männer am Hofe des Sonnenkönigs, die «sich untereinander als Weiber dienen», wie Mirabeau diesen Sachverhalt umschreibt, reicht vom Bruder des Königs über den kleinen Vernandois, Molière, den Prinzen Ludwig von Baden, Brunswick, Chardais, Bouffler, den Großen Condé bis zum Herzog von Brissac.[22] Diese Tradition barocker Lebensführung wird denn auch im Rokoko von würdigen Vertretern der vornehmen Klasse fortgesetzt. Die Pagencorps, die sich die hochgestellten Persönlichkeiten aus Repräsentationsgründen halten, dienen den jungen Livrierten als Revier auf ihrer Jagd nach Sexualpartnern, mit denen sie ihre erwachenden Begierden befriedigen können. «Die Sodomiterey sei wohl eine Sünde, außerdem Schmutz, Unanständigkeit, die Schande bringt, aber kein Verbrechen, weil sie niemandem das Seinige entzieht und nicht betrügerischen, boshaften Herzen entspringt, noch die bürgerliche Gesellschaft zerrüttet»[23], überwindet der Damenliebhaber Voltaire seinen Abscheu zugunsten einer Toleranz, die vorerst nur für wenige Recht ist. Denn was für Adelige selbstverständliche Liebespraxis, kann für den Bürger eine tödliche sein: Nach dem Gesetz liegt es im Ermessen der Richter, die «widernatürliche» Neigung mit dem Schafott zu bestrafen. Erst mit der Französischen Revolution wird dieses geltende Recht geändert werden.

Die Justiz mißt die Menschen mit zweierlei Maß. Einige hochgestellte Damen bekommen die kleinen Unterschiede gelegentlich durch den Verlust ihrer Freiheit zu spüren. Der von seiner Gemahlin vernachlässigte Marquis d'Esclainvilliers kann ohne Schwierigkeiten gegen seine ihm angetraute Hälfte eine Lettre de cachet wegen «ihres verdorbenen Geschmacks an Personen ihres eigenen Geschlechtes»[24] erlangen. Den Amouren der fehlgeleiteten Ehefrau wird daraufhin 1717 in der Bastille ein Ende gesetzt. Eine harte Strafe; landen doch die meisten der lesbischen Liebe angeklagten Damen merkwürdigerweise in Klöstern, in denen sie von ihren Neigungen geheilt werden sollen. Ein passender Ort für dieses Vorhaben! Madame Murat baut denn auch felsenfest darauf, daß kein Kloster es je wagen würde, sie, der ein denkbar skandalöser Ruf bis in die entferntesten Gotteshäuser vorausläuft, bei sich aufzunehmen. Folglich feiert sie trotz strenger Verwarnungen von polizeilicher Seite mit ihrer neuesten Errungenschaft, der Spielerin und erklärten Libertine Madame de Nantiat, immer tollere Orgien, bei denen gehurt, gesoffen, geflucht, obszöne Lieder zum Fenster hinaus geschmettert und gelegentlich sogar von oberen Stockwerken auf die Straße hinab gepißt wird, unbekümmert, ob die delikate Flüssigkeit vielleicht auf einen Passanten herabregnet. Als Madame Murat letztlich doch eingekerkert werden soll – ihre Gespielin war zuvor durch ihren Gatten schon buchstäblich aus dem Verkehr gezogen worden und wird unter Verschluß gehalten –, soll sie mit ihrer Prognose recht behalten:

Die Hüterinnen der Nonnen weigern sich prompt, dieses obskure Mitglied des weiblichen Geschlechtes ihre geheiligten Tore passieren zu lassen. Die Sorge ist zu groß, daß der gefährliche Bazillus der Tribadie auch die Bräute Jesu Christi anstecken könne, so daß sich diese in frevelhafter körperlicher Untreue gegenüber ihrem himmlischen Gemahl gefallen würden.

Grund zur Vorsicht haben die Hüterinnen der Virginität allerdings. Denn ganz so keusch, wie sich das einige Geistliche wohl wünschen, leben weder Mönche noch Nonnen. Vor allem in den sogenannten Korrektionsklöstern geht es ziemlich hoch her. Dorthin werden all jene verbracht, die über die Stränge geschlagen haben. Eine buntgemischte Gesellschaft findet sich in den meisten Stiften, und die wenigsten der Bewohnerinnen haben den Schleier für immer genommen. Leichtlebige Gattinnen flüchten sich in klösterliche Abgeschiedenheit, um über einen Skandal erst einmal Gras wachsen zu lassen; hier sammeln erschöpfte Lebedamen neue Kräfte, und die Opfer brutaler und tyrannischer Familienangehöriger bringen sich vor weiteren Anschlägen auf Leib und Seele in den heiligen Gemäuern in Sicherheit. Hier werden Schauspielerinnen, Kupplerinnen, Prostituierte und auch harmlose Bürgerliche unter Verschluß gehalten, die es auf einen Aristokratensohn abgesehen und ihn mit allerlei verwerflichen Künsten von seiner wahren Bestimmung, sich standesgemäß zu verheiraten, abgebracht haben. Unter diese zweifelhafte Gesellschaft mischt sich oft auch noch ein Heer sitzengebliebener Töchter, die noch etwas mehr von ihrem Leben erwarten, als tagein, tagaus aus ihrem Brevier zu beten. Dafür, daß die Delinquentinnen ihre alten Gewohnheiten nicht von einem Tag zum anderen ablegen und auch den vom Schicksal benachteiligten Jungfrauen zu ihrem Recht auf Liebe verholfen wird, sorgen relativ laxe Ordensregeln. Ihnen steht das Besuchszimmer den ganzen Tag offen, und ein gewiefter Liebhaber in Realität und Literatur findet immer Mittel und Wege, in die geheiligten Räume einzudringen. De Sade gelingt es nicht nur, seine Schwägerin, eine Nonne, zu ver-, sondern sie auch noch nach Italien zu entführen. Themidore aus dem gleichnamigen Buch von Godard d'Aucourt verkleidet sich als Beichtvater, um mit seiner Geliebten unter vier Augen in ihrem Gefängnis, dem Nonnenstift Saint-Pélagie, sprechen zu können. Der romaneske Chevalier de Faublas nimmt zwischenzeitlich selbst den Schleier und gelangt so in das Bett seiner Angebeteten.

Casanova, das erste Mal zu Besuch im berühmt-berüchtigten Kloster Murano in Venedig, stellt sofort Überlegungen an, auf welche Weise er seinen neuen Schwarm hinter den Eisengittern umarmen kann: «Wir traten in ein kleines Sprechzimmer, fünf Minuten später erschien jene M. M., ging stracks ans Gitter, drückte auf eine Feder, öffnete damit vier Klappen, küßte ihre Freundin und schloß dieses sinnenreiche Fenster wieder. Die vier Klappen bildeten eine Öffnung von achtzehn Zoll im Quadrat. Selbst ein Mann hätte durchschlüpfen können.»[25] Trotz Casanovas aufgepeitschter Sinne kommt es zu dieser Kletterpartie nicht. Denn Murano gehört zu den Klöstern, die ihren Nonnen permanenten Ausgang gestatten. Die Schleierträgerin beordert den Geliebten lieber zu einem Stelldichein in ihr Lusthaus. Auch Spielcasino und Oper sind ihr keine unbekannten Orte, dorthin begibt sie sich gar in großer – weltlicher – Robe.

Die Welt wird aus solchen Klöstern nicht ausgeschlossen. Die Klöster des 18. Jahrhunderts seien «verkappte Bordelle», meint Paul Englisch[26]. «In allen katholischen Ländern trifft man eine Anzahl Klöster, insbesondere Nonnenklöster, denen nicht nur jeder asketische Zug fehlt, sondern die ohne Übertreibung als wahre Freudenorte bezeichnet werden können»[27], unterstützt Ernst Fuchs diese Ansicht. Um die Moral des Klerus steht es in der Tat nicht zum allerbesten. Sehr diesseitig orientierte, jugendliche Abbés sind aus den Salons, literarischen Zirkeln, Opernhäusern und der Halbwelt genausowenig wegzudenken wie aus den Betten der Damen und Herren. Da findet sich in den Archiven der Bastille eine endlose Liste mit genauesten Angaben über Name, Stand und Wohnung von Geistlichen, die vor der Revoltuion bei Prostituierten aufgegriffen werden. «Ebenso erlauben Verstöße gegen die militärische Disziplin die schnelle Festsetzung von meuternden Soldaten und von Geistlichen, die die üblichen Regeln nicht beachten. Die Zahl der auf diese Weise inhaftierten Kleriker ist sehr beeindruckend: Eine Studie von H. Dekord erlaubt es, die Anzahl der lettres de cachet gegen Geistliche in ganz Frankreich für die Jahre von 1741–1775 auf 6000 zu schätzen (gegenüber 17000–18000, die Laien betreffen).»[28] Ein junger Dominikaner wird 1787 in Saint-Méen interniert, weil er am Markttag aus einem schlecht beleumundeten Cabaret kam und vollkommen betrunken sich gewaltsam an die Frauen auf der Straße heranmachte.[29] Nur die an der Spitze der Hierarchie stehende (männliche) Geistlichkeit genießt eine absolute Freiheit der Sitten – kein Wunder, denn die wenigsten der Würdenträger ziehen ihre Ordenskleider aus Berufung an, sie erben die Pfründe, die der König verdienstvollen Adeligen verleiht.

So macht die genüßlich ausgeschmückte Lebensgeschichte der Äbtissin von Maubuisson in Paris immer wieder die Runde: Sie soll in einem französischen Kloster 14 Kindern von 14 verschiedenen Vätern das Leben geschenkt haben. Legende oder Wahrheit? Sicher ist die extreme Situation, in der Frauen und Männer in den Klöstern leben, Anlaß genug, um die Phantasie von Außenstehenden in Wallungen zu bringen. Hinter den Mauern der Konvente öffnet sich in den Köpfen von Erotomanen ein geheimnisvolles Universum, es ist die von der Realität abgeschlossene Welt des Kerkers, in dem vollkommen wider die Natur gelebt wird. Das Kloster als literarisches Vakuum für Perversitäten resultiert nicht zuletzt aus den alltäglich praktizierten Bräuchen, die durchaus eine sexuelle Komponente haben. Der religiöse Wahn, in den sich Geweihte beten, grenzt an orgiastische Zustände, die Flagellation, mit der sich Sündige bestrafen, regt die Sinne in dem ambivalenten Reich zwischen Schmerz und Wollust an. Nicht zuletzt reizt das enge Zusammenleben mit Geschlechtsgenossen zu allerlei Vermutungen.

Das Kloster ist ein verbotener Raum wie kein anderer. Die Übertretung der Tabuwelt in den heiligen Häusern wiegt deswegen so schwer, weil sie eine Infragestellung von Religion und Kirche bedeutet. Vor der Revolution massiert sich auf geradezu inflationäre Weise die Verbreitung antiklerikaler Literatur. In den Wunschvorstellungen vieler werden die Konvente zu Kultstätten Amors. «Die Liebe ist derlei Orten nicht unbekannt: Gefühl gehört zur Natur des schönen Geschlechts, und die Empfindsamkeit bildet den wichtigsten Teil seines Wesens: auch die Wollust gebietet machtvoll über diese zarten Geschöpfe. Fügt man zu diesen natürlichen Anlagen nun noch die erhitzenden Wirkungen einer durch Abgeschiedenheit und Müßiggang überreizten Phantasie hinzu, dann weiß man, warum uns Frauen die innere Leidenschaft in den Klöstern so sehr beherrscht»[30], bekundet eine Ordensschwester in Mirabeaus «Gelüftetem Vorhang». Dabei ist die lesbische Liebe noch eine relativ harmlose Variante der imaginierten Liebesspiele. In den Romanen des Marquis d'Argens wird die Unzucht mit beiderlei Geschlecht gewerbsmäßig betrieben, und die «Verliebten Nonnen» treten miteinander in Wettstreit. Doch je älter das Jahrhundert wird, um so schlimmere Phantasien plagen die Produzenten der Klostererotik. Es wird gehurt, gesoffen, Sodomiterei betrieben, und schließlich verwandelt sich bei de Sade das Stift in eine Folterkammer und Todeszelle. Blasphemie und sexuelle Perversion gehen eine Symbiose ein, die der Ahnherr des Sadismus auch lebt. Am Ostersonntag des Jahres 1768 spielt sich die sogenannte Peitschenaffäre ab: Der Schloßherr ist gerade dabei, eine auf der Straße aufgegabelte Landstreicherin, die für ihre Dienste bezahlt wird, zu torturieren, als die Osterglocken zu läuten beginnen. Da fällt dem Opfer unter ihren Qualen ein, daß sie heute die Andacht verpaßt habe und ihr Herz noch erleichtern wolle. Im erotischen Rausch schreit de Sade, er werde ihr jetzt schon auf seine Art die Beichte abnehmen.

Seine literarische Heldin Justine erfährt diese Verkehrung der Welt. Sie flieht verzweifelt vor den allseitigen sexuellen Anfeindungen, vor Vergewaltigung, Nötigung und Mord und glaubt sich in einem Kloster vor der Brutalität der Gesellschaft sicher. «Aus der Mitte des Waldes, der zur Rechten sich ausdehnte, glaubte sie einen Kirchturm ins Blaue ragen zu sehen. Süße Einsamkeit, du bist sicherlich die Heimstätte einiger frommer tugendhafter Einsiedler, welche nur Gott und ihrer Pflicht leben. Sicher wohnen alle Tugenden dort und wenn die Schamlosigkeit der Menschen sie von der ganzen Erde vertreibt, so blühen sie sicher in der Einsamkeit und in der Mitte dieser glücklichen Menschen, die dort leben, aufs neue auf.»[31] Kaum hat sie Zuflucht gefunden und die Tür der Abtei ist hinter ihr ins Schloß gefallen, muß sie ihren Irrtum erkennen: Während sie all ihre grausamen Erlebnisse beichtet, vergnügt sich der dadurch aufgeileilte Abt mit einem Lustknaben. Justine befindet sich an einem Ort des Schreckens, wie sie keinen zuvor gesehen hat: die irdische Konstruktion der Hölle. In den Mauern des Klosters begegnet sie den dunkelsten Abgründen der menschlichen Leidenschaften. Die vom Abschaum sexueller Phantasie besessenen Mönche haben sich eine ausgeklügelte Maschinerie der Qualen erdacht. Nur die gezielte Steigerung der Leiden, die einem hilflosen Opfer zugefügt werden, bis es schließlich an den Martern stirbt, vermag ihr pervertiertes Gefühlsleben noch zu befriedigen. Es gilt der Grundsatz: mit der Vergewaltigung einer Nonne oder eines Mönches wird auch das reine Gottesbild geschändet, mit dem Mord eines Jesu vemählten Geschöpfs wird auch der heilige Sohn hingeschlachtet. Tortur und Notzucht an Unschuldigen und Kindern in geweihten Räumen bedeutet die Vernichtung von Gottes Reich. De Sade geht den letzten Schritt vom Triumph des Atheismus zur Vernichtung der Humanität.

Noch ganz junge Menschen schließen sich freiwillig, so wollen es jedenfalls die Statuten, hinter Schloß und Riegel ein und unterwerfen sich, von Liebe zu einem überirdischen Gott getrieben, einem strengen Reglement. Das kann dem freiheitssüchtigen und ungläubigen Jahrhundert nicht geheuer sein und entspricht in vielen Fällen auch nicht den eigentlichen Gründen, warum Minderjährige ihr Gelübde ablegen. Immer wieder werden Kinder eingekleidet, gezwungen durch ihre Eltern, die nur für die erste Tochter eine Mitgift aufbringen und nur einem Sohn ihr ganzes Vermögen vererben wollen. Die übrigen Kinder werden geopfert. Das Verdikt seiner Eltern trifft den späteren Diplomaten Talleyrand besonders hart: Ist er nach dem Tod seines älteren Bruders nicht der eigentliche Erbe der alten Familie? Nur, ein hinkendes Familienoberhaupt gilt in den Augen seiner Eltern als Schande. «Zudem hatte ich bereits bemerkt, daß meine Eltern aus einem höheren Familieninteresse mich zu einem Stand bestimmt hatten, zu dem ich weder Neigung noch Beruf zu haben glaubte; und es ist sehr möglich, daß sie gerade deswegen mich mehr von sich entfernt hielten, um nicht in ihren Plänen wankend zu werden. Dies mag also der Beweis ihrer Zärtlichkeit gewesen sein [...].» Aller Widerstand ist aussichtslos: «Nach einjährigem Aufenthalt in Reims sah ich ein, daß ich meinem Schicksal nicht entgehen konnte, mein erschöpfter Geist gab nach. Ich ließ mich ins Seminar führen.»[32] Kurzum, Talleyrand soll Priester werden; auch eine skandalöse Liaison, die der junge Seminarist mit einer Schauspielerin unterhält, hindert Eltern und Geistliche nicht an der Durchführung dieses Vorhabens.

Einmal hinter Klostergittern, immer hinter Klostergittern, heißt das Gesetz, dem sich auch Nonnen und Mönche unterwerfen müssen, die sich aufgrund elterlicher Gewalt Gott weihen lassen. Einige Nicht-Berufene versuchen die Flucht – mit ungewissem Ausgang. «Nur wenigen gelang es frei zu bleiben; eine lettre de cachet brachte sie im Falle eines Skandals schnell wieder zur Raison.»[33] Eine Flucht sorgt immer für Aufsehen, und ein geheimer Arrestbefehl liegt für solche Fälle schon blanko beim Polizeileutnant bereit. Selbst einem Talleyrand gelingt es erst nach der Revolution, seine Soutane an den Nagel zu hängen. Eine junge Verzweifelte strengt 1758 einen Prozeß zur Lösung ihrer Gelübde an, zu denen sie Eltern und Geschwister gezwungen hatten. Sie verliert ihn. Alle Geister und Herzen der Gesellschaft entflammen sich an ihrem Schicksal. In die Annalen der Klatschkolumnen und sogar in die Literaturgeschichte geht die Geschichte des eingesperrten und zum Schleier vergewaltigten Mädchens jedoch ein durch einen frivolen Scherz, den sich Denis Diderot und einige Spießgesellen mit einem durch den Prozeß und seine Hintergründe besonders angerührten Freund erlauben. Dieser Marquis de Croismare hatte bei den Parlamentsräten zugunsten der Unglücklichen seinen Einfluß geltend gemacht – umsonst. Kurz danach zog er sich sehr zum Verdruß der in Paris zurückgebliebenen Freunde in sein Landhaus nach Caen zurück. Er wird allseits vermißt, und die gewitzten Literaten sinnen auf ein Mittel, den beliebten Marquis aus der Abgeschiedenheit in ihre Mitte zurückzuholen. Sie fädeln eine meisterliche Intrige ein: Es gehen fingierte Briefe in Richtung Caen. Schreiberin ist angeblich die erfolglos Prozessierende, während realiter Diderot die Feder führt. Die Geschichte, die sich die Verschworenen zusammenreimen, ist rührend: Die fiktive Nonne wider Willen berichtet von ihrer Flucht aus dem verhaßten Kloster und bittet ihren Gönner nun in einer fast noch verzweifelteren Lage zaghaft und bescheiden um Unterstützung. Der hinters Licht geführte Freund fällt prompt auf die süßen Worte der Nonne aus Diderots Mund hinein, dennoch kommen die Konspiranten keineswegs zum Ziel: Der Adressat denkt gar nicht daran, seinen Landaufenthalt zu beenden, um dem Mädchen in der Hauptstadt unter die Arme zu greifen. Ganz im Gegenteil, er will sie zu sich aufs Land kommen lassen, damit sie seiner Tochter Gesellschaft leisten kann. Da ist guter Rat teuer. Woher eine Ordensschwester nehmen, deren Schicksal erfunden ist? Es bleibt nur eine Möglichkeit, die Unglückliche muß erkranken und zuletzt sogar ins Grab sinken. Ein amüsantes Nachspiel hat die Geschichte, als der Marquis eines Tages sich bei einem Paris-Aufenthalt zu der Dame begibt, die das junge Geschöpf angeblich unter ihre Fittiche genommen hatte, um ihr für ihre Aufopferungsbereitschaft zu danken und sie über die letzten Stunden seines Schützlings zu befragen. Diese versteht kein Wort von dem, was der Herr faselt. Der Schwindel fliegt auf...

Inzwischen ist jedoch eine Romanfigur geboren. Diderot wird von seiner Erfindung nicht mehr losgelassen, die Geschichte verselbständigt sich in seinem Kopf, und nach kurzem erblickt das Buch «La réligieuse» das Licht der Intellektuellenwelt. Geballte Wut und Entrüstung über die Einrichtung der Klöster findet sich hier, die das Wesen der Eingeschlossenen zwangsweise denaturiere. Wahnsinn, sexuelle Pervertierung, Neid, Mißgunst, Sadismen seien nur «die Folge der Einsamkeit. Der

Mensch ist für die Gesellschaft geboren, sondert man ihn ab, isoliert man ihn, so verlieren seine Gedanken den Zusammenhang, sein Charakter nimmt eine schlimme Wendung, tausend abgeschmackte Neigungen entstehen in seinem Herzen, ausschweifende Vorstellungen keimen in seinem Verstand wie Unkraut in einem brachliegenden Acker. Versetzt den Menschen allein in den Wald, und er verwildert. In einem Kloster, wo Zwang und Sklaverei miteinander verknüpft sind, ist es noch schlimmer. Man kommt aus dem Wald heraus, aus dem Kloster gibt es kein Entrinnen; im Wald ist man frei, im Kloster ist man Sklave. Man braucht vielleicht mehr Seelenstärke, der Einsamkeit als der Armut zu widerstehen; die Armut macht den Menschen verächtlich, die Einsamkeit verdirbt ihn. Ist es besser, in einem Zustand des Verachtetseins oder der Tollheit zu leben?»[34] So schreit die Heldin ihre Not hinaus.

Empörung über den Widersinn des klösterlichen Lebens macht sich in ganz Frankreich breit. Montesquieu läßt seinen persischen Frankreich-Beobachter in den «Perserbriefen» nach Hause berichten: «Diese Häuser sind lauter offene Särge, in welchem die zukünftigen Geschlechter der Menschen begraben und eingescharrt werden.»[35] Damit die Gefühle dieser von der Welt Abgeschiedenen nicht endgültig verkümmern, bleibt ihnen meist keine andere Wahl, als sich zärtlich dem eigenen Geschlecht zuzuneigen – dies vermuten zumindest etliche Literaten. Selbst Anbeterinnen der Heterosexualität lassen sich mangels Besserem für die Zeit eines Klosteraufenthalts bekehren. Rosette, die wegen zu intensiver Beziehungen zu Godard d'Aucourts Romanhelden Themidore in Saint-Pélagie verwahrt wird, «bedauerte nur eine junge Profeß-Schwester, mit der sie, der Not gehorchend, nicht etwa aus besonderer Veranlagung, sehr schöne Augenblicke verlebt hatte»[36]. Die Äbtissin, an der Diderot exemplarisch diese «Perversion» des «Normalen» nachvollzieht, scheut sich nicht, ihre Bedürfnisse zu erfüllen. Doch die verständlichen Regungen müssen laut kirchlichem Sittenkodex eine gerechte Strafe finden: Angesichts der Protagonistin des Romans, der Inkarnation von Unschuld und Reinheit, und unter dem Einfluß gestrenger Beichtväter wird die ihresgleichen liebende Äbtissin in den Irrsinn gezwungen.

Schenkt man den Schilderungen sapphischer Liebe in der sogenannten frivolen Literatur Glauben, dann muß man zu dem Schluß kommen, daß sie in den gesellschaftlichen Umgangsformen nicht nur toleriert wird, sondern sogar einen integralen Bestandteil des Liebeslebens überhaupt ausmacht. Da plaudern die vom Aufklärer Diderot zum Sprechen gebrachten «Indiskreten Kleinode»[37] von den neckischen Spielereien zwischen Fricamone und Acaris; Thévenot de Morante weiß von einem Ansuchen einer Frau Gräfin von N★★★ an die berühmt-berüchtigte Kupplerin Madame de Gourdan zu berichten, ihr «auf heute Abend zwei hübsche kleine Mädchen zu schicken», die «tüchtig sein sollen und geübte Finger und Zungen haben müssen»[38] – gegen Geld versteht sich. Mirabeaus Heldin Laura gar beschließt, nachdem sich vor ihren Augen der Vorhang vor allen nur denkbaren sexuellen Praktiken gelüftet hat, fortan ihre Wonnen nur noch mit «ihrer Venus und ihrem Apoll»[39], der Nonne Eugénie nämlich, zu teilen. Der Autor dieses Romans liefert auch gleich die mythologische, in Platons «Gastmahl» aufgespürte Begründung für gleichgeschlechtliche Ambitionen: Ursprünglich hätten eben drei doppelgeschlechtliche Menschentypen existiert, die Mann/Mann-, die Frau/Frau- und die Mann/Frau-Kombination, die alle nach ihrer Spaltung durch Zeus/Jupiter sich auf die Suche nach ihrem verlorenen Teil machen würden. Wer glaubt, daß diese Ausgangssituation den Kontakt zu dem anderen, ursprünglich nicht verbundenen Part verhindert, irrt und wird von Mirabeau durch den Mund seines Oberpriesters des Eros, Lauras vermeintlichem Vater, eines Besseren belehrt: Er hält die «Zuneigung der Frauen hingegen füreinander nicht für ungewöhnlich, sie liegt sogar in ihrer Natur, alles drängt sie zu ihr hin, wiewohl sie nicht den allgemeinen Ansichten entspricht. Zumindest vertreibt sie nicht ihre Neigung zu den Männern.»[40] Die Marquise de Merteuil aus Choderlos de Laclos' Roman «Schlimme Liebschaften»[41] unterstützt diese Ansicht, indem sie die kaum dem Kloster entronnene Cécile en passant unter ihre erotisch einweihenden Fittiche nimmt, quasi als Vorbereitung auf ihr intrigantes Verschachern des jungen Mädchens in die Verderbnis mehrerer Verhältnisse mit Männern. An ihr, wie an den vielen anderen weiblichen Neulingen in der erotischen Laufbahn, wird eine Grundregel der Einführung in die Liebe deutlich: Die ersten sinnlichen Erfahrungen erleben die literarischen Jungfrauen nicht selten mit einer Frau.

Die durchweg männlichen Autoren befriedigen mittels eingehender Schilderungen dieser Initiationen ihre Neugier an einem erotischen (Erlebnis-)Bereich, der ihnen naturgemäß verschlossen bleibt. Ihr gezwungenermaßen voyeuristisch-distanzierter Blickwinkel, in den auch der Leser hineinversetzt wird, hat viel gemeinsam mit den von den

Schriftstellern dargestellten Männern, die das Spiel der Tribadinnen als Stimulanz für ihre erschlafften Glieder benötigen. Monsieur L★★★, ein ermüdeter Kämpfer auf dem Schlachtfeld der Liebe, wendet sich mit seinem verdrießlichen Problem hilfesuchend an die schon erwähnte Puffmutter Madame de Gourdan: «Ich habe in meiner Jugend viel gelebt und habe nun mit 55 Jahren etwas nötig, daß mich meine Existenz fühlen läßt. Das gibt mir nur eines: zwei nackte Frauen zu sehen, die einander lieben. Wenn Sie mir das beschaffen können, bin ich Dienstag um 4 Uhr bei Ihnen.»[42] Die realen Zustände in der Gesellschaft des Ancien régime sind durchaus dazu angetan, die männliche Phantasie durch sich vereinigende Damen anzuregen. Skandale tun das ihrige zur Aufstachelung der Phantasmagorien. In ganz Paris wird kurz vor der Revolution, einer Zeit, in der die meiste «Pornographie» dieser Art erscheint, von der intimen Verbindung der Marie-Antoinette mit der berühmtesten Anbeterin sapphischer Liebe jener Jahre, der Prinzessin Lamballe, gemunkelt, während sich Moralapostel in Pamphleten und Theaterstücken genauso über die ausschweifende Vertraulichkeit der Königin mit der Herzogin von Polignac die Mäuler zerreißen.

Doch die Jüngerinnen des Tribadismus vereinigen sich nicht nur, sie solidarisieren sich auch. Zeugnis davon gibt ein Lesbierinnenbund, «Les Anandrynes» genannt, einer der unzähligen Clubs, die zur Befriedigung jeglicher sexueller Begierden gegründet werden. Der Orden «Les Aphrodites» nimmt sich der ungehinderten Realisierung aller heterosexuellen Liebesvariationen an, die Medusen-Anhänger sorgen für die Bedürfnisse adeliger Damen und Herren, in der berüchtigten «Société des amis du crime» treiben es die lüsternen Besucher mit Knaben und Mädchen, und wenn ihnen danach ist, steht ihnen auch ein Serail von auserlesenen Tieren zur Verfügung, wie uns de Sade die vorhandene Auswahl möglicher Partner dieses Vereins in seiner «Juliette» nachbildnerisch vor Augen führt. Welchen ausgefallenen Wünschen die «Société des Hermaphrodites» Raum zur Erfüllung gibt, ist schwer zu sagen. Statuten der «Société des anandrynes» jedenfalls fordern von ihren weiblichen Mitgliedern in Angedenken an ihre Vorreiterin Sappho, Männer keines Blickes zu würdigen. Das Idol dieser Vereinigung wacht vom Sockel einer Säule herab versteinerten Leibes über die Ausführung dieser Gesetze. Umgekehrt sorgt Priap bei den Päderasten, die sich in den Clubs der «Guebres» oder der «Arracheurs de Palissardes» zusammenschließen, für klare geschlechtliche Verhältnisse.

Die Diskrepanz in der Häufigkeit, mit der die weibliche und die männliche Homophilie in der Rokoko-Literatur dargestellt werden, ist auffallend, aber nicht verwunderlich. Die Vorstellung von Beziehungen zwischen Männern löste seit eh und je eher Ekelgefühle aus als die körperliche Zuneigung zwischen Frauen, die eigentlich nie in gleichem Maße ernstgenommen wird. Diese Vorurteile sind auf verschiedene Ursachen zurückzuführen. Das Verbot homosexueller Betätigung für die männliche Welt ist immer noch ein Lieblingsthema der Kirche. Das «stärkere» Geschlecht sei höherwertig, predigt diese Glaubensinstitution nach wie vor, und habe seine ganze Manneskraft der Fortpflanzung zu widmen und keinen seiner kostbaren Samen in unzweckmäßigen Lustbarkeiten zu verschwenden. Dem Staat kommt diese Haltung gegenüber der Homosexualität ebenso zustatten. Aus bevölkerungspolitischen Gründen, vermutet Norbert Miller[43], verbietet er die Homosexualität übrigens auch bei Frauen, die sie als Empfängnisverhütung schätzen. Frankreichs Verteidigungs- und Finanzkraft ist nach den endlosen Erbfolgekriegen Ludwigs XIV. Ende des 17. und zu Beginn des 18. Jahrhunderts vollkommen ausgeblutet, die Bevölkerung ist durch Schlachten, Seuchen und Hungersnöte auf circa ein Drittel dezimiert. Jedes gezeugte Kind wird als zukünftige Mutter, Soldat, Bauer und Steuerzahler dringend gebraucht, Grund genug, dem Volk eine Liebespraxis zu verbieten, die der Vermehrung der Menschen nicht dient. Erst von de Sade, ansatzweise auch von Mirabeau, wird das Tabu der Homoerotik ignoriert, und vor allem der Ahnherr des Sadismus tobt seine Phantasien literarisch aus.

Verboten folgen heimliche Übertretung und Verdrängung. Letztlich sind daher die verkleideten Bühnen- und Romanpersonen jener Zeit nichts anderes als die phantasievolle Umwandlung des Verdrängten in eine figurative Gestaltung menschlicher Bisexualität und Androgynität, deren Sinnbild der mädchenhafte Jüngling Cherubim ist. Das Homosexualitätsverbot umgehen die einfallsreichen und sinnenfrohen Dichter, indem sie den kleinen Pagen ins Leben rufen und die ambivalente Liebe in deren köstlich-spielerischer, beide Geschlechter umfassenden Erotik chiffrieren. Und man kann annehmen, daß der Code verstanden wird. Nichts ist den agierenden und lesenden Zeitgenossen der galanten Epoche dem Reiz vergleichbar, in der Erwartung herrlichster Wonnen einen Mann aus seinem Rock zu befreien, um darunter eine runde, weiße Frauenbrust zu finden oder das Schnürkorsett einer liebreichen

Dame nach und nach zu lösen und vom Anblick männlicher Behaarung geblendet zu werden. «Mein Freund, Amor ist ein Kind, das sich an seinen Metamorphosen ergötzt»[44], klärt die Marquise von B★★★ in den Kleidern des Vicomte de Florville ihren jungen Liebhaber de Faublas über die Faszination der Kostümierung auf, die ihm durchaus bekannt ist, da er ja seinerseits schon einen Teil seines Lebens in Frauenkleidern verbracht hat. Dem Publikum bleiben lustvolle Spekulationen über den symbolischen Sinn solcher Szenen überlassen.

Auf den Brettern, die die Welt bedeuten, bietet sich den Zuschauern noch weiterer Zündstoff: In sogenannten Hosenrollen vergnügen sich etliche Schauspielerinnen in männlicher Maskierung. Unter den Kleidern Cherubims verbirgt sich seit je eine Frau, was seine unklare Geschlechtszugehörigkeit nur noch eindringlicher verdeutlicht. Eine Tradition, die vor allem von der Oper bis heute fortgeführt wird. Auf den Flügeln des Gesangs werden denn auch besondere Kuriositäten des geschlechtlichen Verwirrspiels transportiert. Dort nämlich lieben sich gelegentlich zwei vermeintlich ungeschlechtliche Kastraten als Liebhaber und Liebhaberin, was natürlich Situationen von ganz eigenem Reiz herbeizaubert. Der Vatikan verbietet Frauen den Auftritt auf dem Theater, und so behilft man sich damit, ihre Partien von einem «evirato» singen zu lassen, dessen Stimmlage ja ungefähr der weiblichen entspricht, und ebenso verlangen die Italiener nach einem Nero, einem Julius Cäsar oder einem Orpheus, der in höchsten Tönen, eben aus Kastratenhals, singt; man ist süchtig nach hohen Stimmen. Casanova schießt den Vogel ab, in allem was mit Travestie, Geschlechtertausch und «musici» in Zusammenhang steht: Ein Kastrat schenkt ihm einen Sohn. Dieser Herr ist eine Dame, die sich als Herr verkleidet, um als dieser wiederum eine Dame zu spielen. Auf diese Weise versuchen Sängerinnen ihr striktes Auftrittsverbot zu umgehen. Untersuchungen, die die gewissenhafte Priesterschaft an den Auftretenden in Italien durchführt, bestehen clevere Sängerinnen mit Hilfe einer Penis-Attrappe, die sie so anbringen, daß ihr wahres Geschlecht verdeckt wird. Dieses ist der vorletzte Akt im Reigen des Geschlechtertausches. Der letzte beginnt schon im 18. Jahrhundert, aber wir spielen ihn noch heute: Sopranistinnen und Mezzosopranistinnen übernehmen die ehemaligen männlichen Kastratenpartien.

Die Gefahr ausgelebter geschlechtlicher Ambivalenzen für das von Gesellschaft und Kirche indoktrinierte Selbstverständnis der Menschen beschreibt Jacques Cazotte mit einem zwinkernden Auge. In seinem Roman «Biondetta»[45] folgt zumindest ein Lichtengel dem Bruder Gottes in seinem Sturz aus himmlischen Höhen in satanische Tiefen nach: Wie aus jenem Rebellen gegen die Alleinherrschaft des Himmelsvaters der Vorsteher der Hölle wird, so wird aus dem Wächter des Paradieses, Cherubim, ein Prophet des Unheils, der Hölle. Zwar ist es ein «Verliebter Teufel», aber allemal ein Teufel, der meisterlich die Kunst der Verwandlungen beherrscht und sein Opfer mal als Kamel, mal als Page und zuletzt als wunderschöne Frau in den Abgrund schrankenlosen Fühlens hinabziehen will. Aus Biondetto wird Biondetta, denn der Satan kennt die verschiedenen Spielarten der Liebe und läßt keine Variation aus, um den spanischen Grande in seine Fänge zu ziehen. Entrinnt Alvaro der Bedrohung – oder ist es nicht vielmehr eine Lust? – des Sich-Verlierens in einer Unendlichkeit des Empfindens? Das Ende bleibt offen, denn die Gefahr wird niemals gebannt.

Die Franzosen des 18. Jahrhunderts empfinden den Orgasmus als kleinen Tod. Der Moment der totalen Selbstaufgabe und des Außersich-Seins hat für die ichbezogenen Menschen etwas Erschreckendes an sich. Das endgültige Ende steht ihnen, die für den unbeschwerten Augenblick leben, als Schreckgespenst einer ewigen Tragödie vor Augen. «Der Tod ist eine häßliche Sache. Glauben Sie mir, die alten Philosophen, die sagten, der Tod sei nichts, haben geschwindelt. Leben Sie und leben Sie soviel Sie können», rät der Abbé Galiani in einem seiner berühmten Briefe. Von einem überdimensionalen Glücksanspruch gehetzt, versucht man das Erlebnis der «petite mort» immer und immer von neuem zu wiederholen, um dadurch die Furcht vor unwiderruflichem Sterben zu bannen und zu überwinden. In diesem Zusammenhang bekommt die Figur des Pagen noch eine andere Bedeutung: Der Knabe und das junge Mädchen verkörpern den Inbegriff des Lebens. Lebensfroh, auf ihr Recht zu leben pochend, symbolisieren sie die Beschwörung des Sensenmannes und die Bewahrung vor dem Tod. Darin, daß sich die männlichen und weiblichen Cherubini auf literarischem Boden ungehindert durch die Herzen aller flirten dürfen, verbirgt sich auch eine tiefe Sehnsucht nach der Jugend, in der noch gestattet ist, mit Dingen und Menschen zu spielen und zu experimentieren. Ein Idealzustand für Zeitgenossen des Rokoko, die sich in einen solchen gesetzlosen Raum wünschen, in dem sie bar jeder Verantwortung sich nur ihre momentanen Wünsche erfüllen wollen. «Ach, er ist doch noch ein

Karikatur auf die Sängerin Francesca Cuzzoni
und den hünenhaften Kastraten Senesino. Um 1725. Kupferstich von
J. Goupy nach einer Zeichnung von Burlington

Kind», versucht da Pontes[47] Susanna die kleinen anzüglichen Freiheiten von Cherubino zu entschuldigen (während Beaumarchais diese Worte der Gräfin in den Mund legt).

Jugendlich zu sein und Jugendlichkeit auszustrahlen ist oberstes Gebot im gesellschaftlichen Normenkatalog: Schminke sorgt für systematische Egalisierung aller Altersgruppen. Die Fünfzigjährige legt so viel Rouge und Lippenrot auf, als wolle sie den Eindruck erwecken, noch in der Blüte ihrer Jahre zu stehen, während sich die Zwanzigjährige darin gefällt, mit grau gepudertem Haar am Schönheitswettbewerb teilzunehmen. Die Verwüstungen in den Gesichtern durch übermäßigen Gebrauch von Schminke sind verheerend, wenn man Steele glauben will: «Ihr Teint wird durch diese Gewohnheit so matt, daß sie mir, wenn sie am Morgen aufwacht, kaum jung genug erscheint, um die Mutter der Frau zu sein, die ich am Abend vorher zu Bett gebracht habe.»[48] Zuzugeben, daß die verschiedenen Lebensalter die Menschen kennzeichnen, würde bedeuten, den im Grab endenden Alterungsprozeß zu akzeptieren. Auch das Kastrationsunwesen in Italien ist auf den Wunsch nach ewiger Jugend zurückzuführen. Die Stimmen der Knaben, deren Testikel im Alter zwischen sechs und zehn Jahren mit einem Messer entfernt werden, entwickeln sich nie in männliche Register, sondern behalten ihren hohen Kinderklang bei. Spielt aber bei der päpstlichen Entscheidung, solche «evirati» zum «Lobe Gottes» in ihren Kirchen singen zu lassen, nicht auch die Faszination einer erzwungenen Keuschheit eine Rolle?

Cherubino und de Faublas, der falsche Chevalier, Cécile und Laura und alle die Jünglinge und jungen Mädchen der französischen Rokoko-Literatur haben zu Beginn ihrer erzählten Geschichten ihre Unschuld im allerletzten Sinn der Bedeutung noch nicht verloren. Das gibt ihnen einen ganz besonderen Reiz, umstrahlt sie mit einer Aura des Unberührten – die herausfordert. Jungfernschaft ist kein Wert an sich. Sie ist eine Kampfansage an Verführungstalente des gegnerischen Geschlechtes. Sie ruft Eroberungsinstinkte wach. Deflorationswut grassiert. Gibt sich das Opfer nicht freiwillig hin, raubt der Liebhaber notfalls das ersehnte Gut auch mit Gewalt. Die Sehnsucht nach der Reinheit birgt den brutalen Wunsch nach ihrer Zerstörung. Die Manie der Menschen des Ancien régime, männliche wie weibliche Trophäen erster Liebe zu sammeln, drückt Neid auf ein von Leid noch unberührtes Herz aus. Wer die wertvolle Rose pflückt, stellt damit auch das Gleichgewicht der Schuld und der Leiden wieder her. Denn auch der Verführer war einst ein Verführter, auch er hatte nicht widerstanden, nun sucht er die eigene Rechtfertigung in einer ausgleichenden Gerechtigkeit, auch sein Opfer soll nicht mehr Widerstandskraft besitzen als er selbst. Der Zirkel wird sich wieder genauso schließen, auch die nun Verführten werden eines Tages zu Verführern werden… Fortuna ist wankelmütig. Und der biblische Cherubim ist ein heimlicher Abkomme der

François Boucher: Die Toilette. Um 1740. Lugano,
Sammlung Thyssen-Bornemisza

mythologischen Göttin des Glücks, denn er steht wie sie auf Rädern, ein unsicherer Lebensgrund, von dem er nie weiß, wohin er ihn trägt.

Der Prozeß der Verführung, der im anmutigen Rokokokostüm eines leichtfertigen Spiels daherkommt, offenbart sich als Experiment mit dem Forschungsziel, für Herz und Persönlichkeit die Grenzwerte zu ermitteln. Geht das Versuchskaninchen im Belastungstest zugrunde, oder kann es bestehen? Der Verlust der Jungfernschaft bedeutet immer die endgültige Konfrontation mit der Welt. Im Riß des Hymens wird die grausame Wahrheit eines ursächlichen Zusammenhanges von Liebe und Gewalt zumindest für die Frauen schmerzlich spürbar. Die erste Liebe markiert den Schlußpunkt adoleszenter Identitätssuche. Darin liegt ihre wirklich dramatische Tragweite.

«Cherubim» heißt nach der «Legenda aurea» verdolmetscht: «Fülle des Wissens». Besitzt der Cherubim des Rokoko diese Weisheit schon?

3

DON GIOVANNI
Verführer und Verführte

Aus Cherubim, dem Lichtengel, wird sich ein Liebesbote entwickeln, zweifellos. Mißversteht sich Beaumarchais in dem letzten Stück seiner Figaro-Trilogie also selbst? Ein solch trostloses Schicksal, die Gräfin in einer einzigen kurzen Nacht erstohlener Gunst zu schwängern, um dann im Krieg einen von der Moral diktierten Heldentod zu sterben, hat er weder verdient, noch ereilt dieses Los wohl je einen seiner lebenden oder literarischen Ebenbilder. Nein, das kann Cherubims Geschichte doch nicht sein! Blitzen nicht schon im unschuldigen Flirten des jungen Liebhabers die vielversprechenden Anlagen zu einem großen Verführer auf, die ihn eigentlich zu einem Inbild des Libertin zu machen versprechen? Wieso wird aus den ersten beiden Komödien anmutiger Anspielungen, denkbarer Möglichkeiten, nun plötzlich moralisierender Ernst? Was ist geschehen? Die große Französische Revolution zerreißt die Zeit- und Geschichtseinheit der frei zusammenhängenden Stücke. Bevor Beaumarchais «Ein zweiter Tartuffe, oder Die Schuld der Mütter» schreiben, Cherubim auf seine erotische Laufbahn schicken und weiter verfolgen kann, guillotinieren die Jakobiner die lebenden Erotomanen. Mit den Köpfen der Aristokraten rollt auch das universelle Ideal-, für einige auch Schreckensbild des imposanten, imponierenden Verführers in das Grab programmatischer Tabuisierung. Die Weltanschauung einer erotischen Lebensführung muß der Prüderie des an wirtschaftlichem Aufstieg interessierten Bürgertums Platz machen. Es domestiziert und organisiert die Gefühle und Geschlechtswünsche und läßt ihnen Raum ausschließlich im häuslichen Bereich. Cherubims Bestimmung kann sich also nicht mehr erfüllen, er würde sich mit den restriktiven Moralvorstellungen nie arrangieren können, die Liebe nur in der Ehe erlauben. Der Verführer in spe verliert seinen Lebensbereich, für ihn gleichbedeutend mit seinem sexuellen Handlungsbereich, und muß einen frühzeitigen, doch gnädigen Tod ausgerechnet im Krieg finden. Welche Ironie, wo doch das ihm gemäße Schlachtfeld das Boudoir, das Bett hätte werden sollen. Doch der Tod bewahrt den Verführer vor dem Scheitern an der neuen Zeit.

Auch Don Giovannis furioser Abstieg in die Unterwelt ist somit eher Erlösung als Strafe, er bewahrt ihn vor dem Dahinvegetieren seines veritablen Zwillings Casanova in der Vergessenheit und der Impotenz des Alterns. Bürgerliche Wohlanständigkeit kann sich für diesen Vertreter einer degenerierten Klasse nur die Hölle als Ort der Sühne vorstellen, und so holen Mozart und da Ponte, um diesen Zusammenhang zu verdeutlichen, den Teufel aus der Trickkiste mit all seinem phantastischen Personal. Dem Satan – ein langes Jahrhundert aufgeklärten Denkens als Schauspieler im Dienste des Verderbens von der Gedankenbühne ausgeschlossen – wird auf einmal wieder im Zerreiß-Spiel um Laster und Tugend seine angestammte Rolle zugewiesen. Don Giovanni ist «eine Personifizierung des stärksten menschlichen Triebes, eine lebendige Naturgewalt in Menschengestalt. Er ist die Verkörperung des Dämonischen, Vulkanischen, Elementaren, das den urgewaltigen Geschlechtstrieb im Menschen zeitigt.»[1] In dieser unwiderstehlichen Figur wird das Prinzip Eros zu Literatur und Musik, gegen das sich allmählich Widerstand regt. Die bürgerliche Bewegung besitzt indes vor der Revolution keineswegs genug Stärke für die Zerstörung der in Giovanni personifizierten Sexualverhältnisse, und so müssen Mozart und da Ponte den geballten bürgerlichen Unwillen in eine übersinnliche Macht umsetzen. Don Giovanni ergibt sich der neuen Weltsicht nicht, nur die Brachialgewalt eines steinernen Gastes aus einer fremden, einer neuen Welt mit einem steinernen Herzen vermag ihn zu überwinden: «Komtur: ‹Gib mir die Hand zum Pfand!› Giovanni: ‹Da ist sie. (*Er schreit laut auf*) Weh mir.› Komtur: ‹Was hast du?› Giovanni: ‹Welche Kälte ist das?› Komtur: ‹Bereue, ändere dein Leben: Es ist der letzte Augenblick!› Giovanni: (*Will sich losmachen, doch umsonst*) ‹Nein, nein, ich bereue nicht. Geh weit weg von mir!› Komtur: ‹Bereue, Verbrecher!› Giovanni: ‹Nein, närrischer Alter!› Komtur: ‹Bereue, Verbrecher!› Giovanni: ‹Nein!› Komtur, Leporello: ‹Doch!› Giovanni: ‹Nein!› Komtur: ‹Ah, die Zeit ist jetzt vorbei.› (*Geht ab*) (Flammen von verschiedenen Seiten, Erdbeben) Giovanni: ‹Von welch ungewohntem Schauder... fühle ich die Sinne befallen... Woher kommen diese fürchterlichen

Feuerwirbel!› Chor: (*Unterirdisch, mit dumpfer Stimme*) ‹All das ist wenig gegen deine Sünden. Komm: Es gibt weit Schlimmeres!› Giovanni: ‹Wer zerreißt mir die Seele? Wer wühlt in meinen Eingeweiden! Welch Qual, ach, welches Rasen! Welche Hölle, welch Entsetzen!› Leporello: ‹Welch verzweifelte Miene! Welche Bewegungen eines Verdammten! Welche Schreie, welche Klagen! Wie jagt er mir Schrecken ein!› (*Die Flammen wachsen, Don Giovanni versinkt*).»[2]

In das Grauen der Höllenfahrt mischt sich jedoch ein leiser, aber unüberhörbarer Hauch von Melancholie: Trauer über das Ende einer Lebensform. Die Inkarnation unumschränkten Liebesverlangens stürzt von den Brettern, die die Welt der Eroberungen bedeuten, um die soziale Szene für den Auftritt einer kalten, nach rationalen Grundsätzen gestalteten Massengesellschaft vorzubereiten. Die absolute Herrschaft des Individuums geht zu Ende, die erschreckende Rücksichtslosigkeiten ebenso wie die Erfüllung des einzelnen ermöglichte.

Am Ende des 18. Jahrhunderts werden die Umwälzungen den Kult des Persönlichen zerschlagen, der sich in der Ära des Absolutismus stets intensiviert. Sexualverhalten ist gekoppelt an den Stellenwert des Individuums in seinem gesellschaftlichen Kontext, demgemäß ist eine stete Wechselbeziehung zwischen den Liebespraktiken und der Anerkennung oder Mißachtung des einzelnen im Laufe der Geschichte zu beobachten. Die neuere Tradition einer Betonung des Persönlichen innerhalb der ehemals homogenen Stände nimmt im zweiten Abschnitt der absolutistischen Herrschaft Ludwigs XIV., ungefähr mit dem Frieden von Nymwegen 1678 / 79, ihren Anfang.

Die Sonne, die der «Große» König als Symbol für seine Herrlichkeit reklamiert, scheint zu diesem Zeitpunkt ihren Zenit bereits überschritten zu haben und verharrt vorerst in Bewegungslosigkeit. Noch steht zwar das französische Kriegsglück unter einem günstigen Stern, doch bald sinkt auch er. Vor allem aber fällt die Hofgesellschaft in Resignation. Der Adel blickt auf die Trümmer seiner einstigen Autonomie. Ihn hat eine in den sechziger Jahren einsetzende und jahrzehntelang nicht endende Agrardepression allmählich auf Gedeih und Verderb dem Wohlwollen des Monarchen ausgeliefert. «Indem der König den Luxus gewissermaßen zur Ehrensache und für manche zur Notwendigkeit machte, richtete er nacheinander alle zugrunde, bis sie [die Aristokraten; Anm. d. Verf.] einzig und allein von seiner Gnade abhingen»[3], erklärt der Chronist Saint-Simon diesen gesellschaftspolitischen Zentralisierungsprozeß in seinen Memoiren. Planmäßig schürt der absolute Herrscher einen als Prestigefrage getarnten Konkurrenzeifer um die glänzendste Opern- oder Theateraufführung, den prunkvollsten Wagen, die prächtigsten Kleider, die höchsten Einsätze im Spiel, um die einst wichtigste Klasse in den Ruin treiben zu können. Die Adeligen können, wie vorhergesehen, bei schwindenden Einnahmen aus der Landwirtschaft schon sehr bald nicht mehr Schritt halten mit den schier unerschöpflichen Geldquellen des königlichen Haushalts, der sich durch beliebig festsetzbare Steuern immer wieder aufstocken läßt. Auf das in wachsendem Elend und in periodisch wiederkehrenden Hungersnöten dahinsiechende und gänzlich handlungsunfähige Volk nehmen der Gesetzgeber und die Steuereintreiber keine Rücksicht. Die Untertanen sind mit dem Überleben beschäftigt. Sie denken an keine Revolte. Während der Hof mit ungebrochenem Glanz repräsentiert, berichtet 1709 die Schwägerin des Sonnenkönigs, Liselotte von der Pfalz, nach Deutschland: «Hier ist nun die hungersnot so violent, daß kinder eins das ander schon gefressen haben.»[4] Das Schicksal der Adeligen ist mit dem Existenzkampf des Volkes nicht vergleichbar, aber es bedeutet für die stolzen Edelleute eine bis dato undenkbare Erniedrigung: Vollends auch von ihren ehemaligen Regionalgewalten entmachtet, zwingt der Despot sie in die Etikette seiner Repräsentationsmaschinerie. Spätestens zu Beginn der achtziger Jahre des 17. Jahrhunderts ist der Prozeß der Vereinnahmung dieses Standes unter das höfische Konstrukt abgeschlossen. Die große Revolte der in der Fronde vereinigten gleichgesinnten Adeligen gegen den Alleinherrschaftsanspruch des Königs scheint für immer erstickt zu sein. Der Verlust des politischen Einflusses des Ersten Standes geht sogar so weit, daß seine Rolle allein darin besteht, für den Ruhm ihres Königs zu existieren und dessen Gottesgnadentum durch seine ständige Anwesenheit öffentlich zu zelebrieren. Gleichzeitig werden schon wichtige Positionen an den Schalthebeln der Macht mit Bürgerlichen besetzt. Der König und Kardinal Mazarin bezwecken mit solchen Maßnahmen «die Zersetzung zweier Klassen: einer Aristokratie, die ihre politische Bedeutung verloren hatte, und einer Bourgeoisie, die ihr eigenes Standesbewußtsein verleugnete, je mehr sie in die Macht hineinwuchs»[5], wie Werner Kraus meint. Eine nationale Sache kann also die Adeligen nicht mehr vereinen, sie müssen ihre Identität woanders suchen. Die Schöpfer der «honnêteté» wollen ihrem zweckentleerten Dasein denn auch einen neuen Sinn geben, humanes Gedankengut aus der Renaissance retten und sich wenigstens einen Freiraum sichern: Sie betonen die Eigengesetzlichkeit des menschlichen Bewußtseins und kreieren einen Kult um ein überhöhtes Persönlichkeitsideal – das Ideal einer Persönlichkeit, die mehr inszeniert ist denn dem Charakter entsprungen.

Paradoxerweise ist der König auch bei diesem diffizilen Vorgang Vorbild. In puncto Selbstinszenierung ist er tonangebend: «Man sieht sofort, daß die Majestät aus der Perücke gemacht ist, den hochhackigen Schuhen und dem Mantel. [...] So stellen Barbiere und Flickschuster die Götter her, die wir anbeten.»[6] Der Findung des Ich geht die Imagination eines Bildes von sich voraus. Wie der ganze Mensch sich auch die Gefühle, bis sie eines Tages tief und echt werden, simuliert. Bis ins Boudoir geht die Vortäuschung eines Seins.

In erweitertem Sinne präsentiert sich dieser Zusammenhang als Fest. Illusion und Wirklichkeit verwirren sich in einem als permanentes Fest getarnten Leben am Hof. In diesem Dauerrausch ist es nicht einfach, das Selbst zu definieren. Spielgelage, Jagden und Feierlichkeiten aller Art und zu jeder nur denkbaren Gelegenheit bilden täglich den äußeren Rahmen für einen gesellschaftlichen Vergnügungszwang, der dazu dient, die Zeit totzuschlagen. Der gesamte Hofstaat soll von einem Strudel festlicher (Schein-)Ereignisse mitgerissen, von einer irrealen Welt der Schauspiele und Opern geblendet und vom Getöse der Feuerwerke und Wasserspiele, der Musik von Trompeten und Trommeln betäubt werden. Vom Lever bis zum Coucher bewegen sich die der Etikette unterworfenen, zu Marionetten degradierten Aristokraten unter den wachsamen Augen des unumschränkten Gebieters. «Die Tatsache, daß jeder Schritt, daß jede Gebärde und überhaupt jede Äußerung» nicht nur registriert, sondern auch «bewertet wurde, erklärt, weshalb sich die Angehörigen des Hofes in einer nie erlahmenden Spannung befanden»[7]. Der Theaterschein eines reibungslosen Ablaufes dieses nach außen gerichteten Lebensstiles muß aufrechterhalten werden; fällt ein Schauspieler aus seiner Rolle, wird er aus dem Dienst entlassen und ausgewechselt. Die Verbannung aus dem zum Zentrum allen Lebens hochstilisierten Versailles bedeutet nicht nur das gesellschaftliche Aus, sondern oft auch den finanziellen Ruin der Verstoßenen; sie verlieren mit ihren Stellungen auch eine lebensnotwendige Apanage. Den Höflingen bleibt nichts anderes übrig, als ihre Bestimmung im Vertreiben von Zeit nach Protokoll zu suchen – und zu finden. Sie werden die unumschränkten Herrscher der Leere, da ihnen kein anderes Wirkungsfeld mehr offensteht. Es gilt das geistige Vakuum ihres von oben verordneten Müßigganges zu füllen. Die einzige Domäne, die sich ihnen bietet: das Vergnügen.

Das gekrönte Haupt erhebt das Divertissement in den Stand einer Quasi-Wissenschaft. Die Ablenkungsindustrie ruft sogar neue Berufe ins Leben. So können begabte Ästheten und Phantasten als Festarchitekten oder Feuerwerksspezialisten Karriere machen; ja, sogar ein Admiral wird für die Gartenflotte benannt; dazu kommen Ingenieure, die sich der Bühnentechnik annehmen, Flugmaschinen, Schnürböden oder Kulissenzüge erfinden, um gemeinsam mit den Künstlern der neuen perspektivischen Malerei die Zuschauer von Spektakeln in die Illusion unendlichen Raums, in die Unerreichbarkeit ferner Länder und übermenschlicher Fähigkeiten zu entführen. Hochgestellte Persönlichkeiten hingegen befleißigen sich in der Profession eines «maître de plaisir». Unterhaltungsgenies sind die gefragtesten Leute ihrer Zeit. Ihrem Sarkasmus, ihrer Ironie, ihrem Witz, kurz ihrem Geist bleibt es überlassen, Bedeutung in diese systematische Bedeutungslosigkeit zu zaubern und der Oberflächlichkeit eine metaphysische Ebene des Seins abzugewinnen. Diese Disziplin erfordert naturgemäß ganz besondere Talente. Es sind die Begabungen von einzelnen, die über die Schranken ihrer klassenmäßigen Herkunft hinweg den Konversationston vervollkommnen und das Persönlichkeitsideal vom «honnête homme» installieren. Die Aura des Ruhmes umstrahlt jene, die aus dem gesellschaftlichen Einerlei durch die Gabe zu amüsieren herausfallen. Ein ganz und gar individuelles Verdienst also, das nur vergleichbar ist mit den mutigen Taten tapferer Kriegshelden, deren Draufgängertum in Zeiten der Erbfolgekriege ebenfalls besonders hoch im Kurs steht.

Liegt das Schlachtfeld nun tatsächlich im Kriegsbiet oder findet der Schlagabtausch mit Mitteln der Sprache in den Gemächern des Königs statt, der taktisch-gezielte Einsatz körperlicher oder geistiger Waffen stellt immer besonders hohe Anforderungen an das Selbst. Das System des Absolutismus nach der Fasson Ludwigs XIV. birgt den Widerspruch in sich: Der Versuch des selbsternannten Abkömmlings der Sonne zu einer Zusammenfassung aller Tendenzen und Gruppierungen Frankreichs unter seine kontrollierende Ägide scheitert an dem Versäumnis, diese Vereinheitlichung inhaltlich zu definieren und zu begründen. So bietet sich infolgedessen, diesem Vorhaben diametral entgegengesetzt, ein

Jean Michel Moreau le Jeune: Der Maskenball.
1782. Kupferstich

günstiger Nährboden für die Kultivierung, aber auch Pervertierung eines extremen Individualismus, in den sich ein Teil der entmachteten Aristokratie flüchtet.

Die Weltanschauung der Ausschweifung hat hier ihre Wurzeln, unter deren ersten Adepten sich auch der tragisch-groteske Philipp I. von Orléans befindet. Bewußt treibt Ludwig XIV. seinen Bruder in Exzesse der Sinnenlust, indem er ihm jegliches Mitspracherecht bei seinen Regierungsgeschäften rigoros verweigert und ihn zu repräsentativer Tatenlosigkeit verdammt. Philipp I. begründet also eine Tradition sogenannt zügelloser und dekadenter Aristokraten und Herrscher, zu der auch schon der König selbst einen bescheidenen Anteil mit seinem Mätressenunwesen leistet. Der Sohn dieses Königsbruders, der später als Philipp II. von Orléans Regent des noch unmündigen sonnenköniglichen Erben wird, genießt denn auch eine dem Laster äußerst gewogene Erziehung. Philipp I. trägt dafür Sorge, daß der Sohn gänzlich unter die Kuratel seines homosexuellen Günstlings, des Marquis d'Effiat, gestellt wird, im stillen Einverständnis mit Ludwig XIV., aber gegen den erklärten Willen der Mutter: Liselotte von der Pfalz sieht denn auch den verderblichen Einfluß dieses Haushofmeisters voraus, sie schreibt in einem Brief von 1689, daß es ihr «deuchte, daß es meinem Sohn keine Ehre sein könnte, daß man meinen sollte, daß er des Desfiats maitresse seye, denn es ist gewiß, daß kein größer Sodomit in Frankreich ist, als dieser, und daß es ein schlechter Anfang vor einen jungen Prinzen seye, mit den ärgsten debauchen von der Welt anzufangen»[8]. Sieben Jahre später konstatiert sie die Bestätigung ihrer Vorahnung: «Wenn ich meinem Sohn dann raten will, dem König besser zu gefallen und von den Lastern abzustehen, lacht mich Monsieur mit mein Sohn aus, führen ein Leben zu Paris, daß es eine Schande ist. Mein Sohns inclinationen sein gut und könnte was rechts werden, wenn Monsieur ihn nicht verdürbe.»[9] 1698 verliert sie die Hoffnung auf Besserung des Lebenswandels ihres Kindes gänzlich: «Meinen Sohn haben die Favoriten von Monsieur ganz eingenommen, er liebt die Weiber, und sie seind seine couplers, schmarotzen, fressen und saufen mit ihm und stecken ihn in ein solches Luderleben, daß er nicht wieder heraus kommen kann.»[10]

Die Jahre der Regentschaft sind die Jahre der «roués». Die Sinne des früh in die Liebe eingeweihten Regenten sind schnell abgestumpft, sie zu reizen, bedarf es außergewöhnlicher Mittel. Ständige Teilnehmer an den Lustbarkeiten sind in doppelter Weise «gerädert»: Erschöpft von

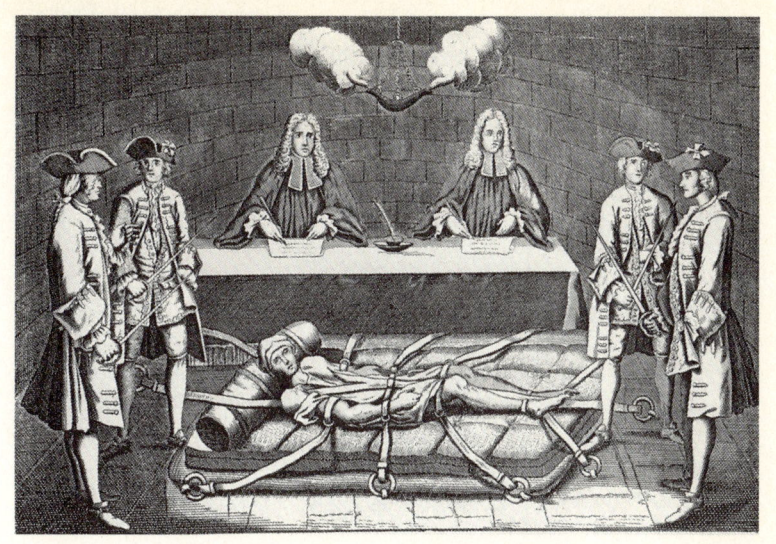

Das Verhör des Attentäters Robert Damiens
nach seinem mißglückten Anschlag auf König Ludwig XV.
am 5. Januar 1757. Zeitgenössischer Kupferstich

ihrem Dauereinsatz im orgiastischen Getümmel, benötigen sie immer stärkere Stimulanzen, um ihre zur höchsten Lust unerläßlichen, wenn auch müden Glieder wieder in Stellung zu bringen. Ein Faktum, das vor allem die Phantasie von erotomanen Autoren in höchstem Maße erregt. Die Szenarien, die sie für die ermüdeten Krieger auf dem Schlachtfeld des Sexus erfinden, changieren zwischen Wirklichkeit und Phantasmagorien. Peitschen, Ruten und ähnliche Folterinstrumente helfen ihren Helden, ihre schlaffen Fortpflanzungsorgane wieder auf Posten zu bringen. Vor allem bei Literaten, aber auch bei einigen Abgestumpften stehen Bordelldamen, die auf den Umgang mit der Rute spezialisiert sind, in hohem Ansehen. Die wahnwitzige Suche nach sexueller Stimulanz gipfelt in der Hinrichtung des berühmten Attentäters auf herrscherliches Leben Robert Damiens am 28. März 1757. Casanova erlebt und dokumentiert sie. Wie so viele andere mietet sich der venezianische Chevalier eine Etage, deren Fenster auf die Place de la Grève, wo das blutrünstige Schauspiel stattfindet, hinauszeigen. Auch kann er einige Gäste bei sich begrüßen. «Mademoiselle de la M-re ließ ich dabei auf meinem Schoß sitzen. Sie stellten sich alle drei dicht gedrängt an das Fenster und stützten sich vornübergeneigt mit den Ellbogen auf das Fensterbrett, um uns nicht an der Sicht zu hindern. Das Fenster hatte zwei Stufen; sie waren auf die zweite gestiegen, und wir mußten das gleiche tun, denn auf der unteren Stufe stehend hätten wir nichts sehen können. [...] Als Damiens gefoltert wurde und ich ihn brüllen hörte, obwohl nur noch die Hälfte seines Körpers übrig war, mußte ich meine Augen abwenden; aber die Lambertini und Madame XXX wandten sich nicht ab, und nicht etwa deshalb, weil sie grausame Herzen hatten. Sie sagten mir, und ich mußte vorgeben, es zu glauben, sie könnten für ein derartiges Scheusal nicht das geringste Mitleid empfinden, so sehr liebten sie Ludwig XV. Allerdings nahm Tiretta Madame XXX während der ganzen Zeit der Hinrichtung auf so seltsame Weise in Anspruch, daß sie möglicherweise nur seinetwegen nie wagte, sich zu rühren oder den Kopf abzuwenden. Da er hinter ihr stand, und zwar ganz dicht, hatte er ihr Kleid aufgehoben, um nicht daraufzutreten, und das war gewiß richtig. Bei genauerem Hinsehen merkte ich jedoch, daß er es etwas zu hoch gehoben hatte; da entschloß ich mich, weder das Unternehmen meines Freundes zu stören noch Madame XXX in Verlegenheit zu bringen. [...] Volle zwei Stunden lang hörte ich das Geraschel des Kleides. [...] Im stillen bewunderte ich Tirettas guten Appetit noch mehr als seine Kühnheit, denn in dieser Hinsicht hatte ich es ihm oft gleichgetan.»[11] Selbst wenn die kolportierte Szene Fiktion gewesen sein sollte, erzählt sie doch einiges über die Zusammenhänge von Schmerz und Lust, wie sie die Zeitgenossen empfanden.

Ludwig XV., das auf so delikate Weise gerächte Ziel des Attentäters, ergötzt sich an scheinbar harmloseren Dingen. Prügelei jedenfalls, meint das gekrönte Haupt, erschöpfe die sexuellen Kräfte übermäßig, und daher schließt er für seine erotischen Meistertaten die körperliche Gewaltanwendung aus – allerdings nur im intimen Liebespiel. Zimperlich verfährt er bei der Beschaffung der Objekte seiner Begierde nicht gerade: Autorisierte Kuppler gehen in ganz Frankreich auf die Jagd. Mädchen werden den Händen ihrer Eltern oder Verlobten entrissen, aus Klöstern entführt oder unter Vorspiegelung falscher Tatsachen nach Versailles gelockt. Einige Mütter sollen sich auch eine Ehre daraus machen, ihr Kind dem König für die erste Nacht anzubieten. Schnell verleibt man sie dem Serail des Herrschers ein. Will man den (fingierten?) Memoiren eines Opfers[12] glauben, widmen sich Lehrer der Musik, des Tanzes, der Literatur und des Benehmens nach der Einlieferung neuer königlicher Gespielinnen in das Bordell erst einmal ihrer Erziehung, damit sie formvollendet ihren Herrn und Meister erfreuen. In einem überdimensionalen, von unüberwindlichen Mauern eingeschlossenen Garten harren die Gefangenen unter ständiger Aufsicht in kleinen Häusern allein oder zu mehreren ihrer Bestimmung – so die Autorin, wenn es sich nicht vielmehr um einen maskierten Autor handelt. In diesem, seinem «Hirschpark» geht dann der Monarch auf Mädchenjagd. Nicht jedes seiner menschlichen Rehe kann der im Reich der Venus nicht ganz so absolute Gebieter tatsächlich zur Strecke bringen, berichtet uns Rosalie von einigen Standhaften. Aber hat er ein Mädchen erbeutet und bis zum Verdruß genossen, läßt ihr der hochgestellte Bezwinger eine Mitgift auszahlen und schickt sie in eine ungewisse Zukunft. Der Stempel, ehemalige Haremsdame des französischen «Zeus» gewesen zu sein, ist ihr für immer aufgedrückt. Schlimmer (oder besser?) ergeht es denen, die mit einem königlichen Bastard schwanger gehen. Sie werden kurzerhand an einen treuen Untertan verschachert. Geld oder einträgliche Ämter machen den kleinen Defekt der Geschäftsbeigabe wett und die loyalen Lückenbüßer blind dem kleinen Unterpfand gegenüber, daß ihre Zukünftige als Frucht von königlichem Samen mit in die Ehe bringt.

Für viele junge Mädchen spielt die berühmt-berüchtigte Marquise de Pompadour Schicksalsgöttin. Als die königliche Mätresse bemerkt, daß der Herrscher ihr nicht mehr seine volle Gunst schenkt, sieht sie sich nach einem neuen Wirkungskreis um. Ohne Skrupel übernimmt sie die Organisation und Oberaufsicht über das herrschaftliche Bordell. Madame de Pompadour ist es, die entscheidet, ob die Vorzüge eines ergatterten Mädchens ausreichen, um dem königlichen Geschmack zu genügen. Sie ist es, die der Gier ihres einstigen Geliebten nach immer jüngerem Fleisch Sorge trägt. Je älter er wird, desto kleinere Kinder legt sie ihm ins Bett. So kann die Pompadour ihre einflußreiche Stellung am Hof bis zu ihrem Tode halten. An ihrem Grab gedenkt Ludwig XV. ihrer Talente mit folgenden Worten: «Die hier ruht, war zwanzig Jahre lang Jungfrau, sieben Jahre Hure und acht Jahre lang Kupplerin.»[13]

«Die Herrscher konnten es wagen, ihre Verbrechen auf die Spitze zu treiben, weil sie sicher waren, daß dieselbe Moral, mit der sie Schindluder trieben, sie vor jeder Vergeltung und Rache von seiten ihrer christlichen Untertanen schützte»[14], analysiert Leo Balet die politische Konstellation, die die absolutistischen Monarchen bis etwa Mitte des 18. Jahrhunderts mit einer Aura der Unantastbarkeit umgibt, die kein Bürger zu durchbrechen wagt. Die Gesellschaft zerfällt in zwei Extreme: auf der einen Seite der libertine Adel, auf der anderen das Bürgertum, das das Banner der Tugend hochhält und sich dadurch bewußt von der Verworfenheit der herrschenden Klasse abgrenzt.

Adelige hingegen wie auch aufstrebende Bürgerliche tun es ihren fürstlichen Vorbildern gleich und suchen ebenfalls ihren Mittelpunkt und ihre Bestätigung im Reich der Venus. Ihre Einstellung gegenüber den Sinnen und vor allem gegenüber ihren Sexualpartnern ist im 18. Jahrhundert von maßloser Selbstüberheblichkeit. Sie ist auf den noch immer höchsten gesellschaftlichen Stellenwert einer Klasse zurückzuführen, die ihre Existenzbegründung nach wie vor aus dem Gottesgnadentum herleitet. Der Auszug des Hofes aus Versailles, dem Refugium totaler Machtkonzentration, hat das Leben vom Zwang der detaillierten Etikette befreit und den hochgestellten Untertanen weitere Freiräume verschafft. Außerhalb der Repräsentation genießen sie vollkommene Handlungsfreiheit in einem wechselvollen Sinnenleben.

Schon zu Beginn der Regierungszeit des Regenten Philipp II. von Orléans werden Libertins zu erklärten Lieblingen der Gesellschaft. Sie leben die Grenzüberschreitung als Dauerzustand vor und setzen sich über alle Schranken hinweg, die Moral oder Religion errichten können. Das Idealbild dieses Verführertyps überhöht sich schließlich in der Figur des Don Giovanni als vollkommenes Persönlichkeitsprinzip, um sich gleichzeitig in de Sades monströser Juliette in die Perversion ekelerregender Greueltaten zu verkehren.

In beiden Fällen jedoch ermöglicht das persönliche Selbstbestimmungsrecht diesen Protagonisten der beiden Werke, ihr Ego und die Verwirklichung ihres Gefühlspotentials über alles zu stellen: über die Person ihrer Opfer, über deren Gefühle und Leiden, ja selbst über die menschenverachtendste Tat, den Mord. Sie leben und agieren in ihrem Universum totalen Ich-Anspruches, in dem es keine gesellschaftlich auferlegten Handlungsschranken mehr gibt; sie gehorchen nur ihrem puren Wesen, sie sind reinstes Menschentum, einsam, von ihren Mitmenschen in der Absolutheit ihres Seins unverstanden, aber in vollkommener Übereinstimmung mit sich selbst. «Die gewaltige innere

Größe, das Herrentum der Titelgestalt [Don Giovanni; Anm. d. Verf.], das sich selbst lieber gegenüber einer übermenschlichen, stärkeren Macht vernichtet, als daß es auch nur auf den geringsten Teil seines Selbst verzichten würde, bedeutet nichts, als die Steigerung des Gefühlsmäßigen bis zu dessen höchster Höhe.»[15] Abgründe der Seele offenbaren sich wie nie zuvor.

Noch sind Don Giovanni und Juliette keine Außenseiter ihrer Gesellschaft; sie werden erst mit dem Einbruch bürgerlicher Denkweisen und Sittenvorstellungen dazu gemacht. Diejenigen, die die Glücksritter verurteilen, sind denn auch schon Vorboten der neuen Ordnung, die im Begriff stehen, das alte Sozialsystem zu stürzen. Im Grunde jedoch spiegeln sich in den Heroen von Amors Gnaden alle Maximen ihres Jahrhunderts wider. Einzig und allein ihre Fähigkeit und Bereitschaft, ihre sexuellen Begierden bis ins Äußerste auszuleben, heben sie über die Masse durchschnittlicher Verführer und Verführerinnen hinaus. So ist der unübertreffliche Lüstling gepeinigt von einer Liebessehnsucht, die die Erfüllung seines alle Frauen umfassenden Verlangens zu seiner Existenzfrage macht. Die Tragik dieser Figur liegt darin, daß sich ihr Begehren nie erschöpft, dieses aber auch nie im Innersten, Eigentlichsten gestillt werden kann. In der phantasmagorischen Gestalt des überdimensional erfolgreichen Frauenhelden – Leporello, dienstbeflissen, registriert 2064 Eroberungen – verwirklicht sich der Traum aller Männer nach nie nachlassender Potenz. Gleichzeitig verbirgt sich hinter dem erotischen Selbstbestätigungswahn, mit dem sich tatsächlich die Träger männlicher Insignien in jenen Tagen an die Nachahmung der Vielweiberei ihres literarischen Vorbildes machen, eine fast pathologische Angst vor dem Versagen.

Ob Jungfrau, Dirne, Dame, Witwe oder Nonne, der wahre, wirkliche Verführer pirscht sich an alles heran, was Röcke trägt. Mädchen, adelige wie bürgerliche, durften allerdings, bevor sie in den heiligen Stand der Ehe traten, selten die Gelegenheit zu verbotenen Liebschaften gehabt haben. «Nichts ist falscher, als das Bild, das die Komödie von unseren Sitten gibt, wenn sie als Objekt der Liebe junge, ledige Adelsdamen auf die Bühne bringt. Damit macht sich unser Theater einer Lüge schuldig. Daß sich darob kein Fremder täuschen lasse: hierzulande liebt man keine Adelsfräulein mir nichts, dir nichts. Diese bleiben bis zum Tag ihrer Hochzeit in den Klöstern eingeschlossen. Sich ihnen zu erklären, ist unmöglich, schon die Moral verböte es. Außerdem trifft man sie nie allein, und wider allen Anstand wäre ihnen gegenüber selbst die kleinste Geste der Verführung. Auch der Großbourgeois bringt seine Töchter schon beizeiten ins Kloster, und die vom 2. Stockwerk hält die liebe Mama unterm Fittich. Mädchen aus gutem Hause haben somit vor der Ehe im allgemeinen weder die geringste Freiheit, noch das Recht auf irgendeine Art vertrauten Umganges.»[16] So unter Verschluß gehalten, bleibt den jungen Mädchen auch das große Welttheater der Feste, Salons, Opern oder Schauspiele verborgen, deren Vorhang sich ihren Blicken erst mit vollzogener Trauung öffnet. Derart ferngehalten von den klassischen Treffpunkten für verliebte Anbändeleien, raubt man den zukünftigen Bräuten auch jede Gelegenheit, potentielle Liebhaber kennenzulernen.

Die Literatur zeichnet da in der Tat ein ganz anderes Bild. Nicht nur die Komödien, sondern auch die anderen Theaterstücke und die Romane sind bevölkert mit Galanen, die es auf nichts als jenes zu bewahrende Gut abgesehen haben. Wie war es in der Wirklichkeit? Memoirenschreiber, wie Graf de Tilly etwa oder Casanova, bestätigen mit Fleiß die literarische Überlieferung. Triumphiert der Wunsch über die Realität? Gefallen sich die Herren der Feder in der Geistesübung, ihr Leben in Literatur zu verwandeln – oder orientieren sie vielmehr ihr Leben an der Literatur? Es liegt für sie jedenfalls ein besonderer Reiz darin, Schwierigkeiten zu überwinden.

Boudoirhelden von Gnaden der Phantasie finden gewitzte Methoden, in die gut bewachten Klöster einzudringen. Das probateste Mittel ist immer wieder die Verwandlung in eine Frau. So schleicht sich der Chevalier de Faublas in Louvet de Couvrays als Memoiren ausgegebenem Roman in Nonnentracht allnächtlich zu seiner Angebeteten und beglückt in diesem Aufzug auch noch weitere Pensionärinnen; und da ist ebenfalls die Fabel von Lafontaine über das junge Mönchlein[17], das gleich ganz den Schleier nimmt, um fortan mit seiner Geliebten das Bett teilen zu können. Dummerweise ist er offensichtlich nicht in die Geheimnisse der Verhütung eingeweiht, und so wächst der Bauch seiner Auserwählten unübersehbar. Die Äbtissin läßt das Kloster nach dem Übeltäter durchsuchen und die Nonnen überprüfen: Nackt, wie Gott sie geschaffen, müssen sie sich in Reih und Glied aufstellen. Das schlaue Mönchlein greift zu einer weiteren List: Er bindet das Corpus delicti mit einer Schnur nach hinten weg. Die Oberin, auch nicht dumm, hat sich mit einer Schere bewaffnet, entdeckt, den Übeltäter inspizierend, die Vorrichtung, schnippt einmal kurz – und schwupp schnellt der Unschuldsräuber in die Höh… Leichteres Spiel haben Liebespaare, deren weiblicher Teil nicht in klösterlicher Abgeschiedenheit verwahrt wird, sondern sich in elterlicher oder sonst irgendeiner verwandtschaftlichen Obhut befindet. Da wird ein Diener, eine Kammerzofe bestochen oder eine als Aufpasserin bestellte Tante in künstlichen Schlaf versetzt. Ein abgeschiedener Winkel findet sich immer… und schon ist es um die Tugend geschehen.

In einem Jahrhundert, in dem die Jungfernschaft eine unerläßliche Voraussetzung für eine Eheschließung ist – ein diesbezüglich Geprellter kann die sexuell versehrte Ware ohne weiteres wieder retour schicken, womit das Leben der zu früh Verführten für immer verpfuscht ist –, wirft sich gleich ein ganzer, wissenschaftlich orientierter Wirtschaftszweig darauf, diese armen Unglücklichen vor dem so traurigen Schicksal einer erzwungen Keuschheit in einem Kloster zu bewahren und immer mehr Männern den Genuß eines so kostbaren Sieges – wie den über die Unbeflecktheit – zu verschaffen. Quacksalber, Ärzte und Kupplerinnen experimentieren mit unzähligen Mittelchen und Methoden, um das begehrte, aber leider schon zerrissene Häutchen künstlich wiederherzustellen. Adstringierende Tropfen und Einreibungen, welche «die natürlichen Gliederteile bei Weibsbildern, so, gar zu weit offen, wieder zusammenziehen und einschließen»[18], mixen sie zusammen aus Eicheln, Schlehen, Myrrhen oder Zypreßnüssen. Monsieur Provence, ein Parfumeur aus Paris, sendet folgendes Schreiben am 2.1.1774 an die schon erwähnte – literarische – Puffmutter Madame de Gourdan: «Ich habe Madame eine Erfindung von höchstem Nutzen für das Geschlecht gemacht, das unter Ihrem Szepter steht. Es ist eine adstringierende Pomade, die in einer Viertelstunde wirkt, und einer Sache, die schon viel gedient hat, das Aussehen völliger Neuheit gibt. Der Topf kostet einen Louis. Ich sende einen und bitte damit einen Versuch zu machen.»[19]

Auch mit Operationen verhilft man gefallenen Mädchen wieder zu einem Jungfernbeweis. Auf diesem Terrain Kundige vernähen geschickt die Scheidenwände. Gelegentlich fließt bei dem Akt vermeintlicher Defloration indes Tierblut. Es wird in einem kleinen Säckchen an der entscheidenden Stelle verwahrt. Zerreißt in geeigneter Sekunde die Haut – zwar nicht eines Hymens, dafür aber des Beutelchens –, rinnt eine rote Flüssigkeit zutage, die den Liebhaber sich in dem trügerischen Glauben wähnen läßt, er habe eine Trophäe der Virginität ergattert.

Diese Annahme muß eine Sensation ganz eigener Art vermitteln. Erfahrene Damen des horizontalen Gewerbes können so ihre Unschuld – gegen Höchstpreise versteht sich, sind echte Jungfrauen doch so rar – verkaufen, und in der Liebe erfahrenen Bräuten ist auf die eine oder andere Art die Möglichkeit gegeben, ihre Zukünftigen über ihren wahren Zustand hinwegzutäuschen.

Ob in der Ehe oder außerhalb der Ehe, die erste Liebesnacht ist von einem geheimnisvollen Zauber umgeben. Sie eröffnet eine vollkommen neue Dimension des Seins, des Miteinander, und erschließt dem Initianten eine noch unerweckte Welt der Gefühle – im Positiven oder im Negativen. Sich geliebt zu sehen oder schon verachtet, als verwundbares Individuum ernstgenommen oder in jenem entscheidenden Moment von einem Gleichgültigen auf den Status eines Triebobjekts herabgewürdigt zu werden, macht einen eklatanten Unterschied für die Qualität und Quantität all der Empfindungen aus, die der Debütant der Liebe fürderhin für künftige Geliebte zu entwickeln vermag. Die zwischenmenschliche Atmosphäre, in der die erste «Berührung zweier Epidermien» und der erste «Austausch zweier Launen» stattfindet, wie Chamfort den Akt der größtmöglichen Verschmelzung zweier Individuen in eine maschinelle Tätigkeit verrationalisiert, entscheidet vielleicht über Respekt oder Abscheu, die die Erstliebenden in Zukunft dem anderen Geschlecht entgegenbringen können. So liegt es in den Händen des Verführers oder der Verführerin, ob der oder die Verführte einst fähig sein wird, Glück zu empfinden und zu schenken.

Die Rokoko-Menschen sind diesbezüglich nicht gerade vom Schicksal begünstigt. Die psychischen Folgen der Defloration sind keineswegs Gegenstand ihrer Überlegungen. Der männliche Teil der Menschheit versucht, kaum zeigt sich zarter Flaum auf den Wangen, erste Lorbeeren zu sammeln. Teil eines Programmes systematischer Forcierung der Pubertät scheint aber auch die Leidenschaft vieler Damen jener Zeit zu sein, Jünglinge von dem leidigen Umstand erotischer Unkenntnis zu befreien. Der Knabe wird spätestens mit 15 Jahren reif für erste Erfahrungen im galanten Bäumchen-wechsel-dich-Spiel, dann ist es allerhöchste Zeit, ihn in seine Rolle als Liebhaber einzuweisen. Erfahrene Damen stellen sich für diese Aufgabe offensichtlich sehr gern zur Verfügung, oftmals bietet sich auch eine gute Freundin der Mutter an, den lieben Sohn auf die Wege des Lasters zu führen, wie Crébillon fils uns anschaulich in den Memoiren des Herrn von Meilcour vor Augen führt.

Ist gerade keine solche edle und auch keine professionelle Dienerin der Göttin Venus zur Hand, vergreift sich der neugierige und wißbegierige Jüngling auch am Personal. Graf de Tilly zum Beispiel berichtet in seinen Memoiren, daß er neun Jahre alt ist, als «mein Vater merkte, daß ich gegen die derben Reize einer Art von Wirtschafterin nicht gleichgültig blieb. Ihre Liebkosungen hatten frühzeitig Eindruck auf mich gemacht»[20]. Allerdings geduldet er sich dann immerhin noch vier Jahre, bevor er wirklich erstmals seinen Weihrauch, diesmal in den Armen einer «frischen und bescheidenen Bäuerin» versprüht. Restif de la Bretonne behauptet in seinen Lebenserinnerungen, mit zehndreiviertel Jahren erstmals Mann geworden zu sein. Damit übertrumpft er sogar noch den Verführer aller Verführer: Casanova opfert Amor, laut eigenem Bekunden, mit «schon» 11 Jahren zum erstenmal. Inwieweit Normalsterbliche mit diesen in Schrift und Tat potenten Autoren mithalten können, bleibt fraglich.

Diesen frühen Heldentaten stehen die Mädchen in nichts nach, sie gelten spätestens zwischen ihrem 13. und 15. Lebensjahr als mannbar und damit heiratsfähig. So lange können jedoch nicht alle Jungfrauen warten: Die Marquise de Brinvillier verliert – so will es jedenfalls die Legende – ihr bißchen Bestes im zarten Alter von nur sieben Jahren; sie geht später in die Annalen der Geschichte als berühmteste Giftmischerin ein. Auch vielen Liebhabern junger Körper erscheint die Wartezeit bis zur weiblichen Geschlechtsreife unnütz vertane Zeit: Casanova verführt nicht nur die zehnjährige Corticelli, eine berühmte Ballettänzerin, zu so frühem Sinnengenuß. Bei aller Anmut der Schilderungen weiblicher, aber auch männlicher Einweihung in die Mysterien der Liebe fehlt jegliches Vertrauen zwischen den «Liebenden». Meist stehen sich die beiden in einem Lehrer-Schüler-Verhältnis gegenüber. Choderlos de Laclos läßt seinen großen Verführer Valmont eine solche Szene mit der ihm eigenen Kühle beschreiben: «Nachdem ich ihre erste Angst beruhigt hatte, nahm ich mir – ich war ja nicht da, um zu plaudern – ein paar Freiheiten heraus. Man hat sie in ihrem Kloster wohl sicher nicht ordentlich gelehrt, wie vielen verschiedenen Gefahren ihre scheue Unschuld ausgesetzt ist und was alles sie zu behüten hat, um nicht überrascht zu werden: denn da sie ihre ganze Aufmerksamkeit und alle ihre Kräfte darauf richtete, sich gegen einen Kuß zu wehren, der nur ein Scheinangriff war, blieb alles übrige ohne Verteidigung. Wie hätte ich das nicht wahrnehmen sollen! Ich änderte also meine Marschroute, und auf der Stelle faßte ich Posto. Hier glaubten wir uns beide verloren. Das kleine Mädchen, ganz erschrocken, wollte in ernstgemeintes Geschrei ausbrechen. Zum Glück erstickte ihre Stimme in Tränen.»[21] Die emotionslose Kälte, mit der Valmont die kleine Cécile von ihrem Jungmädchendasein in die brutale Realität der Erwachsenen befördert, scheint eher Regel zu sein denn Ausnahme. Für Flitternde allemal – sie müssen ihre Hochzeitsnacht mehr oder weniger in der Öffentlichkeit abhalten. In Paris ist es noch bis weit ins 18. Jahrhundert hinein Gebrauch, «daß neuvermählte Frauen drei Tage lang ihre Besuche auf dem Bett liegend empfingen und deren Fragen und Neckereien ausgeliefert waren»[22]. Der Ehemann besitzt das Privileg, die Blume der Virginität seiner Frau zu pflücken. Er erwirbt es per Ehekontrakt. Das muß für eine tatsächliche Jungfrau meist eine wahre Tortur sein, denn in den seltensten Fällen wird der angetraute Gemahl auch der Geliebte ihres Herzens sein.

Ehen werden aus rein wirtschaftlichen und machtpolitischen Interessen geschlossen. Familien legen mittels Verheiratung ihrer Kinder Besitz zusammen und versuchen so ihren Einfluß im Staat zu vergrößern. In der Wahl der Gatten gilt die autoritäre Entscheidung der Eltern. Daher verbringt die Überzahl der Menschen gezwungenermaßen ihr Leben mit einem Partner, dem sie oftmals schon in Kinderschuhen als Ware gegen mehr Geld und mehr Ansehen versprochen werden. Die meisten Verlobten sehen ihren Zukünftigen in der Hochzeitsnacht zum erstenmal: Es ist durchaus üblich, für die Hochzeitszeremonie einen Vertreter zu schicken. Nur die Ärmsten der Armen bleiben von dieser auf den Grundsätzen des Marktes basierenden Verheiratungspraxis verschont. Sie haben nichts zu bieten, folglich wird ihnen auch niemand angetraut. Ansonsten geht es in keinem Stand humaner zu. Das Geschäft mit der Hochzeit blüht. Im bürgerlichen Lager übernehmen berufsmäßige Heiratsvermittler gegen Kommision die Suche nach einem finanzstarken Bräutigam oder einer Braut mit verlockender Mitgift. Gebietet es die Familienräson, muß so mancher adelige Eheaspirant Klassenschranken durchbrechen und seinen Abscheu der Bourgeoisie gegenüber in eheliche Achtung verwandeln, wenn deren Geld die zerrütteten pekuniären Verhältnisse einer Aristokratenfamilie sanieren hilft. Immer häufiger erniedrigen sich, analog zu dem stetigen wirtschaftlichen Aufstieg des Bürgertums, besitzlose Adelige zu einer Art Mesalliance, während die andere Art der Mißheirat, die im geheimen, aus Liebe vollzogene, meistens im Gefängnis oder im Kloster ein unchristlich frühzeitiges Ende findet. Dort landen nämlich immer noch per Lettre de cachet die obskuren Personen aus niedrigeren Ständen, die es gewagt haben, sich an hochgestellten Sprößlingen zu vergreifen. Dem Neffen Richelieus blüht aus entgegengesetzten Gründen das gleiche Schicksal: Er weigert sich strikt, mit der ihm angetrauten Gemahlin zu leben. Daher wird er auf Betreiben seiner Familie dreimal in der Bastille eingekerkert.

So geht es in den Zwangsverbindungen auf Lebenszeit naturgemäß nicht besonders liebevoll zu. Meistens richten die beiden Ehehälften sich unabhängig voneinander ein eigenes Leben ein. «Sie bringen ohne die geringste Gefahr sich zu begegnen ganze Monate in ein und demselben Haus zu. Sie sind in der Tat bloß Nachbarn. Monsieur bezahlt den Bratenzurichter und den Koch, und immer ist man nur bei Madame zu Gast. Sie haben oft gar nichts gemeinsames, weder das Bett, noch den Tisch, noch selbst den Namen [...] und erst nach geraumer Zeit [...] erfährt man, daß Monsieur B*** öffentlich seit zwanzig Jahren der Gemahl von Madame L*** ist.»[23] Noch taugt die Ehe keineswegs als Rückzugsort in die Privatheit des Gefühls. Das gemeinschaftliche Dasein verläuft vielmehr nach einem Zeremoniell, das zum offiziellen Teil des Tagesablaufes gehört. In dieser vorerst unangefochtenen, von Kirche und Gesellschaft abgesegneten Form der ehelichen Verbindung konstituiert sich der Konflikt schlechthin, der die großen Geister des Jahrhunderts in zwei Lager auf einer neuartigen Reflexionsebene spaltet: Die einen sprechen der Vernunft das Wort, die anderen halten sich an das Gefühl als prinzipiellem Handlungsantrieb. Die Aufklärer könnten mit gleicher Berechtigung anstelle von «Ich denke, also bin ich» den Leitsatz «Ich fühle, also bin ich» prägen. Noch gelingt es jedoch nicht, beide Begriffe in der Symbiose eines allumfassenden Menschenbildes zu vereinen. So sehr sind sich die Menschen ihres eigenen, individuellen Wertes klargeworden, daß sie den Widerspruch zwischen der Ratio, die sie zu einer Ehe zwingt, und der Emotion, die sie aus dieser fliehen läßt, als grundlegendes Identitätsproblem geradezu zwingend empfinden müssen. Glückssehnsucht ist das treibende Moment aller Rokoko-Zeitgenossen, die sich so tief in ihrem Bewußtsein einnistet, daß sie den Sinn eines Verzichtes auf Liebeserfüllung, in der barocken Literatur noch Lieblingsthema, grundsätzlich anzweifeln. Das Gefühl läßt sich einfach nicht mehr gänzlich von seinem Ausleben im Körperlichen trennen.

Das Rokoko macht sich auf die Suche nach der großen Empfindung, mehr notgedrungen als freiwillig, außerhalb der für sie vorgesehenen Institution. So ergeben sich in den Ehegemeinschaften gelegentlich eigenwillige Konstellationen, wie ein zynischer Geist feststellt: «Der Mann ist der Freund des gegenwärtigen Liebhabers und der Vertraute des verflossenen Liebhabers seiner Gattin, und die Frau ist die Freundin der Maitressen ihres Gatten und tröstet die, denen er den Abschied gegeben hat.»[24] «In der Liebe ist nur das Physische gut»[25], negiert Buffon lapidar jedes Gefühl in dem Verhältnis zweier Menschen. Und die ganze bessere Gesellschaft scheint mit dieser Auffassung konform zu gehen, jedenfalls macht sie sich in Wort und Tat daran, zu beweisen, daß es mit ihr seine Richtigkeit habe. Wie zufällig treiben sie im Reigen fidelen Umgangstones einander in die Arme, halten sich eine kurze Weile umschlungen, um schon bald wieder auseinander in die Flüchtigkeit neuer Verhältnisse zu streben. Es gilt die Autonomie zu bewahren.

Eine ganze Epoche gefällt sich darin, Individualität in ihrem Werk zu verherrlichen. Schriftsteller, Finanziers, Politiker, Fürsten, Kurtisanen, Herzoginnen, Schauspielerinnen breiten en masse vor allem ihre erotischen Großtaten aus vor einem diesen Lesestoff gierig verschlingenden Publikum. Der Herzog von Lauzun ist unter ihnen; Ninon de Lenclos, Goldoni, da Ponte, Graf de Tilly dokumentieren die Meinung, wer sich nicht in Wort und Schrift festgehalten hat, könne kaum gelebt haben. Memoiren werden in den Stand eines Existenznachweises erhoben. Erledigt eine denkwürdige Persönlichkeit diese wichtige Aufgabe nicht selber, übernimmt sie ein anderer für ihn, ohne zu vergessen, sich bei gegebener Gelegenheit selbst in ein günstiges Licht zu rücken. So Anthony Hamilton, der die Lebensgeschichte seines Schwagers, des Comte de Gramont, verwaltet.

Ebenso wirft sich alle Welt, wie vom Teufel der Selbstdarstellung besessen, auf das Briefeschreiben. Kein anderes Kommunikationsmittel bietet eine so schöne Möglichkeit, sich endlos erklären zu können, ohne der Gefahr ausgesetzt zu sein, von gelangweilten Hörern im Redeschwall unterbrochen zu werden. Sogar eine ganze Literaturgattung entsteht aus dieser neuen Manie: der Briefroman – auch er eine Form, die geradezu danach verlangt, die Hauptpersonen in eine Distanz zur Umwelt zu stellen, die ihnen Gelegenheit gibt, über ihr Innenleben nachzusinnen. Denn der Akt des Schreibens zwingt den Schreibenden zur Reflexion seiner Realität. Der Brief überzeugt in den Händen Chaderlos de Laclos als Mittel der Verführung vor allem deshalb, weil er dem Helden erlaubt, ein überzeugend geschöntes Idealbild von sich zu präsentieren, das der Angeschriebene nicht sofort, wenn überhaupt, überprüfen kann. Die reale Person des Autors verharrt im dunkeln, seine Mimik, Gestik und Reaktionen bleiben dem Leser verborgen. Schreibende können ihre Intentionen gezielt in vollendeter Sprache und ohne störende Einwürfe verfolgen. Dieser Ausschluß jedes Widerspruchs gibt Briefverfassern zusätzliche Überzeugungskraft. Zudem kann der Adressat nicht unmittelbar reagieren. Antwortet er, muß er dies auch wieder brieflich tun, Worte, Stil und Form finden, seinen Geist zwischen seine unmittelbare Reaktion und seine Antwort schalten. Diese Verzögerung durch neuerliche Reflexion mildert in der Regel die Brisanz der Situation – und der Antwort. In der Epistel spricht also das reflektierende Individuum in Reinkultur. Der Brief muß damit zur absolut gültigen Ausdrucksform des 18. Jahrhunderts werden.

Noch beansprucht die Analyse des Ich, seine Herauslösung aus der Kollektividentität der vergangenen Jahrhunderte, vor allem auch der Genuß dieser individuellen Freiheit, zuviel Energie, als daß sich die Zeitgenossen schon in einer vollkommenen Bindung mit dem Du wiederfinden könnten. Man ist im Gegenteil einer eher experimentellen Form der Selbstinszenierung verfallen, die nicht nur dazu dient, der Öffentlichkeit eine schillernde Oberfläche zu bieten, sondern für den einzelnen auch eine Herausforderung an all seine Talente und Anlagen darstellt. Manchmal muß denn auch ein Geliebter als Testperson herhalten. Der frisch verliebte siebzehnjährige Marivaux erlebt mit seiner Erwählten folgendes: «Eines Tages, als wir auf dem Land waren und ich sie gerade verlassen hatte, bewog mich ein bei ihr vergessener Handschuh wieder umzukehren, um ihn zu holen; ich bemerkte von weitem die Schöne, wie sie sich in einem Spiegel betrachtete, und zu meinem großen Erstaunen sah ich, daß sie sich selbst alle Bewegungen vorführte, in der ich ihr Gesicht während unserer Unterhaltung gesehen hatte; und es erwies sich, daß ihre Mimik, die ich für so natürlich gehalten hatte, nichts anderes war, um es deutlich zu sagen, als ein Taschenspielertrick; ich erkannte von weitem, daß ihre Eitelkeit den einen oder anderen Ausdruck guthieß oder auch verbesserte; es waren kleine Zierereien, die man hätte notieren können, damit sie eine Frau wie auswendig lernen kann. Ich zitterte bei dem Gedanken an die Gefahr, in die ich geraten wäre, wenn ich mich gutgläubig noch weiter den Betrügereien ausgesetzt hätte, die sie mit so vollkommenem Geschick ausführte; ich hatte sie für natürlich gehalten und sie nur so geliebt; daher war meine Liebe auf der Stelle verpflogen, als ob mein Herz sich nur mit Vorbehalt für sie erwärmt hätte. Sie bemerkte mich ihrerseits im Spiegel und errötete. Ich trat lachend ins Zimmer und nahm meinen Handschuh: Oh, Mademoiselle, ich bitte um Verzeihung, sagte ich zu ihr, daß ich bisher der Natur Reize zuschrieb, deren Ruhm doch allein Ihrem Geschick zu verdanken ist. – Was soll das heißen? fragte sie mich. Soll ich offener mit ihnen reden? gab ich zurück; ich habe eben die Maschinerie der Oper gesehen. Jetzt bereitet sie mir zwar immer noch Vergnügen, aber sie rührt mich weniger.»[26]

Schon im Barock sehen sich die Menschen als Marionetten in einem Welttheater. Die Revolution des Rokoko: Sie nehmen dessen Inszenierung selbst in die Hand. Jeder setzt sich selbst in Szene, und alle gemeinsam führen Regie über die Wirklichkeit. Die Rokoko-Menschen fordern, fern jeden Gedankens an Determination, den Schöpfungsakt aus Gottes Händen und fühlen sich als Herren über ein atheistisches Reich. Irgendwo zwischen Illusion und Realität liegt es, dieses Zauberland, das allein nach dem Willen der Bewohner geschaffen ist: Die theatralische Gestaltung der Welt ist ihre metaphorische Neuschöpfung als Fiktion. Zweifel an Wahrheit und Wirklichkeit der Existenz werden zur Lebensform; ist diese vielleicht nur Imagination, gestaltet aus der Phantasie? Nichts ist sicher, am allerwenigsten der Mensch. Er macht sich zum Zentrum der Illusionsmaschinerie, kreiert sich als Kunstwerk vom Körper bis zur Seele. Er schwingt sich im Kerzenschein auf zu einer Lichtgestalt, wenn er in gold- und silberdurchwobenen Brokatgewändern, tausend kleine Reflexe ausstrahlend, im Menuettschritt durch die Szenerie der Festlichkeiten tänzelt.

Die Verwandlung vom Menschen in ein Fabeltier oder eine Sagengestalt nimmt der Schauspieler in der Abgeschiedenheit seiner Garderobe vor und bewahrt so dem Zuschauer die Bezauberung durch eine an Wunder grenzende Metamorphose. Nicht so der Aristokrat: Er zelebriert seine alltägliche Auferstehung von einem fahlen, übermüdeten Nichts zu einer eleganten, modebewußten, herrschsüchtigen Persönlichkeit öffentlich. Ein ganzer Hofstaat schaut dem Eitlen zu, wie er sich aus seinem Bett erhebt und sich zu später Stunde wieder hineinbegibt, und das Boudoir wimmelt von Verehrern, während sich die Dame daranmacht, die nur noch in der Erinnerung existente Erscheinung von

Kupferstich nach Jean-Honoré Fragonard zur Erzählung
«Le mari confesseur» von Jean de la Fontaine. 1795

gestern künstlich wieder aufzubauen und, wenn die Nacht gekommen ist, wieder zu zerstören. «Eines der lächerlichsten Schauspiele, die es gibt, ist das Zubettgehen des Kardinals Fleury. Ganz Frankreich – Parketttreter und Geschäftsleute – wartet an der Tür. Seine Eminenz kommt nach Haus und begibt sich in ihr Kabinett, dann wird geöffnet und man sieht dem alten Mann zu, wie er sich die Hosen auszieht und sorgfältig zusammenlegt, wie man ihm das Hemd gibt und einen schlechten Schlafrock. Lange kämmt er sich seine vier weißen Haare, quatscht allerlei und gibt schlechte Späße zum Besten, die er mit Gemeinplätzen mischt. Der gute Kerl bildet sich ein, daß das ein Vergnügen für die sei, die sich beeifern, ihm den Hof zu machen, denn er kann ihnen keinen anderen Augenblick schenken, ohne die Geschäfte zu vernachlässigen.»[27]

Zuschauer stören nie, auch nicht wenn das Nachtgewand mit Korsage und Reifrock oder Spitzenhemd und Pagenhose vertauscht wird. Niemand geniert sich, wenn die Kokette oder der Galan ihre Gesichter mit weißer Schminke neu modellieren. Wahres Teufelszeug applizieren sie sich auf die Haut: Die Paste wie auch das Wangenrot werden aus allerlei schädlichen Chemikalien zusammengemixt; die Schönheit erkaufen sich Geschminkte in der Regel mit Kopfschmerzen, Hautjucken, Ausschlägen, Bläschen, Augenkrankheiten und sogar Nervenschädigungen, die von dem in den Cremes verwendeten Blei, Zinnober, Schwefel, Quecksilber und anderen Mineralien herrühren. Neue Übel werden hervorgerufen, wobei es doch eigentlich nur darum geht, ein anderes zu verdecken. Arme Opfer einer Pockenepidemie wollen mit der Schminke ihre tief ins Gesicht eingegrabenen Narben übertünchen, und es gibt kaum jemanden, der einer Infektion mit den immer wieder grassierenden Blattern entgangen wäre. Folglich ist allen der Zwang des Schminkens am eigenen Leibe vertraut. Die versammelte Verehrerschaft verfolgt daher ungerührt die täglich neue Entstehungs- und Zerstörungsgeschichte eines lebenden Kunstwerkes, sieht gebannt zu, wie sich langsam die Wangen mittels Rouge wie in freudiger Erregung röten, beobachtet, wie aus einem schmalen, farblosen Strich ein wollüstig gewölbter roter Mund entsteht oder zum Coucher wieder verschwindet. Nicht zuletzt kann der eine oder andere sogar hoffen, nach dem Diktat des Tages ausgefragt und um hilfreiche Tips für eine geschickte Plazierung der Schönheitspflästerchen – oder schöner der «mouches» – gebeten zu werden.

Das Chamäleon müßte dem Menschen des Rokoko Wappentier sein, von solch schillernder Wandlungsfähigkeit ist er. Als Schäfer findet er sich zum Beispiel in dem magisch-reinen Land Arkadien zurecht, das die höfische Welt in nächtlichen Parks zu neuem Leben erweckt, ja, der Adelige ist sogar bereit, einen Mann aus dem Volk darzustellen und das Geschehen aus der Perspektive eines Untertanen zu betrachten. Er legt sich dessen Gewand in verfeinerter Nachbildung an, um sich auf eine fiktive «Bauernhochzeit» oder in eine illusionäre «Wirtschaft» zu begeben. Der Aristokrat präsentiert sich verhüllt in Kostüm, Maske und Perücke. Oper, Theater oder Maskenball sind sein Element. Er ist nicht nur der dauernde Schauspieler seines Lebens, er macht auch als veritabler Darsteller Figur auf den Brettern, die die Welt bedeuten. Liebhabertheater sprießen wie die Pilze aus dem Boden, und die Schloßherren begeben sich höchstpersönlich auf die Bühne, um in zeitgenössischen Kleidern antike Helden zu mimen und sich in ihnen wiederzuerkennen. «Nur zu gern vertauschte man Zuschauerraum und Bühne, um im Wechsel der Rollen die Möglichkeiten der Selbstdarstellungen zu facettieren. Im Liebhabertheater der Pompadour spielten vor dem König und einer kleinen Zahl erlesener Gäste Herzöge, Edelleute und Abbés. Eine Besetzung, die auch für das Orchester galt.»[28] Lüsterne und gleichzeitig reiche Kavaliere lieben vor allem Vorstellungen nicht ganz so hehren Inhaltes, dafür aber um so obszönere Aktionen. Sie unterhalten geheime Privattheater, auf denen Stücke besonders begabter pornographischer Autoren dargeboten werden. Schauspieler und Schauspielerinnen geben wollüstige Pantomimen, hüllenlose Kopulationstänze in antikem Dekor oder auch eindeutige Kammerszenen mit gewagtesten Dialogen zum besten, deren Präsentationen, laut übereinstimmenden Berichten, nicht das geringste zu wünschen übriglassen. «Der Anblick fremden Genusses ist uns Genuß», kommentiert La Mettrie[29] die Vorliebe einiger illustrer Persönlichkeiten für derartige Vorführungen, denen unter anderem auch der Herzog von Gramont, der Herzog von Richelieu, der Generalpächter Riche de la Popelinière oder auch die Schauspielerin Guimard frönen. Sie sollen im übrigen nicht lange fackeln, die Probe ihres nachstellerischen Könnens aufs Exempel zu machen. Besonders die orgiastischen Ausschweifungen des Herzogs d'Henin, die den delikat in Szene gesetzten erotischen Werken seiner Leibautoren regelmäßig auf dem Fuße folgen, erregen bald die Öffentlichkeit.

Oper und Maskenball bilden eine illusionistische Einheit, und folgerichtig macht man sie zu einer tatsächlichen. Das Theater wird tagtäglich zum Ort eines permanenten Tanzfestes. «Es wurde Mode, Festoper und Redoute zu verbinden, das Theater zugleich als Ballsaal mit Rängen zu verwenden.»[30] Die Masken reklamieren das ganze Gebäude der Illusionsfabrik für sich, um ihre Vision des Irrealen in einen Mikrokosmos der phantastischen Existenz zu überführen. Schauspieler wie Besucher werden zu seinen Bewohnern, Parkett wie Bühne bilden den Boden des Scheins, und sie spiegeln sich ineinander. Hier wie dort verläßt der Verkleidete bewußt seine Identität, um sich mit einem Hauch von schwereloser Irrealität zu umgeben. Irdische Gesetze verlieren ihre Geltung, Zeit und Raum lösen sich in eine imaginäre Dimension des Überwirklichen auf. Die Maskierten begeben sich in ein vergangenheits- und zukunftsleeres Dasein. Es regiert der Moment. Befreit von allen weltlichen Bindungen an Moral und Stand, aller Verantwortlichkeiten für andere ledig, können die Feiernden in diesem sanktionsfreien Zwischenreich ungehemmt all ihren Begierden nachjagen. Mit manischer Genußgier werfen sich Kavaliere und Damen in den Trubel sinnlicher Begegnungen, getrieben von einer abgrundtiefen Angst vor der zerstörerischen Vergänglichkeit, durch die das Traumbild des menschlichen Universums in die Unzulänglichkeiten des realen Ich zerbröckeln würde. Das Wissen, daß jedes Fest einmal enden muß, die Realität die Vision einholen wird, legt eine panische Melancholie über die Szenerie, in der die Menschen wie unter zwanghafter Furcht vor dem Erwachen zirkulieren. Denn das ist meist bitter: «[...] der Ball ging seinem Ende zu, die Kerzen brannten nieder [...] die betrunkenen und eingeschlafenen Musiker ließen ihre Instrumente liegen; die Menge hatte alle Haltung verloren. Jedermann hatte seine Maske abgenommen, weiß-rote Schminke floß über die gemalten Gesichter und ließ eine fahle, schlaffe, durch Ausschlag gerötete Haut erkennen, die dem Blick das widerliche Schauspiel einer zerfallenen Koketterie bot.»[31]

Die Flucht aus dem Ich muß wieder rückgängig gemacht werden. Mit der Rückkehr in die Realität ist für jeden auch ein veränderter Blick in das eigene Innere verbunden: Die Möglichkeit, dort nichts als eine gespenstische Leere zu finden und festzustellen, daß der Mensch eben doch nicht Herr über Illusion und Wirklichkeit und damit über Sein und Nicht-Sein ist, macht den Prozeß der Bewußtwerdung des Selbst so grausam. Das Fest wird zu einer Droge, die diesen Wider-

Karnevalsgesellschaft. Anonymes Gemälde aus dem 18. Jahrhundert.
Museum Preßburg

spruch überwinden hilft. Für jene, die in ihm ihre Individualität verlieren, erhebt sich drohend die Schreckgestalt der so gefürchteten Langeweile. Glücklich ist, wer über die Verstellung zu einer Erweiterung seiner Persönlichkeit kommt. «In einer Zeit der Umwertung aller Werte hat eine mitgenommene Generation Schwierigkeiten, ihre Persönlichkeit auf ein festes Zentrum hin auszurichten. Das Theaterspiel erlaubt ihnen, sich durch eine Vielzahl von Rollen zu definieren. Was tuts, wenn der Weg zur Authentizität über die Vermummung führt, man treibt (es) doch nur, um zu seiner wahren Identität zu finden. Die Möglichkeit ein anderer zu werden, gestattet es einem, auf tiefere Weise man selbst zu sein.»[32]

Ball, Jagd, Souper, Konzert, Oper oder Glücksspiel, im prächtig dekorierten Alltag bewegt sich der Verführer in seinem ureigensten Element: Die Rolle des Maître de plaisir ist ihm wie auf den Leib geschnitten. So ist es kein Zufall, daß Mozart und da Pontes Don Giovanni sich allen wichtigen Personen der Oper unter feierlichen Umständen nähert. Der Bäuerin Zerlina begegnet er erstmals bei ihren polternden Hochzeitsvorbereitungen – Noble sind bei solchen Gelegenheiten noch während des ganzen Jahrhunderts gerngesehene Gäste, da sie der Trauungszeremonie durch ihre Anwesenheit einen besonderen Glanz verleihen. Der Verführer setzt dann seinen zweiten Annäherungsversuch besonders geschickt in Szene. Er weiß, daß seine Ausstrahlung als weltgewandter Grande auf eine sozial so tief unter ihm Stehende gerade in der großartigen Atmosphäre eines prächtigen Balles überwältigend wirken muß. Auch für die Zofe Elviras denkt er sich etwas Besonderes aus: In den Kleidern Leporellos nimmt er die klassische Pose eines Liebhabers an, der unter dem Fenster seiner Geliebten ein Ständchen darbringt. Noch für den Tod sucht sich der Verführer non plus ultra eine standesgemäße Form: Er will dem Steinernen Gast mit der absolut lebensbejahenden Zeremonie eines üppigen Gastmahles trotzen. Ja, Don Giovanni greift selbst für seine Attacke auf Donna Annas Kleinod auf eine gesellschaftlich anerkannte Rolle zurück. Formvollendet zelebriert er das Klischee des vagabundierenden Straßenräubers, der es auf nichts als auf die Unschuld von reisenden Damen abgesehen hat. Nach den Brüdern Goncourt ist diese Kategorie eines Diebes geradezu eine Idealfigur in jenen Tagen.

Die Verstellung ist das Medium des Verführers. Er verinnerlicht sie derart, daß sie ihm zur Charaktereigenschaft, zum Kennzeichen wird, nie wirkt sie bei ihm aufgesetzt, gewollt. Sein Wesen ist so vielgestaltig; all die Personen, die er vorführt, spielt er nicht nur, nein, sie sind Teil von ihm. Don Giovanni verliert sich in der Verwandlung seines Seins nie, im Gegenteil, er scheint nie vollständiger er selbst zu sein als in den Momenten, in denen er gerade einen anderen darstellt. Das macht ihn für alle Frauen so unwiderstehlich. Er braucht nur in sein Herz zu schauen, um darin das der anderen zu erforschen, würde Choderlos de Laclos' Intrigantin, die Marquise de Merteuil, zu dem Phänomen des genauesten Wissens um das zu verführende Gegenüber sagen. Doch im Unterschied zu ihr und den anderen großen literarischen Libertins des Jahrhunderts handelt Don Giovanni nie bewußt. Valmont, Meilcour, Vivant-Denons Gräfin und wie die männlichen und weiblichen Herzensbrecher alle heißen, gehen gezielt, nach genau entworfenem Plan vor. Allen gemeinsam ist jedoch die genaue Kenntnis der menschlichen Seele und der wunden Stellen ihrer Standhaftigkeit. «Glauben Sie etwa, sie müßten nicht in ihrem Kopf viele umfangreiche Variationen bereit haben, um stets zwanglos die Eigenschaften zu zeigen, die der Augenblick von ihnen verlangt: Sanft mit der Zarten, sinnlich mit der Wollüstigen, galant mit der Koketten, leidenschaftlich ohne Gefühl zu sein, in Tränen zu schwimmen ohne Rührung, zu quälen ohne Eifersucht? Das sind die Rollen, die sie spielen sollen, das umfaßt alles, was sie zeigen müssen... Gar nicht zu reden von der Welterfahrung, die sie haben müssen, um eine sich verstellende Frau so zu sehen, wie sie wirklich ist. Glauben Sie nicht an die falsche Tugend, die sie oft zu besitzen vorgibt, auch nicht an das Verlangen, daß sie bezeigt, sie zu halten, wenn sie sich hingegeben hat»[33], führt Crébillons Wüstling Versac seinen begabten Schüler in das Metier des Verführers und die Geheimnisse einer garantiert gelingenden Eroberung ein.

Alle Verführer des Jahrhunderts sind Taktiker, sie unterteilen ihre Liebesobjekte in Charaktertypen und verhalten sich dieser Kategorisierung entsprechend formelhaft. Sie nehmen die Menschen zwar schon als seelische Wesen ernst, aber nur in der Schematisierung, durch die sie Gefühle und Reaktionen für ihre Verführungsintentionen vorherberechnen, gebrauchen und beeinflussen können. Nie haben sie ein wirklich emotionales Interesse für den anderen. Einzig die rein körperlichen Begierden und die Befriedigung ihrer Eitelkeit zählen. Diese Beweggründe verleihen all ihren Handlungen einen brutalen Ausdruck mangelnder Wahrhaftigkeit.

Don Giovanni verfolgt alle Frauen, weil er hofft, in jeder einzelnen etwas bisher noch nicht Erlebtes zu finden. Nur kann er sich, hat er eine Eroberung gemacht, gar keine Zeit lassen, mit ihrer Hilfe dem ihm unverständlichen Phänomen Weib, nach dessen Offenbarung er sich so sehnt, auf die Spur zu kommen, weil in der Zwischenzeit so viele andere Frauen seinen Weg kreuzen, die ihm ähnlich reizvoll und für sein Trachten genauso erfolgversprechend erscheinen. Er läßt also die eine fallen, bevor er ihr Sein erfaßt hat, um sich dem Studium einer anderen widmen zu können, und diese verläßt er zugunsten der nächsten. Die infantile Angst, etwas zu verpassen, hindert ihn so an einer wirklichen Erkenntnis. Doch dafür fehlt Giovanni jede Reflexionsebene; in keiner Arie, in keinem Rezitativ hinterfragt er seine Handlungsweise, nie sinnt er nach dem Sinn seines Lebens. Don Giovanni ist der inkarnierte Eros. In dieser Figur ist der Trieb aus allen anderen menschlichen Bedingtheiten, seien es Gefühle, Verstand, moralische Werte oder Konventionen, vollkommen herauskristallisiert, und nur den Sinnen ist ein alleiniges Existenzrecht zuerkannt. Der Sexus triumphiert als absoluter Wert, wie in vergleichbarer Ausschließlichkeit in diesem Jahrhundert nur noch in de Sades Juliette. Sie ist der literarische Antipode: Don Giovannis Bestimmung erfüllt sich in den überwältigenden Glücksgefühlen, die er seinen Geliebten in den kurzen Momenten vollendeter

Vereinigung zu schenken vermag; in Juliette hingegen ist die Nachtseite der Sexualität verkörpert, die unmittelbare Leiden, Zerstörungswut, Schmerzen und Tod mit sich bringt.

Don Giovanni ist kein Produkt der Gesellschaft, er verdankt nur der eigenen Natur sein vollkommenes Wesen, ohne Vergangenheit oder Zukunft. Juliette hingegen, die Marquise de Merteuil oder Valmont haben alle eine Sozialisation zur Gewissenlosigkeit erfahren. Juliette ist die gelehrige Schülerin von Adepten des Bösen, ihre Lehrmeister verstehen es, sie anhand praktischer Beispiele vom Wert des Lasters zu überzeugen und durch systematische Verteufelung aller Skrupel die dunkelsten Seiten ihres Wesens zum Leben zu erwecken.

De Sade verlegt die Kontroverse von Gut und Böse in zwei dialektisch sich gegenüberstehende Figuren. Die beiden Schwestern Justine und Juliette sind die ins Extrem überhöhten und in zwei Personen verkörperten Hälften eines im Menschen angelegten Dualismus. Justine, die Tugendhafte, scheitert an ihrem moralischen Unbedingtheitsanspruch und tappt in jede Falle. Das Laster triumphiert, Justine geht in einer brutalen Welt zugrunde, da die Tugend den unangreifbaren Mitteln des satanischen Prinzips nie gewachsen ist. Der Märtyrer kann mit all seinen passiven Leiden nichts gegen die Fühllosigkeit des stets aktiven Bösen ausrichten – er siegt nur im Tod, ein metaphysischer Sieg, der aller Realität enthoben ist. Die Gewinnerin bleibt Juliette; es ist nur folgerichtig, daß sie mit ihrer Fähigkeit, zu quälen und über Leichen zu gehen, zu einer sagenhaften Macht aufsteigt. Sie kennt die Schwäche des Mit-Leidens nicht. Schmerzen gegenüber ist sie nicht nur empfindungslos, sondern, schlimmer noch, sie verlangt geradezu nach ihnen – als Lustgewinn.

Was Juliette durch das Vorbild anderer sich aneignet, erreicht eine andere Figur auf autodidaktischem Weg. Ein Meisterstück wohl beispielloser Selbstzucht mit gleichem Ziel beschreibt Choderlos de Laclos anhand seiner Anti-Heroine, der Marquise de Merteuil. «Oftmals genötigt, die Gegenstände meiner Aufmerksamkeit vor den Augen meiner Umgebung zu verheimlichen, probierte ich es, daß ich beliebig den zerstreuten Blick bekam, den Sie so oft gelobt haben. Durch diesen ersten Erfolg ermutigt, trachtete ich, mein Mienenspiel ebenso zu regeln. Empfand ich etwa Kummer, befleißigte ich mich, heiter auszusehen, sogar freudig. Ich habe den Eifer so weit getrieben, daß ich mir freiwillig Schmerz zufügte, um während dieser Zeit mich um einen vergnügten Ausdruck zu bemühen. Mit derselben Sorgfalt und mehr Anstrengung habe ich mich bearbeitet, um die Zeichen einer unerwarteten Freude zu unterdrücken. So habe ich über meine Physiognomie die Macht erlangt, über die ich Sie manchmal so in Erstaunen gesehen habe.»[34] Ein junges Mädchen verdammt sich zu eiserner Disziplin, um nur eines zu erreichen: ihre Empfindungen vor der Umwelt zu verbergen, wenn möglich, sie überhaupt zu unterdrücken. Ein unerhörter Akt der Unterwerfung von Gefühlen unter die Herrschaft des Geistes. Empfindung stempelt sie zu unverzeihlicher Sentimentalität, Gefühl zu einer nie wiedergutzumachenden Schwäche. Warum diese Selbstkasteiung? Warum erlauben sich die Merteuil oder Juliette oder Meilcour nicht die unkontrollierten, natürlichsten zwischenmenschlichen Regungen?

Sie sind der Faszination verfallen, über sich unumschränkt verfügen zu können, sie sind verliebt in die Maßlosigkeit, ihre Grenzen endlos auszudehnen, sie kokettieren mit der Vorstellung, ihre Extreme auszuforschen, sie triumphieren als Verstandeswesen über die eigene Natur: Sie sind Menschen der Zukunft, die, vorerst in ihrem Mikrokosmos, die Unterwerfung der (Um-)Welt programmieren. Gefühle sind der Autonomie des Ich abträglich. Ein liebender Mensch kann nicht mehr «objektiv» urteilen, er verliert seinen unabhängigen Standpunkt, er kann des Bildes von sich im angebeteten Wesen verlustig gehen und mit ihm seiner Macht, andere zu manipulieren. Es ist keineswegs die Furcht vor seelischen Leiden, die die Verführer dazu bringt, sich selbst gegenüber so unerbittlich zu sein, denn die Selbstüberwindungsprozedur birgt grausame Schmerzen: Mit welch verzweifelter Wut kämpft Valmont gegen die aufkeimende Liebe zu seinem Opfer an! Nur die Angst, in seiner Verwundbarkeit decouvriert zu werden, hindert ihn daran, sich seinen sanften Gefühlen zu überlassen. Seine Komplizin, die Merteuil, durchschaut ihn sofort: «Ist es nun wahr, Vicomte, daß sie sich einer Selbsttäuschung hingeben über das Gefühl, das sie an Frau von Tourvel knüpft? Es ist Liebe, oder es gab nie welche. [...] Ihr Herz hintergeht einfach ihren Geist und macht, daß er sich mit faulen Gründen zufriedengibt»[35], provoziert sie das «Ehr»gefühl ihres einstigen Liebhabers. Mehr ihrer Wertschätzung zuliebe als aus eigenem Antrieb gibt Valmont seiner Geliebten den Laufpaß. Er ist von seiner Leidenschaft in seiner Entscheidungsfähigkeit schon so weitgehend geschwächt, daß die Merteuil seiner männlichen Überlegenheitssucht auf die Sprünge helfen muß: Sie ist es, die ihm den abgeschmackt leichtfertigen Abschiedsbrief in die Feder diktiert. Die klarsichtige Frau kommentiert: «Die Sache ist aber die, daß ich nicht über die Frau einen Vorteil errungen habe, sondern über Sie. [...] Ja, Vicomte, sie liebten Frau von Tourvel sehr und sie lieben sie sogar noch. Sie lieben sie wahnsinnig; weil ich Sie aber zum Spaß beschämte, haben Sie sie tapfer zum Opfer gebracht. Lieber hätten Sie tausend geopfert, als einen Scherz ertragen. Wohin doch unsere Eitelkeit uns bringt. Der Weise hat sehr recht, wenn er sagt, daß sie die Feindin des Glückes ist.»[36]

Stolz auf Überlegenheit hat im Rokoko durchaus seine Berechtigung. Oberflächliche Umgangsformen kennzeichnen immer eine Gesellschaft, in der das Mißtrauen regiert. Doch nicht nur die Konfrontation der Geschlechter, sondern ebenso die Konkurrenz aller gegeneinander, die zur Distanzierung der einzelnen führt, ist die Kehrseite des Individualisierungsprozesses. Wer sich einem Geliebten mit Haut und Haaren hingibt, riskiert in der Tat Ungeheures, und keiner weiß das besser als die professionellen Verführer; sie kennen aus eigener Praxis das Schicksal von wirklich Liebenden, sie lassen sie ja am laufenden Band verstört und einsam zurück.

Die Virtuosen kontrollierter Mimik schaffen einen Verhaltenscode, der bis in kleinste Details den Ablauf einer Verführung regelt. In diesem ausgeklügelten Interaktionsspiel gewinnt jede kleine Geste, jedes Wort, jede noch so unscheinbare Bewegung ihre Bedeutung. Gleitet ein lässig umgeworfenes Halstuch in einem bestimmten Augenblick auch nur millimeterweise von schöngebildeten runden Schultern und gibt den Blick auf einen fast vollständig entblößten, wohlgeformten und blendend weißen Busen frei, ist das Zeichen gegeben: Bereit zum Angriff. Geschieht nichts dergleichen, signalisiert diese Unterlassung dem männlichen Teil, daß er seine Taktik auf Widerstand hin anlegen, alle seine Verführungskraft mobilisieren und die Festung im Sturm erobern muß. Eine grundsätzliche Verweigerung dem erotischen Reigen gegenüber scheint selten zu sein. Allein schon mit dem Erscheinen an gewissen gesellschaftlichen Orten demonstriert man aller Welt sein stillschweigendes Einverständnis.

Die Galanterie wagt sich in alle Öffentlichkeit, sie ist bis ins Subtilste verfeinert, das Intime hingegen so verweltlicht, daß sich vor allen Augen, aber für Nichtbeteiligte unsichtbar, die Affären anspinnen. Denn auch die Verführung kommt maskiert daher, Amor erscheint inkognito. Das hat die Realität von der Literatur gelernt. Unerläßliche Requisiten

Alexander Roslin: Dame mit Schleier. 1768. Stockholm, Nationalmuseum

der Dame im Geheimkodex sinnlicher Einverständnisse: Fächer und
Schleier. sie fungieren keineswegs nur als delikat-ästhetische Beigabe zu
der vollendet schönen Frauenerscheinung jener Jahre, sondern spielen
eigentlich die Hauptrolle in der Inszenierung einer Liaison. Die

Fächelnde wie die Verschleierte vermögen mit ihren (Ver-)Kleidungs-
stücken den Austausch der Blicke zu choreographieren. Durch die an-
deutungsvolle Transparenz ihrer spitzengewobenen Schleier und die
zitternde Luftigkeit ihres gefiederten Fächers hindurch schillern sche-
menhaft die Züge der Verhüllten und reizen die Neugier, ungetrübten
Einblick in das verborgene Geheimnis zu erlangen. Die Macht, dieses
Begehren zu erfüllen, sich preiszugeben oder als Versprechung unter
durchschimmernder Maske zu verharren, liegt einzig in den Händen
der Schönen. Sie hat viele Variationsmöglichkeiten: Sie kann nur einen
Teil ihres Gesichtes aufdecken und so einem Wimpernaufschlag, einem
bebenden Nasenflügel, einem zitternden Mundwinkel in einem raschen
Moment gewollten Zufalls in dieser Ausschließlichkeit besondere Bedeutung verleihen. Ein Lächeln, so aus dem Gesamteindruck eines
ganzen Gesichtes herausgelöst und akzentuiert, wird zu einem Geschenk, eine Träne zu einer Sensation. Energisches Zuklappen des
Fächers kann vieles besagen; ein sanftes Wedeln mit dem Fächer um-
wölkt den Kavalier mit einem sinnenerregenden Luftzug parfümierten
Wohlgeruchs. Wenn sich aber eine erotische Szene vor den Augen des
Kavaliers auf dem Zauberrequisit eröffnet, dann weiß er, daß sein Glück
bald vollkommen sein wird.

Die gesamte Damenmode hat es einzig und allein auf die erotische
Stimulanz der Männerwelt abgesehen. Eduard Fuchs empört sich vor
allem über das Mieder, das in Gestalt «eines starren Fischbeinharnisch
die Schultern und Arme unerbittlich zurückdrängt und dadurch in auf-
fallender und eben unvermeidlicher Weise den Busen ostentativ heraus-
preßt [...] der Busen der Frauen bot sich den Blicken stets so dar, wie
die Natur ihn eigentlich nur im Zustand der wollüstigen Erregung seiner Besitzerin zeigt [...] Eine ständige Erektion des Busens vorzutäu-
schen ist also die höchste Schönheitsforderung.»[37] Dieses enge Korsett ist
laut diesem gestrengen Sittenforscher sogar schuld an der krankhaften
Mannstollheit der eingeschnürten Amazonen. Die Taillenseinschnürung
bewirke nämlich einen systematischen Druck auf die Genitalsphäre bis
zum Überreiz, der die bedauerliche Erscheinung der Promiskuität för-
dere und sogar zu hysterischen Anfällen und der «Mode»-Krankheit,
den Vapeurs, sein Scherflein beitrage. Schlimmer noch für Fuchs: das
Mieder. Die im Schoß in einem langen, spitzen Winkel auslaufende
Schnebbenform sei doch nichts anderes als «ein Wegweiser ins Tal der
Freude»[38]. Besonders tiefgreifenden Einblick in jenen Ort des Ent-

zückens genießen vor allem in Unterkleiderfragen kundige Voyeure, die sich ungesehen unter eine Schaukel lagern, auf der sich ein holdes weibliches Wesen hoch in die Lüfte schwingt, oder sich unter einer Treppe in Sichtweite des Aufganges verborgen halten, über die eine Grazie schreitet: Die Damen tragen nämlich in der Regel keine Beinkleider, und so eröffnet sich dem Blick der versteckten Herren ein denkbar geheimer Ort, wenn die Reifröcke in weit ausschwingende Bewegung geraten.

Der verbotene Blick, von der beschauten Person provoziert, einkalkuliert und bewußt in Tabuzonen gelenkt, wird zu einer Metapher für die Dynamik einer Verbotsüberschreitung in Permanenz: Der starre Umgangston der barocken Hofgesellschaft hat sich in die Formlosigkeit einer alle Regeln ignorierenden Kommunikation aufgelöst. Die Rokoko-Menschen tauschen genußfeindliche Konventionen gegen beliebig zu wählende Mittel und Wege ein, um zu dem einen, großen Ziel zu gelangen, der Erregung ihrer Sinne. «Alles ermüdet uns auf die Dauer und ganz besonders die größten Freuden: ihr Aufhören befriedigt nicht weniger, als ihr Anfang… Unsere Seele ist der Empfindung überdrüssig, doch gar nicht empfinden heißt in eine niederdrückende Leere zu fallen. Das Hilfsmittel liegt in einer ständig sich verändernden Abwechslung: so empfindet die Seele ohne zu ermüden. Diese Eigenschaft, sich auf immer neue Gegenstände auszurichten, macht, daß die Seele jene Freuden genießt, die von der Überraschung herrühren; diese Empfindung gefällt der Seele, weil etwas geschieht und weil es rasch geschieht, denn die Seele sieht oder fühlt etwas, das sie nicht erwartet, oder auf andere Weise, als sie erwartet hat»[39], segnet Montesquieu die Lebenshaltung seiner Zeitgenossen philosophisch ab. Die Gesellschaft rotiert um ihre eigene Achse. In der zwanghaften Bewegung glaubt sie im labilen Zustand der Erwartung verharren zu können. Äußerer Stillstand würde Konzentration, Besinnung bedeuten – und die Vorahnung des Genusses (zer)stören. Denn: nicht nach der Erfüllung selbst streben die Menschen, sondern nach der beglückenden Hoffnung, daß sie vielleicht einmal eintreten wird. Diese Vorstellung vom Glück führt ihre Realisierung damit ad absurdum.

Das aristokratische Denken und Handeln baut auf die Flüchtigkeit der Ereignisse, auf die Erfahrung der Vergänglichkeit. Sie sind die bestimmenden Maximen, nach denen die höfische Gesellschaft ihr Leben einrichtet. Genauestes Abbild dessen ist die Form, in der die zwischenmenschliche Verständigung stattfindet. Crébillons Versac gibt in der «Verwirrung des Herzens» Aufschluß über den bei Hof, im Salon und allen anderen Stätten des Vergnügens gepflegten Konversationsstil: «Denn schließlich sehe ich doch, daß man in der Gesellschaft immerfort redet [...], das kommt daher [...] daß man den Dingen nie auf den Grund geht. Sie haben bemerkt, daß in Gesellschaft dauernd geredet wird. Haben Sie nicht bemerkt, daß man sich dabei nie etwas sagt? Daß ein paar Lieblingsphrasen, einige gesuchte Wendungen und Ausdrücke, ein fades Lächeln und ein kleines maliziöses Mienenspiel alles ersetzen? [...] Kann man einen Gedanken weiterfolgen, ohne in schwerfällige Ausführlichkeit zu verfallen? Man kann ihn in die Diskussion werfen, aber hat man je die Zeit, ihn zu begründen? Verstößt man nicht sogar gegen die gute Sitte, wenn man über ihn nachdenkt? Doch! Eine Unterhaltung muß, um lebhaft zu sein, immer eine gewisse Sprunghaftigkeit besitzen. Wer zum Beispiel von Krieg spricht, muß sich von einer Frau unterbrechen lassen, die das Thema Gefühl auf das Tapet bringt; sie wiederum muß mitten aus dem Gedanken heraus, die ein so hohes und von ihr so gut beherrschtes Thema mit sich bringt verstummen, um ein galant obszönes Liedchen anzuhören; worauf der oder die, welche es bringt, dann zum großen Bedauern der ganzen Gesellschaft einem Stückchen Moral Platz machen muß, das jedoch sogleich wieder unterbrochen wird, damit man sich nichts von einer mehr oder minder gut vorgetragenen Verleumdungsgeschichte entgehen läßt, die mit dem größten Vergnügen angehört wird, aber alsbald durch Betrachtungen über Musik und Dichtkunst ersetzt wird, die aus Unrichtigkeit oder abgegriffenen Formeln bestehen und bald wieder verschwinden, weil ihnen politische Gedanken über die Regierung folgen, die ihrerseits von dem Bericht einiger im Spiel erlebter, besonders überraschender Züge unterbrochen wird, bis schließlich einer der Kavaliere nach langem Sinnen die Runde unterbricht und alles durcheinander bringt, indem er einer Frau über die Köpfe hinweg zuruft, sie habe zuwenig Rouge aufgelegt, oder ihr sagt, er finde sie schön, wie einen Engel.»[40] Es wird geredet, bis es einem die Sprache verschlägt.

Fragmentarisch ist alles, was auf dem Wort basiert, das Gespräch, der Diskurs, die Diskussion, das politische Dokument, die Geschichtsschreibung, ja sogar der Roman. Erwähnt seien nur die beiden Romane von Marivaux, «Das Leben der Marianne»[41] und «Der Bauer im Glück»[42]; der eine wie der andere und außerdem auch die in den Lauf der Erzählungen eingeschobenen Lebensgeschichten weiterer Figuren, brechen vollkommen unvermittelt ab. Indem Dinge nur kurz angerissen werden, versucht man dem Umfassenden der (menschlichen) Existenz gerecht zu werden, sich im Benennen des Ungreifbaren zu versichern, sich der Qualität über die Quantität zu nähern. Das Scheitern ist vorprogrammiert, auch und vor allem in der Anwendung des Prinzips der Quantität in den Liebesbeziehungen.

Verführer und Verführte – erzählerisch auf das Papier gebannt – sind allesamt gesichtslos. Man kennt von ihnen weder die Haarfarbe noch die der Augen; die Autoren berichten uns weder Genaueres über den Mund oder die Nase noch über die Gestalt und Größe ihrer in Affären verstrickten Protagonisten. Die Figuren sind in ihrem unprägnanten Aussehen und ihrem schablonenhaften Verhalten gegeneinander austauschbar. «Die Merkmale, die eine Frau anziehend machen, werden mit Allgemeinbegriffen präsentiert. Wenn man sie an einer Frau liebt, kann man dann leugnen, daß sie sich auch bei anderen Frauen finden? – eben deshalb liegt die Konstanz im Wechsel.»[43] Um dieser gerecht zu werden, entwirft man ein gigantisches System der Ausschweifung, in dem nichts ausgelassen wird, was der Sinnenerregung dienlich sein könnte. Mediziner kurieren mit unzähligen Mittelchen herum, um die Potenz des Mannes, trotz übergroßer Beanspruchung seiner Kräfte, in Stand zu halten und bei den Frauen das Begehren zu wecken. Liebestränke, Liebessalben, Liebestropfen, Liebesbonbons, Liebeskekse und was derlei Reizmittel mehr sind, finden reißenden Absatz bei all jenen, die der gesellschaftlich konditionierten Manie zu dauerndem Einsatz auf dem erotischen Schlachtfeld zum Opfer gefallen sind, sich in der Rolle des nimmermüden Verführers abmühen und sich des Ansehens erfreuen wollen, keine Chance zu sexuellen Taten ungenutzt zu lassen. Sie benötigen Anregungen aus allen nur erdenklichen Quellen.

Eine Flut von Erotika überschwemmt daher den französischen Buchmarkt. Kaum ein Aufklärer, der nicht wenigstens einmal zur Feder greift, um sein feinsinniges Talent auf delikatestem Gebiet zu beweisen und ein kleines frivoles Werk zu Papier zu bringen. Diderot, Voltaire und Montesquieu sind unter denen, die sich als Erotiker ebenso einen Namen machen wie als Philosophen, der Marquis d'Argens gehört zu ihnen, Mirabeau oder Nerciat. Der scharfe Geist des Jahrhunderts schließt amouröse Erlebnisse aus Leben und Werk seiner Vordenker keineswegs aus, im Gegenteil: «Libertinage ist eine der möglichen Erfahrungen der Freiheit – sie beruht auf einer grundsätzlichen Unbotmäßigkeit, ohne die sich auch die ernste Anstrengung der Reflexion nicht hätte entfalten können. Jagd nach Glück gleichermaßen, wie Suche nach Wahrheit. Freier Genuß, wie Wissenschaft»[44], meint Starobinski, sei die Erklärung für diesen scheinbaren Widerspruch.

Diesen Zusammenhang sieht auch die Zensur: Sie verbietet zu freizügige Literatur, und gelegentlich finden sich ihre Verfasser im Gefängnis wieder. Voltaire sitzt eines Tages in der Bastille, Mirabeau und Diderot dürfen sich Vincennes für einige Zeit von innen ansehen, wo auch der Marquis de Sade Stammgast ist. Desforges wird in der berüchtigten Festung Mont-Saint-Michel wegen eines offenherzigen Poems gegen die Pompadour in einem Käfig gehalten, wo ihm Ratten die Füße anfressen. Henri Masers de Latude verbringt 35 Jahre im Kerker, weil er sich einen Jugendscherz ebenfalls mit der königlichen Mätresse erlaubt hat. In Saint-Lazare schmachtet Beaumarchais wegen seines «Figaro» sechs Tage lang. Sie alle sind Opfer der Lettres de cachet, die für Justiz, Familienangehörige oder persönliche Feinde Möglichkeiten bieten, jeden ohne reguläres Strafverfahren in die Haft zu befördern. Anklageschriften sind nicht nötig, und so läßt sich heute schwer ausmachen, aus welchen Gründen die einzelnen im Gefängnis gelandet sind. Eindeutig scheint jedoch zu sein, daß die Zensurbehörden einen klaren Wirkungszusammenhang sehen zwischen staatsfeindlichen und pornographischen Schriften. Ganz von der Hand zu weisen ist er auch nicht. Je näher die Revolution rückt, desto massenhafter zirkulieren obzöne Machwerke mit kritischem Unterton in Paris. Eine beträchtliche Anzahl von ihnen kommt sogar direkt aus der Bastille unter das Volk: Das Geschäft mit den Sinnen ist so lukrativ, daß selbst die königliche Polizei es für geraten hält, sich an ihm zu beteiligen. Sie richtet in der Haftanstalt eine geheime Druckerei ein; die Manuskripte liefern aus politischen und persönlichen Gründen einsitzende Häftlinge. Trotz Zensur läßt sich niemand den Spaß daran verderben, Frivoles zu produzieren. Der Schwarzmarkt floriert. Von überall her strömt die verbotene Ware auf die Umschlagplätze, ein weitverzweigtes Schmugglersyndikat transportiert auf immer neuen Wegen mit ausgeklügelten Methoden das gedruckte Wort aus dem Ausland über die Grenzen. Mit französischen Aufträgen überschwemmte Druckereien sitzen vor allem in Amsterdam und Hamburg, hier entsteht die meiste antiroyalistische und pornographische Literatur. Verbreitung findet sie dann in allen Schichten.

Nicht einmal der König enthält sich des Lustgewinns durch Geschriebenes. Berichte über das Liebesleben seiner Untertanen reißen Ludwig XVI. aus seinem Herrscherüberdruß. Unzählige Spitzel beschäftigen sich den ganzen Tag mit nichts anderem, als liebeshungrigen und -willigen Parisern aufzulauern, und des Polizeipräsidenten wichtigste Aufgabe besteht darin, die Skandalgeschichten für das herrschaftliche Ohr in zweideutiger Weise aufzubereiten. Täglich läßt sich der Erlauchte Begebenheiten wie die folgende zum besten geben: «Der Baron von Talleyrand ist heute der erklärte, bevorzugte Liebhaber der Prinzessin von Chimay. Diese Dame mußte immer etwas für ihr Herz haben, denn vor ihrer Verheiratung war es der Graf von Egreville und vor vier Jahren war es der Graf la Marche. Der Baron besucht sie um Mitternacht über eine Hintertreppe und verläßt sie gegen vier Uhr morgens.»[45] Erotischer Voyeurismus wird hier zum politischen Akt der totalen Observierung des Adels. Die Beurteilung der Wirklichkeit erfolgt nur noch aus einem vom Begehren geschärften Blick. Das Boudoir offenbart sich als Angelpunkt allen Geschehens.

Was sich auf dem Fest, im Theater oder Salon anbahnt, schließt der Verführer in der öffentlich gewordenen Abgeschiedenheit, quasi unter den Augen des Königs, ab. Die ganze Kunstwelt macht sich folglich daran, den intimen Ort zu einem Theater des Entzückens zu verschönern. Die Boudoirmalerei entwickelt sich zu einem selbständigen Genre, das die Betrachter in die Atmosphäre galanter Verführung versetzt. Boucher und Fragonard beweisen hierin ihr Talent.

Architekten, Ingenieure und Handwerker werden zu Lehrlingen des Eros, sie zaubern Kabinette, Pavillons und «petites maisons», die Gott Amor geweiht sind. In ihnen umschwirren anmutige Putten aus vergoldetem Stuck oder in Pastellfarben gehauchte himmlische Heerscharen die Liebenden mit dem Anschein höherer Billigung. Porzellanene Venusstatuen schauen dem lüsternen Treiben zu. Vivant-Denon macht in seiner galanten Erzählung «Nur eine Nacht» eine Grotte zur Liebesstatt. «Der Gartengott wachte am Eingang. Der Boden war mit einem dicken Teppich bedeckt, auf dem es sich ging, wie auf einem weichen Rasen... ‹Kommen Sie, das Dunkel des Mysteriums soll unsere Schwäche verbergen...› und sie ging zur Grotte. Kaum waren wir eingetreten, als uns, ich weiß nicht, welche geschickt gehandhabte Feder vorwärts schob und uns gleichzeitig auf einen Berg von Kissen fallen ließ. Dunkel und Schweigen waren in diesem Heiligtume.»[46]

Höhepunkt der stimulierenden Ausgestaltung des Lebensraumes bleibt jedoch immer noch das Schlafgemach. Für die Inszenierung des Liebesspieles bietet es den gängigsten Rahmen, und die Künstler aller Sparten müssen ihr Können daransetzen, allein schon durch die zauberische Ausstrahlung der Räumlichkeit höchste Wollust zu erregen. Der Architekt Le Camus de Mézières gibt die Geheimnisse seiner Boudoirwissenschaft preis: «Es ist von Bedeutung, daß die Art der Behandlung hier Luxus, Lässigkeit und Geschmack anzeige [...] man kann nicht zu sehr auf die Vermeidung der harten und ungedämpften Schatten achtgeben, welche ein zu lebhaftes Licht erzeugen könnten. Die Beleuchtung soll geheimnisvoll sein, und sie wird es, wenn ein Teil der Fenster kunstvoll mit Spiegeln bekleidet ist. Wenn die Fenster gegen Osten zeigen, wird das Licht umso weicher sein, sie sollen, soweit das möglich ist, einen günstigen Ausblick erlauben, doch wenn die schöne Natur fehlt, so nehme man seine Zuflucht zur Kunst: dann müssen Geschmack und Genie ihre ganze Wirkung tun; man wird alles ins Werk setzen, die Magie von Malerei und Perspektive wirken lassen, um eine Illusion zu schaffen [...] Das Boudoir könnte dadurch noch gefälliger werden, daß die Nische für das Bett mit Spiegeln geschmückt würde, deren Fugen mit kunstvoll geschnitzten, geformten, blätterverzierten Baumstämmen bedeckt wären, ganz der Natur entsprechend bemalt. Die Wiederholung ergäbe den Anblick einer Kreuzpflanzung, die durch die Spiegel vervielfacht würde. Das Licht der Kerzen, gedämpft durch mehr oder weniger straff gespannte Gaze, würde diese optische Wirkung noch verstärken. Man würde sich in einem Boskett glauben; entsprechend gemalte und angeordnete Statuen dürften noch zur Anmut und Täuschung beitragen.»[47] Den theoretischen Ansatz des Architekten bestätigt der Literat Vivant-Denon durch den Mund seines Helden vor allem in bezug auf die stimulierende Wirkung der Spiegel: «[...] kurz, ich befand mich in einem weiten Raum aus lauter Spiegeln. Man sah im Inneren keinerlei Licht, nur ein milder, überirdischer Schein drang von außen herein.

Räucherpfannen strömten köstliche Düfte aus [...] und im Nu sah ich uns in all den Spiegeln tausendfach wiederholt und die Insel schien mit unzähligen glücklichen Liebespaaren bevölkert. Bilder erwecken das Verlangen immer aufs Neue.»[48]

Jedes Ding, ja sogar jedes Tier erfüllt den Zweck umfassender Erotisierung. Die kleinen Hündchen, die so niedlich auf den Schößen und

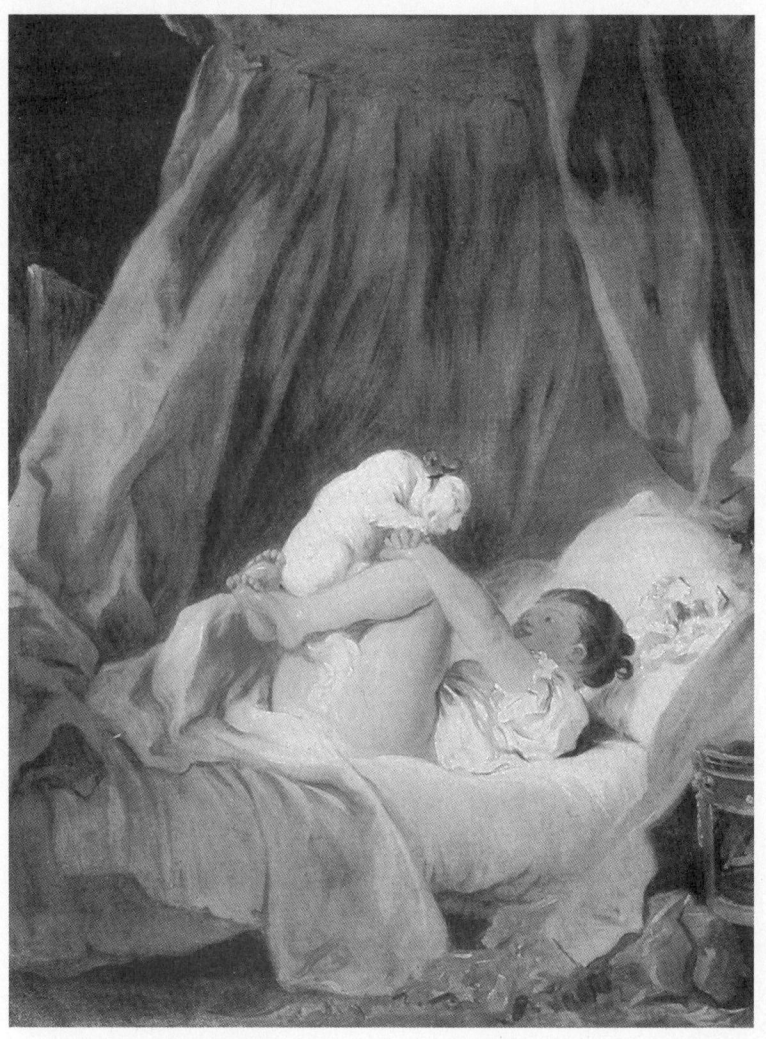

François Boucher: Mädchen mit Hündchen. Um 1768.
München, Alte Pinakothek, Sammlung der Bayerischen
Hypotheken- und Wechsel-Bank

Armen der Schönen die Bilder aus den Tagen des Rokoko zieren, sind geradezu Spezialisten auf diesem Gebiet. Bologneser, Pekinesen oder Möpse, die erklärten Lieblinge aller Damen, kennen sich besonders gut in der Kunst aus, ihren anmutigen Besitzerinnen Lust zu schenken; die Züchter trainieren die Nasen der Welpen auf den weiblichen Geruch, und so finden diese Mini-Spürhunde ohne Schwierigkeiten den Ort ihrer züngelnden Tätigkeit. Bei Diderot werden diese kleinen Lückenbüßer für sexuellen Notstand gar zu ernsthaften Rivalen menschlicher Liebhaber. Davon berichtet uns ein besonders «Geschwätziges Kleinod». Diderots Heldin hält sich neben den Kleintieren allerdings auch ein etwas größeres Kaliber, sie ist in ein Windspiel ganz vernarrt. Der Kampf in der Hochzeitsnacht, die der frisch angetraute Gatte der Hundefetischistin mit ihren Tieren um den bevorzugten Platz bei der Herrin durchfechten muß, wird der armen Windhündin Zinzoline durch einen Racheakt das Leben kosten. Die Stunde der «Defloration» verläuft in der Tat dramatisch: «Sindor versuchte es zunächst mit sanfter Überredung und beschwor Zinzoline, sich in einen Winkel zu verziehen, aber das ungebärdige Tier begann zu knurren. Die Unruhe griff auf die ganze Meute über; und die Möpse und der Pekinese bellten, als ginge es ihrer Herrin ans Leben. Unwillig über so viel Lärm warf Sindor den einen Mops rücklings hinunter, stieß den Pekinesen beiseite und faßte die eine von Medors Pfoten. Medor, der getreue Medor, den seine Verbündeten im Stich gelassen hatten, versuchte den Verlust durch die strategischen Vorteile seiner Lage wettzumachen. Auf die Schenkel seiner Herrin gepreßt, mit flammenden Augen, gesträubtem Haar und aufgerissenem Maul fletschte er dem Feind eine doppelte Reihe scharfer Zähne entgegen. Sindor trug mehr als einen Angriff gegen ihn vor; mehr als einmal schlug Medor ihn beißend und kratzend zurück. Das Gefecht wurde über eine Viertelstunde lang mit einer Erbitterung geführt, die nur Haria belustigte, als Sindor zu einer Kriegslist gegen diesen Feind Zuflucht nahm, den er mit Gewalt nicht zu besiegen vermochte. Er kitzelte Medor mit der rechten Hand. Medor ließ sich ablenken, versah sich nicht der Linken und wurde am Genick gepackt. Er unternahm gewaltige Anstrengungen, um sich zu befreien, aber umsonst; er mußte das Feld räumen und Haria abtreten. Sindor bemächtigte sich ihrer nicht ohne Blutvergießen; offenbar hatte Haria beschlossen, die erste Nacht ihrer Ehe müsse blutig verlaufen. Ihre Tiere verteidigten sie tapfer und enttäuschten ihre Erwartungen nicht.»[49]

Nein, Einfühlungsvermögen regiert keineswegs das Verhältnis zwischen Mann und Frau, jeder ist zu sehr auf die Befriedigung der eigenen Sehnsüchte aus, nicht nur die Hundenärrin Haria. Aber die große Unbekannte Gefühl hält dennoch Einzug in die Diskusison: als Möglichkeit zur Erweiterung der persönlichen Erfahrungen. Man nähert sich ihr auf theoretischem Gebiet und seziert Körper und Seele, um ihr auf die Spur zu kommen. Marivaux öffnet Theater und Roman als Labor für psychologische Versuchsanordnungen. Ziel seiner Forschung: das menschliche Herz. Mit der Haltung eines Wissenschaftlers geht der Autor an die Ausgestaltung des Areals, in dem seine Experimente stattfinden. Er verschreibt sich genauesten Prämissen: Von aller Außenwelt hermetisch abgeriegelt, imaginiert er sich isolierte Testpersonen in einen immunen Raum. So sind sie dem poetischen Gängelband ihres Erfinders vollkommen unterworfen, der ihrem von ihm selbst erfundenen Treiben mit emotionslosem Blick zusieht. Dabei ist die Haltung des Autors in der Figur des Prinzen beschrieben: Die kalte, wissenschaftliche Neugier, mit der Marivaux seine Kunstfiguren durch die Beweisführung seiner Theorien hetzt, wird zu obszönem Voyeurismus, wenn die Versuche am menschlichen Objekt durchgeführt werden. Ob Marivaux an den Hirschpark Ludwigs XV. denkt, als er seine «Streitfrage» schreibt? Infolge dieser Auseinandersetzung hatte der «philosophisch veranlagte» Vater des jetzigen Prinzen vor etwa 18 oder 19 Jahren sechs Säuglinge an sich genommen und sie in einen Wald verschleppt. «Hier wurden die Kinder getrennt voneinander untergebracht, und jetzt noch bewohnt jedes von ihnen ein kleines Gebiet, das es niemals verlassen hat, so daß sie sich nie gesehen haben. Sie kennen nur Mesrou und Carise, die für sie gesorgt und sie aufgezogen haben und die wegen ihrer dunklen Hautfarbe ausgesucht wurden, damit die Zöglinge beim Anblick andersfarbiger Menschen umso erstaunter wären. Man wird ihnen heute zum erstenmal gestatten, ihr Gebiet zu verlassen und einander zu sehen; sie haben unsere Sprache gelernt; so wie sie jetzt miteinander umgehen werden, zeigt uns, wie es in der Frühzeit der Menschheit war; die erste Liebe wird noch einmal beginnen, und wir werden sehen, was daraus entsteht.»[50]

Ohne Kenntnisse von sich und der Welt werden die Kinder aufeinander losgelassen – daß sie bis zu dem entscheidenden Tag ihrer Konfrontation mit der Realität nicht einmal ihr Gesicht in einem Spiegel gesehen haben, versinnbildlicht nicht nur ihre mangelnde Selbstkenntnis. Sie wissen noch von keinerlei Leidenschaft, nicht einmal von der Eitelkeit. Sie befinden sich in einem vorbewußten Zustand, ohne ein Bild von sich selbst. Ein unschuldigeres Wesen läßt sich kaum denken, auch keines, das geeigneter für die Erforschung der Entstehung von Gefühlen wäre. Marivaux beschreibt nun anhand der aufkeimenden Gefühlswelt der Kinder einen faszinierenden Prozeß der Menschwerdung. Während die Jünglinge und jungen Mädchen nach und nach sich in dieser nur als Behauptung existenten Welt entdecken, beseelen sie sich und bilden binnen kurzem die Natur perfekt ab. Mit jeder Begegnung werden sie immer mehr zu denkenden, fühlenden, verwirrten Menschen: Ihre Identität entwickelt sich erst in der gesellschaftlichen Resonanz, im Mit- und Gegeneinander, in der Kommunikation und im Wiedererkennen eigener Erfahrungen. Hier erst ist Anlaß und Raum zur Formung und Bewährung eines Charakters.

Eine wundersame Szene bringt diesen Zusammenhang auf den soziologischen Punkt: Azor und Egle schauen zusammen in einen Spiegel. Es ist überhaupt das erste Mal, daß sie sich in dieser Klarheit selbst vor Augen stehen, und sie entdecken so in der verdoppelten Widerspiegelung ihres Seins das Du und in ihm das Miteinander. Eine romanhafte Entsprechung zu dieser Szene erfindet Marivaux im «Leben der Marianne». Das Schicksal dieser Heldin weist grundsätzlich Ähnlichkeiten mit dem der sechs Kinder aus der «Streitfrage» auf. Wie jene, die aus der Zugehörigkeit ihrer natürlichen Herkunft herausgerissen werden, fällt auch die Romanfigur kurz nach ihrer Geburt in das Vakuum kompletter Identitätslosigkeit. Ihre wohl hochgestellten, höchstwahrscheinlich ausländischen Eltern werden auf einer Reise durch Frankreich ausgeraubt und ermordet. Keiner der Kutscheninsassen überlebt den Anschlag, nur ein Neugeborenes, in feines Linnen gehüllt, zerrt man unter dem leblosen Leib einer elegant gekleideten Dame hervor. Stand oder Namen des Kindes bleiben jedoch unbekannt. Ein Dorfpfarrer und dessen Schwester nehmen die Kleine auf, taufen sie auf den Namen Marianne und widmen sich, soweit es in ihrer Macht steht, der Ausbildung ihres Ziehkindes. Als beide Pflegeeltern binnen kürzester Zeit sterben, steht Marianne, an der Schwelle zum Erwachsenenalter, vollkommen mittellos, alleingelassen und ohne die geringsten Aussichten in einer ihr unbekannten Stadt da. Marivaux' Interesse gilt der Frage, wie findet sich ein Mensch unter solchen Umständen in einer Gesellschaft zurecht, die Wert auf all das legt, was Marianne nicht vorzuweisen hat: Geld, Stand, Namen und Ansehen. Er spürt dem Überlebenswillen nach und läßt seine Heldin darüber nachsinnen, wie sie sich der ihr unbekannten Welt nähern kann. Sie entscheidet sich für einen Kirchenbesuch. «Der Platz, den ich mir ausgesucht hatte, versetzte mich mitten unter die Leute, von denen die Rede war. Was für ein Fest! Zum ersten Mal sollte mir mein hübsches Gesicht ein wenig zugute kommen. Freudig bewegt harrte ich der kommenden Dinge, es verschlug mir beinahe den Atem. Ich war des Erfolges sicher und meine Eitelkeit sah im voraus die Blicke, die man mir zuwerfen würde. – Sie ließen nicht lange auf sich warten. Kaum hatte ich mich hingesetzt, als sämtliche Männer mich anzustarren begannen. Ich nahm ihre ganze Aufmerksamkeit in Anspruch; aber das war erst die Hälfte der Ehre, die mir zuteil werden sollte, und für die andere sorgten die Damen. – Sie merkten, daß sie nicht mehr in Frage kamen, daß man sie nicht mehr ansah, daß ich ihnen alle ihre Bewerber gestohlen hatte und ihnen nicht ein einziger geblieben war.»[51] Der Effekt, den sie hervorruft, wird in Mariannes Vorstellung zu einer kritischen Instanz ihres Wertes. Ob nun in einer realistischeren Darstellung der Welt oder in der konstruierten der Komödien, die Erkenntnis des eigenen Stellenwertes hat für Marivaux erst in der Begegnung mit den anderen einen Sinn.

In der Liebeserfahrung eskaliert der Selbstfindungsprozeß. Alle Marivaux-Figuren, die zu Ich-überwindenden Gefühlen fähig sind, empfinden sie erst einmal eher als zerstörerischen Schock. Denn eines ist ihnen allen gemein, welchen Bewußtseinsstand sie auch immer erreicht haben mögen: Sie sehen den ganzen Kosmos in sich selbst als einem vollkommenen Wesen widergespiegelt, und wenn sie die Bühne betreten, leben sie in völliger Übereinstimmung mit ihrem Sein. Destruktive Selbstzweifel kennen sie nicht. Die Existenzkrise wird von außen durch die Liebesversuchung in ihr Ich hineingetragen. Der Einbruch der Leidenschaft lähmt den Regelmechanismus der Selbstreflexion, der Verstand und Gefühl in Übereinstimmung brachte. Er wird nachhaltig gestört, indem die Affekte die Herrschaft über Gedanken und Handlungen der Liebenden übernehmen. Das Bewußtsein spaltet sich, und im Inneren der Verliebten tobt ein unbarmherziger Kampf zwischen dem Wunsch, das Selbstbestimmungsrecht in alter Vollkommenheit zu erhalten, und der Sehnsucht, sich einem irrationalen Universum der Gefühle zu überantworten. Lelio aus der «Liebesüberraschung» artikuliert seine übergroße Bindungsangst: «Frauen, Ihr beraubt uns un-

Untere Grotte der Eremitage, Bayreuth

serer Vernunft, unserer Freiheit, unserer Ruhe; ihr entreißt uns uns selbst und ihr laßt uns leben! Gibt es denn nicht Männer genug, deren Zustand nur allzu deutlich macht, was ihnen widerfahren ist? Arme Verrückte, verstörte Menschen, trunken vor Schmerz und Freude.»[52]

Mozart führt in vieler Hinsicht die Versuche Marivaux' fort, in mancher vollendet er sie sogar: In seiner frühen Oper «La Finta Giardiniera» findet der Komponist eine geniale Metapher, um den Konflikt zwischen den beiden Prinzipien sozialer Identität in Sprache und Musik zu verklären. Die beiden unselig ineinander Verliebten flüchten sich aus der nicht mehr erträglichen, ihre Seele folternden Spannung in die Umnachtung. Vollkommen außer sich, irren sie durch den Wald. Ein exponierter Ort, denn die freie Natur ist dem von Mensch und Gott Verlassenen Schutz und Herausforderung zugleich. Hier finden sich alle wieder: die Verbannten und die Schwachen, die Heiligen, die alten Götter; hier tummeln sich die Räuber und die Irrsinnigen, die Verliebten und die elternlosen Kinder; hier hausen die Ungeheuer und die Drachen, kurz: hier wüten die Naturgewalten. Fremde, von der Wildnis diktierte Gesetze herrschen über die Bewohner. In der endlosen Existenz der Natur wird die persönliche Herkunft des einzelnen bedeutungslos. Eine Wanderung durch die Elemente, in denen Zeit nur noch in magischen Maßen meßbar ist, meint immer auch eine Reise in das eigene Innere, in das Chaos der Gefühle und in das Vorzeitliche, zurück zu den Wurzeln menschlichen Seins. Sandrina und Belfiore finden im Asyl der Bäume und der Metaphysik zu einer überirdischen Harmonie, die ihre Seele auch noch beim Erwachen entkrampft. Nun erst kann sich die Geschichte zu ihrem glücklichen Ende auflösen. Eine Wahrheit der Liebe läßt sich hier erkennen, die Marivaux ebenso vertritt wie Mozart: Die Überwältigung durch die Leidenschaft birgt zwar die Gefahr des Selbstverlustes, aber sie kann ebenso zur Offenbarung einer neuen, umfassenderen Identität werden.

«Fa di me quel che ti par»[53], kapituliert Fiordiligi endgültig vor dem Werben des verkleideten Verlobten ihrer Schwester und ihrem Verlangen nach Hingabe, das ihre kopfgesteuerte Standhaftigkeit bestürmt. Der Komponist und sein literarischer Vorgänger beschreiben exakt den langwierigen und schmerzhaften Prozeß ersterbenden Widerstandes. Sie lassen den Zuschauer anhand ihrer Figuren die Agonie des Verstandes erleiden, der von der Ungeduld des Herzens überwältigt wird, sie wissen um die Abgründe, die sich den Verwirrten auftun, wenn sie zudem auf die Scherben gebrochener Treuegelöbnisse blicken. Dorabella wie Fiordiligi, Fernando wie Guglielmo stehen fassungslos vor der Erkenntnis, die sich ihnen in die Sinne gegraben hat: Gefühle sind wandelbar, die absolute Liebe gibt es nicht, das menschliche Herz wie auch die Sexualität tendieren in die Vielgestalt ambivalenter Neigungen. Ein Naturgesetz deutet sich an: Jede neue Liebe eröffnet dem Menschen eine neue Gefühlsdimension und eine modifizierte Definition des Ich durch das Du. Die Unbeständigkeit hat so nichts Verwerfliches mehr, sondern offenbart nur das faszinierende Spektrum menschlicher Empfindungsfähigkeit. Ein fatales Wissen für die, die mit ihm leben müssen: Marivaux' und Mozarts Personen haben in die Tiefe ihres Inneren geschaut und in ihr viel Erstaunliches und Erschreckendes erkannt. Sie sind zu einem Einverständnis mit sich gelangt, dafür aber geht der Riß durch die Paare hindurch, die sich zum Finale zusammenfinden. Läßt sich mit so labilen Zuneigungen überhaupt ein dauerhaftes Leben in Vertrauen führen? Die Geschehnisse haben ja gerade den Beweis der in der Liebe regierenden Vergänglichkeit erbracht. Es ist keineswegs verwunderlich, daß zwei Künstler sich in den beiden Randzeiten einer Epoche der Seelenanalyse in vergleichbarer Art und Weise nähern: Was für Marivaux noch These, ist für Mozart nach Jahrzehnten libertiner Lebenshaltung der Gesellschaft längst Gewißheit. Eine Dramaturgie, die das Experiment als Handlungsvorgabe zugrunde legt, eignet sich zudem zur Darlegung und Ausführung einer Idee. Nie tritt der Autor selbst als Experimentator in Erscheinung, sondern er erfindet eine Gestalt für diese Aufgabe. Von diesem distanzierten Standort aus kann der Schriftsteller, ohne je Partei ergreifen zu müssen, die Handlung sich entwickeln lassen und die Situationen beliebig anordnen, die seine Figuren auf die Gefühlsprobe stellen. Er ist mitleidlos, und da er seine Subjektivität in seine Gestalten verlegt, kann er Objektivität für sich reklamieren und braucht die Geschichte nicht zu werten. Ihre Moral aufzufinden bleibt dem Leser oder Zuschauer überlassen. Die kommentarlose Abwesenheit jeglicher Dichtermeinung dokumentiert eine kritische Sicht: In dem eisigen Klima psychologischer Tests drohen die Leidenschaften zu gefrieren, selbst die eines Schriftstellers.

Über seine Haltung einer Geliebten gegenüber befindet Clitandre: «Ich würde Ihnen gern einen Streich eingestehen, den ich ihr antat; allein ich fürchte, Sie halten ihn für zu stark. Dabei ist er im Grunde nur ein Experiment, und ein solches zu machen ist nicht verboten.» Cindalise: «Im Gegenteil, Experimente können nur nützlich sein, und überdies sind sie heutzutage im Schwange»[54], kontert seine zu verführende Dialogpartnerin aus Crébillons «Die Nacht». Dichter kennen von Anfang an den Ausgang ihrer Experimente. Für sie ist es eine Form, um die eigene Meinung zu gewissen menschlichen Verhaltensweisen in Szene zu setzen. Ein kleiner Kunstgriff genügt, um die Bahn freizumachen für einen literarischen Versuch am menschlichen Herzen. Ein Streit, eine Wette an den Anfang eines Stückes, eines Romanes gestellt, und schon kann das Spiel losgehen: In «Die Streitfrage» diskutieren zwei Liebende darum, welches Geschlecht den Wankelmut und die Treulosigkeit in die Welt gebracht hat. Um dem Verursacher allen Liebesunglückes auf die Spur zu kommen, isoliert man sechs Kinder von ihrer Umwelt, um sie in einen vermeintlich vorzeitlichen Zustand zurückzuversetzen; in «Così fan tutte» wetten zwei Männer darum, welche ihrer Geliebten die Treueste ist, und machen sich, als Exoten verkleidet, daran, die Angebetete des Freundes zu verführen, um die erhoffte Standhaftigkeit der eigenen mit dem Sieg über die andere zu verherrlichen; in den «Schlimmen Liebschaften» wollen zwei Menschen den Beweis erbringen, nach Vorsatz zwei Frauen zerstören zu können. Alle diese Opfer werden zu würdelosen Versuchsobjekten degradiert. Die seelischen Fallen sind mit solchem Geschick gestellt, sie rühren so hinterrücks an geheime Wünsche und setzen ihre psychologischen Waffen so gekonnt ein, daß die Opfer zwangsläufig den Experimentatoren auf den Leim gehen müssen. Die Verführer stacheln die Liebessehnsucht an und diskreditieren gleich darauf mit Verachtung den Wert der Liebe, die in Hingabe endet. Und selbst im Stolz des Sieges liegt aber doch noch ein klein wenig Melancholie darüber, Recht mit ihrer These von der Verführbarkeit behalten zu haben.

Als gelte es nachzuweisen, daß kein moralisches Ideal in der Welt Bestand habe, sind immer wieder, durch das ganze Jahrhundert hindurch, Standhaftigkeit und Treue Zielpunkt der Verführungsversuche. Auffallend ist nur, daß sich das Interesse an den menschlichen Regungen in den sechziger Jahren des Jahrhunderts grundlegend wandelt. Nun ist es nicht mehr das Liebesverhalten, die Liebesbereitschaft, die untersucht wird, sondern die Leidensfähigkeit des Körpers und der Seele. War der Raum des Experiments bei Marivaux steril, so wird unter der gestalterischen Phantasie eines de Sade das Versuchslabor zum Gefängnis, zur Folterkammer in einer unzugänglichen mittelalterlichen Festung. Archaisches spielt sich dort ab, Qualen werden erdacht, die verdeutlichen, wie eine Überzivilisation die Menschen wieder zurück in Bestien verwandelt. Was de Sade in seinen Büchern an Torturen ersinnt, um herauszufinden, wieviel Schmerz ein Mensch ertragen kann, entspricht auf geistiger Ebene den psychischen Martern eines Choderlos de Laclos. Man gewinnt Geschmack an Grausamkeit. Der Verführer ist nicht mehr bloß Verführer, er will Zerstörer sein: «Liebe darf nur Mittel zur Herrschaft über Menschen zum gesellschaftlichen Erfolg sein. Eine Frau verführen ist erst halbe Arbeit; die andere Hälfte: sie verderben. [...] Sie sind Psychologen in Aktion. Sie greifen eine Frau an, um zu sehen, welche Stadien die gehetzte Seele durchlaufen wird, ehe sie erliegt. [...] Nicht auf den albernen Vorteil, ‹eine Frau mehr gehabt zu haben›, kommt es an, sondern auf den Zauber langer Kämpfe und einer schwierigen Niederlage. Sie soll kämpfen, diese Frau, für die die Hölle noch etwas Wirkliches ist. Er will ihre Qualen schmecken, den Duft ihrer Angst einatmen. Was ein Mensch dem anderen zufügen kann, erfährt man im Laufe dieser Inquisition eines Psychologen, wie man es bei der

der Mönche erfährt. Er nimmt sie nie, sooft er könnte; er hat Zeit, bis sie, sich klar bewußt, daß sie ihr ewiges Verdammungsurteil fällt, ihn in ihre Arme zieht. [...] Auch kann geschehen, daß er sich verliebt und eine Frau glücklich machen möchte: aber doch nicht um ihretwillen. ‹Sondern, das Experiment, das ich mit ihr anstellen will, erfordert, daß ich sie glücklich, vollkommen glücklich machen will.› Das Experiment soll herausbringen, was aus einer schüchternen und leidenschaftlichen, sehr frommen Frau, die sich endlich hingibt, wohl wird, wenn man sie auf dem Gipfel des Glückes plötzlich mit einem Fußtritt entläßt.»[55]

Die physischen und psychischen Grenzen des Erträglichen werden zum Mittelpunkt des Interesses. Liebe wird Kriegsführung. Der Mann greift an, plündert, schießt, nimmt ein, die Frau kapituliert. Militärische Terminologie artikuliert das Umgehen mit der eigentlich zartesten Regung des Herzens. Doch ganz ungeschoren kommt auch ein Valmont nicht davon: In einem Moment klarer Einsicht spürt er seine Gefühlsimpotenz und ahnt, welche grundlegende Erfahrung ihm abgeht. Neid gegenüber allen, die zu fühlen imstande sind, steigt in ihm auf: «Ich bin empört, wenn ich denke, daß dieser Mensch, ohne zu überlegen, ohne sich die geringste Mühe zu geben, einfach dadurch, daß er ganz dumm dem Trieb seines Herzens folgt, eine Seligkeit findet, die ich nicht erreichen kann.»[56]

Die Gesellschaft, in der die Liebe als Experiment, als Denksport betrieben wird, ist saturiert bis zum Überdruß und erstarrt in ihrem Müßiggang. Die Merteuil und Valmont sind keine bloßen Hirngespinste eines phantasievollen Autors. Typen wie sie haben sich in jenem fernen und doch sehr nahen Jahrhundert tatsächlich an die systematische Vernichtung von anderen gemacht. Die Brüder Goncourt nennen gleich mehrere mögliche Vorbilder. «Hat Herr von Choiseul seine große Karriere nicht mit der Rolle eines Glücksritters begonnen, eines unbarmherzig bösen, vollendeten Wüstlings, der in geradezu erstaunlicher Weise auf sein Ziel losgeht, der weder einen Schritt macht, noch ein Wort spricht ohne einen vorgefaßten Plan gegen eine Frau; der mit seinem Sarkasmus den Frauen Furcht einflößt, sie mit seinem Geist bedroht oder schon vermöge seiner Furchtbarkeit über sie triumphiert? Aber wozu von Choiseul reden? Hatte Laclos das Vorbild seiner Schöpfung nicht in der schrecklichen Gestalt des Grafen de Frise, der sich damit unterhielt, Mademoiselle de Blot auf die Folter zu spannen. Und was die Frau betrifft, die Laclos geschildert und der er soviel teuflische

Anmut und Mittel angedichtet hat, konnte er das Original nicht nach seinem Zusammentreffen mit dem Leben studieren? Wird nicht, nach der vertrauten Mitteilung von Laclos, vom Prinzen von Ligne und von Tilly bestätigt, daß er nur das Gewissen einer großen Dame von Grenoble zu entkleiden brauchte, der Marquise L. T. D. P. M., daß er nur ihr Leben zu erzählen brauchte, um in ihr seine Marquise wiederzufinden.»[57]

Mord durch psychische Folter ist nicht beweisbar. Die Merteuil und Valmont können nicht durch die öffentliche Gerichtsbarkeit abgeurteilt werden, dafür aber durch die Instanz der Moral. Erstaunlicherweise hält sich die von dem schreibenden Bürgersohn erdachte Sühne für Valmont noch durchaus im Rahmen des männlichen Ehrenkodex. Er fällt in einem Duell. Anders die Merteuil; für sie gilt das Modell Don Giovannis: Sie ist zu sehr Verkörperung des Bösen, als daß sie durch Menschenhand gerichtet werden könnte. Gesellschaftliche Ächtung – nachdem ihre Machenschaften aufgedeckt werden – kann ihr nichts anhaben, im Zweifelsfall hätte sie über kurz oder lang einen Ausweg gefunden, sich zu rechtfertigen und zu rehabilitieren. Sie zu überwinden, bedarf es eines «Steinernen Gastes». Ihrer kommt in der Gestalt einer Krankheit. Die Blattern sind eine größere Strafe für sie als der Tod für Don Giovanni. «Sie ist zwar davon genesen, aber grauenhaft entstellt und besonders hat sie dabei ein Auge verloren. [...] Der Marquis von ★★★, der keine Gelegenheit, eine Bosheit zu sagen, versäumt, sagte gestern, als von ihr die Rede war, die Krankheit habe sie umgewendet, und jetzt trage sie die Seele im Gesicht.»[58] Mit dieser grauenhaften Entstellung ist sie in ihrem «Beruf» vernichtet. Die Maske ist ihr buchstäblich vom Antlitz gerissen, dieses unabdingbare Requisit ihrer Ruchlosigkeit ist ihr geraubt. Aus dem Rokoko-Spiegel grinst ihr mit schrecklicher Fratze die eigene Seele als alptraumhafte Erscheinung entgegen. Erst jetzt ist das Experiment erfolgreich abgeschlossen, die Qual der Vivisektion ist ans Ziel gelangt: Der Körper des Verführers ist ebenso zerstört wie der seiner Opfer – aber die Seele liegt bloß, das Organ seiner Empfindung ist sichtbar geworden. Don Giovanni wie die Marquise de Merteuil stehen sich selbst nackt gegenüber: Der Steinerne Gast wie das vernarbte Gespenst sind ihre Ebenbilder, sie verkörpern die eigene eiskalte, zerstörerische Empfindungslosigkeit. Die Verführerkarriere, die im Cherubim so hoffnungsfroh einen schillernden und spielerischen Anfang genommen hatte, ist ausgelebt. Der Traum der Jugend liegt in Trümmern.

4

DIE MARQUISE DE MERTEUIL

Intriganten und ihre Opfer

Das Kunstwerk, Wunschtraum eines paradiesischen Lebens, die in einem Pinselstrich, einer Note, einem Wort festgehaltene flüchtige Vollkommenheit menschlicher Erscheinung? Bis in die Verklärung malt sich die Epoche ihr Ebenbild im geschönten Schein. Eine abgrundtiefe Wahrheit verbirgt sich in der Überhöhung, wer ihrer bedarf, weiß um seine Vision aus Sehnsucht und verwandelt sie bewußt in einen Hauch pastellener Töne. Die Künstler leugnen nie ihr vereinsamendes Wissen der Hinfälligkeit, gerade für diese finden sie zauberische Entsprechungen. Ein flirrender Nebelhauch verhaltener Melancholie durchzieht die Bilder eines Watteau. Es ist die Fragilität des Zustandes, die Ahnung vom Ende, die die Kunstwerke des Rokoko zu einem eigenen Erlebnis machen. Die entrückte Grazie in der Bewegung aller Figuren beschwört die Lust an der Vergänglichkeit herauf; die Vollendung wird unerträglich. Als höhere Wahrheit teilt sich dem Betrachter die Flüchtigkeit des Vollkommenen mit.

Interessiert am Jetzt, gleichgültig gegenüber der Nachwelt, dem kurzweiligen Augenblick ganz hingegeben, konzipieren die größten französischen Maler des Rokoko ihre Bilder und werfen sie auf die Leinwände, ohne sich um Dauerhaftigkeit zu kümmern. Das Tempo der Zeit ist die Schnellebigkeit, selbst die gestalterische Reflexion geht leicht von der Hand: Boucher, Fragonard und Watteau sind Virtuosen des eingefangenen Vorbei. Die Arbeitsmethode des letzteren wird verhängnisvoll für sein Werk: «Er sprang von Gegenstand zu Gegenstand [...] um sich rasch von einem begonnenen Werk frei zu machen [...] nahm er viel fettes Öl in seinen Pinsel, um die Farbe leichter zu verteilen»[1] und so schnell trocknende Farbschichten rasch übereinandermalen zu können. Das Ergebnis dieser malerischen Ungeduld ist heute nur zu sichtbar: Das fette Öl hat tiefe Risse in die Farbmaterie gegraben. Thema und Geschick der Bilder vereinen sich so zu einem seltsamen Sinnzusammenhang. Ewigkeit liegt nur im Kreislauf von Zerfall und Neubeginn. Traumverloren ergeben sich die Zeitgenossen diesem labilen Gleichgewicht zwischen der Illusion von der Dauer und der vergänglichen Realität. Die Risse reichen von der Bildoberfläche bis tief in die Seelen der Figuren: Sie reißen ihre Herzen mitten entzwei.

Changierende Charaktere und changierende Seiden: in den zierlichen Faltenwürfen der üppig gerafften Kleider und taillierten Pagenhosen reflektiert sich das Geheimnis eines widerspruchsvollen Jahrhunderts. Licht und Schatten, Höhen und Tiefen, vorwärtsstrebende Bewegung und Innehalten liegen in einem Faltenwurf beieinander. Zeit und Raum treten als Existenzkategorien in das Bewußtsein der Menschen ein.

Die Zeit ist flüchtig, der Mensch nichtswürdig, eine fatale Erkenntnis. Der Abbé Galiani versucht mit dem ihm und seinem ganzen Jahrhundert eigenen Sarkasmus die Existenz der menschlichen Gattung auf die Überwindung ihrer Belanglosigkeit durch die Fortpflanzung zurückzuführen: «Es ist also die tödliche Langeweile unserer Mutter, die uns in die Lage versetzt hat, zu leben. Sie langweilte sich, nichts zu sein, und deshalb langweilen wir uns alle in dieser Welt.»[2] Das Nichts kann nur wieder ein Nichts gebären. So wird das Vakuum des Seins zu einer Bedrohung, dem keine Gottesvorstellung mehr eine übergeordnete Bedeutung zu geben vermag. Die Leere verdichtet sich für die ausschließlich auf sich selbst gestellten Zeitgenossen zum bestimmenden Gegenstand ihrer Überlegungen. Eine bis in die Gesellschaftsdefinition übernommene Trivialität wird nicht nur Gegenstand der Kritik, sondern auch «tema assoluto» der Diskussionen: «Alles ist hier ein Nichts, man beschäftigt sich mit einem Nichts, man regt sich um ein Nichts auf, man versöhnt sich um ein Nichts, man macht große Augen, obgleich man nichts hat, man heiratet eine wegen nichts. Die Schöngeisterei reduziert ihre Seele und ihre Religion auf ein Nichts, und seitdem ich mich französisch unterhalte, unterhalte ich mich über nichts»[3], ist das desillusionierte Resümee einer Italienerin aus Paris. Das Nichts wird zu einer Größe, die es zu bewältigen gilt. Vergeblich nehmen sich die Aufklärer der Aufgabe an, es mit Sinn zu füllen, und sie machen dabei nur die Feststellung, daß sie durch vieles Aufklären statt auf Fülle nur noch auf mehr Leere stoßen. «Diese Leere, die in unserer Seele und in unserer Vorstellung haften bleibt, ist der wirkliche Grund unserer Traurigkeit»[4], rührt der Abbé Galiani an die existentiellen Urängste der Menschheit. Sie sieht sich gezwungen, ihr Sein zum alleinigen Sinn allen Seins zu erheben. Nur so kann die Verwirklichung autonomer Individualität zum wichtigsten Postulat einer Gesellschaft werden, die als Selbstzweck und ohne gemeinschaftliche Legitimation existiert.

Eine Philosophie des Nichts durch das Nichts im Nichts fordert eine Betrachtung der Welt als Wahn und dadurch ihre Gestaltung als Fiktion geradezu heraus. Das erdachte und konstruierte Scheingebäude der Existenz muß zwingend großartig sein, damit man sich ohne den Einspruch des kritischen Bewußtseins der Irrealität als Wirklichkeit überlassen kann. Philosophische Kategorie wird in diesem Zusammenhang, was sonst nur als abgeschmackte Kommunikationsform verschrien ist: die Intrige. In ihr kristallisieren sich alle Elemente eines künstlichen Seinsempfindens zu einem artifiziellen zwischenmenschlichen Zusammenleben. Ihr umfassender Zweck: die Organisation der Leere, die Strukturierung der sich verflüchtigenden Existenz, die Unterwerfung der dahinfließenden Endlosigkeit unter die Gesetze des Belanglosen.

Das Ränkespiel wird in der Zeit des sich auflösenden Absolutismus allgegenwärtig: In der Politik trifft es die Entscheidungen, auf gesellschaftlichem Parkett regelt es den Einfluß, in der amourösen Sphäre macht es Eroberungen. Kein Raum bleibt der Intrige verschlossen. Sie ist in den Kammern der Dienstboten ebenso zu Hause wie in den königlichen Appartements, in den Salons der Damen nicht weniger als in den Ministerien. «Die tiefe Fühllosigkeit der Redlichkeit gegenüber überrascht und ärgert mehr als das Laster. Alle, die die öffentliche Niedrigkeit große Herren oder Große nennt, alle offiziellen Persönlichkeiten sind meist mit dieser hassenswerten Fühllosigkeit ausgestattet. Sollte das nicht bei ihnen auf die vage und unbestimmte Vorstellung zurückgehen, daß die Redlichen zur Intrige nicht taugen? Man überläßt sie daher als unverwendbar andern oder ihrem eigenen Schicksal in einem Land, in dem man ohne Intrige, Falschheit, List zu gar nichts kommt»[5], kritisiert Chamfort die Herrschaft der Ränke.

Vor allem atheistisches Gedankengut leistet infolge des Individualkultes einer Existenzauffassung Vorschub, die den Menschen vollkommen losgelöst sieht von jeder schicksalhaften Determination oder gar einem göttlichen Einfluß. Das irdische Geschick liege ausschließlich in menschlichen Händen, so die gängige Meinung. Weil moralisch-ethische Straflosigkeit zugesichert scheint, bietet sich das Spiel mit List und Tücke als Handwerkszeug der Beherrschung von Realität im gottlosen Zeitalter an. Der Intrigant feiert Triumphe. Alle Fäden liegen in seiner Hand, und nur er bestimmt das gesamte politische wie gesellschaftliche Tagesgeschehen. Er macht Karrieren und zerstört Existenzen.

Die Mächtigsten im Staat, die Intriganten vom Schlag des skrupellosen Ministers Choiseul, werden gefürchtet, gehaßt und verachtet, aber eben so angebetet, verehrt, um ihre Gunst angebettelt und beneidet. Er kann alle Superlative für sich verbuchen: Er gelangt zu einem bis dato nicht dagewesenen Einfluß. Doch das Wagnis ist groß: Politisch kaltgestellt, gesellschaftlich vernichtet und finanziell ruiniert wird der, dessen Rechnung nicht aufgegangen ist. Läßt ein Spieler sich in die Karten sehen, ist er geliefert. Ein Irrtum, eine Fehlkalkulation, ein falsches Wort, eine nicht opportune Handbewegung, ja selbst ein unpassender Tonfall können reichen, um einen wegen seines Ruhmes Beneideten ins Gefängnis, in die Verbannung, an den Galgen zu bringen. Die Intrige ist russisches Roulette auf gesellschaftlicher Ebene, ein Poker um Leben und Tod. Die Macht auch des Marionettenspielers hängt an einem seidenen Faden. Darin liegt die Faszination, denn der Reiz am Taktieren erhöht sich mit dem Einsatz. Der Kreislauf vom Aufstieg zur Gnade und vom Sturz in die Ungnade läßt sich nicht aufhalten.

Erfolgreiche Intriganten müssen außerordentliches Charisma haben, da die Gesetze einer gut geplanten und durchgeführten Intrige den ganzen Menschen fordern: geballte Intelligenz, Konzentration, Selbstbeherrschung und unbegrenzte Phantasie. Es gilt, allen Eventualitäten gewachsen zu sein und mit allen Situationen fertig zu werden. Die Fähigkeit zur Intrige ist laut der Marquise de Merteuil eine Naturgabe. Diese spricht die fulminante Kabalenspielerin ihrem Konspiranten Valmont denn auch ab: «Sie haben nämlich eigentlich keine natürliche Anlage zu Ihrem Beruf; Sie wissen von ihm nur, was Sie gelernt haben, und erfinden nichts. Sobald daher die Umstände zu Ihren gewöhnlichen Formeln nicht passen und Sie von der gewohnten Straße abweichen müssen, bleiben Sie stecken wie ein Schüler. Genug, eine Kinderei von einer Seite und von der anderen ein Rückfall in Prüderie sind, weil man das nicht alle Tage erlebt, genügend, Sie aus der Fassung zu bringen; und Sie verstehen ihnen weder vorzubeugen, noch ihnen abzuhelfen.»[6]

Läßt sich der Ränkespieler von den Umständen meistern, kann er Bankrott erklären. Flexibilität ist das Losungswort, Strategien müssen schnell änderbar sein. Denn die Tücke der Intrige liegt in der Nichtkalkulierbarkeit ihres Verlaufes. Menschen konträrer Temperamente sind in sie verwickelt, die sich alle launisch, kapriziös und sprunghaft gebärden. Wie deren Aktionen und Reaktionen vorherberechnen, wie sie nun alle gegeneinander ausspielen, wenn nicht mit wachen Sinnen und psychologischem Scharfblick? Das Metier des Intriganten ist die Überwindung des Unmöglichen, die Berechnung des wesenhaft Unberechenbaren. Seine Talente messen sich an den bezwungenen Widrigkeiten.

Die Macht des Intriganten ist teuer erkauft. Er bezahlt sie mit der Vergewaltigung seiner Natur. Der abgebrühte Taktiker steht immer neben sich; auf vorgeschobenem Posten beobachtet er nicht nur die anderen, sondern auch sich selbst. Läßt er sich vom Spiel gefangennehmen, ist es den Gegnern ein leichtes, ihn auszubooten. Der Überlegene inszeniert neben seinen Handlungen auch seinen Charakter, tarnt sein wahres Ich. Über das permanente Regieführen versteht sich der Ränkeschmied als Kopfgeburt seiner selbst. Der Prozeß, wie eine Scheinexistenz kraft gedanklicher und darstellerischer Imagination Authentizität erhält, ist so faszinierend, daß der Intrigant als Figur in Literatur und Gesellschaft präsent ist wie keine andere. «Eine grausame Wahrheit, der man aber doch wird beipflichten müssen: in der Welt, besonders in der vornehmen Welt ist alles Künstlichkeit, Bewußtheit, Berechnung, selbst was zunächst wie Einfachheit und liebenswürdige Leichtigkeit aussieht. Ich fand Leute, bei denen alles, was sich als anmutige, ursprüngliche Regung gab, nichts anderes war als die allerdings sehr geschickte Ausführung feinster und bewußter Überlegungen. Überlegte Berechnung verband sich da mit dem Anschein von Naivität und unbekümmertem Sichgehenlassen, vergleichbar dem studierten Négligé der Koketten, deren Kunst darin besteht, keine Kunst merken zu lassen. Das ist ärgerlich, aber notwendig. Denn wehe dem, der seine Schwächen und Blößen nicht sogar dem besten Freunde verbirgt!»[7]

Die Kabalenspieler sind wahre Verstellungskünstler und tarnen sich aus Schutz. «‹Wie schlau sie ist!› sagte sie. ‹Welche Anmut! Eine Bosheit wird in ihrem Munde zur witzigen Glosse, eine Untreue sieht aus, als entspränge sie verstandeskühler Überlegung, als wäre sie ein Opfer, das sie der Schicklichkeit (dar)bringt. Nie läßt sie sich gehen, stets bleibt sie liebenswürdig; selten gibt sie sich zärtlich, und niemals zeigt sie ihr wahres Gesicht. Sie ist galant aus Anlage, prüde aus Berechnung, lebhaft und doch zurückhaltend, geschickt und besonnen in einem, empfindsam, durchtrieben, kokett und gelassen zugleich. Sie ist ein wahrer Proteus an Wandlungsfähigkeit, die verkörperte Anmut im Umgang. Sie lockt und versagt sich. Wie manche Rolle habe ich sie schon spielen sehen»»[8], zieht die Heldin Vivant-Denons in seiner Novelle «Nur eine Nacht» über eine Nebenbuhlerin her und trifft damit den Lebensnerv des Intriganten.

Die Malice setzt nichts Geringeres voraus als die Täuschung der gesamten Umwelt. Diskretion ist oberstes Gebot des Ränkespiels. Es geschieht notwendig im verborgenen. Sein Kennzeichen ist immer eine mit dem Anschein alles Redlichen umgebene Geheimaktion. Der kongeniale Intrigant ist doppelzüngig von Beruf und wird sich immer der Sprache lauterster Absichten bedienen, allein schon, um sich Zustimmung und Unterstützung zu sichern. Es gelingt der Marquise de Merteuil, die alle Schliche kennt, bis zur Aufdeckung ihrer heimtückischen Machenschaften als der Inbegriff aller Tugend zu gelten und sogar als großes Vorbild für die Jugend hingestellt zu werden. Eine gewisse geheimnisvolle Aura umgibt sie und die vielschichtige Ambivalenz ihrer Erscheinung. Sie spielt virtuos auf der Klaviatur ihrer schauspielerischen Instrumente. Die Wandlungsfähigkeit ihres Gesichtes dient ihr als Maske. Sie vermag die Kindliche ebenso zum besten zu geben wie die Verständige, die Gefühlvolle ebenso überzeugend darzustellen wie die Liederliche. Die der Öffentlichkeit dargebotenen Rollen gesellschaftlich anerkannter Frauentypen verbergen einen Charakter von unberührbarer Gefühllosigkeit.

Aufrichtigkeit im Konkurrenzkampf kann in einer Gesellschaft, in der Karrieren vorwiegend von einflußreichen Gönnern abhängen und einem komplizierten Mechanismus zwischen rivalisierenden Gruppen unterliegen, kaum zweckdienlich sein. Protektion gilt als der Zauberschlüssel zu Ämtern und Einfluß. Der diplomatische Verhaltenskodex der Politik degeneriert; Heuchelei und Verstellung avancieren zu Tugenden und unerläßlichen Werkzeugen der Macht. Auf Fürbitte angewiesen zu sein ist riskant: Niemand scheut sich, einen Bittsteller als menschlichen Spielball in den Wettkampf unterschiedlicher Interessen zu schicken. Er wird mit Haut und Haaren benutzt und erreicht womöglich nichts. Geschichten wie die der Dame, die in Godard d'Aucourts Buch «Themidor» in einer verzweifelten Situation beim Protagonisten um Unterstützung für ihren Gatten nachsucht, sind an der Tagesordnung: «‹Wie, gnädige Frau, er ist Ihr Mann? Er ist mein Todfeind und hat mir einen gemeinen Streich gespielt. Vielleicht waren Sie sogar seine Komplizin? Der Augenblick ist günstig, ich muß mich rächen.› Ich umarmte sie, preßte sie an mich, drängte sie auf das Sofa. Sie wollte schreien. ‹Schreien Sie nur, schreien Sie, gnädige Frau, so laut Sie können. Machen Sie einen Skandal. Das gerade will ich.› Mein Dolch traf sie. Sie verlor das Bewußtsein... Ich weiß nicht, ob Frau Dorville zu dem Sieg beitrug, um schneller wieder frei zu sein. Ich rächte mich an ihrem Gatten, und vielleicht tat sie das auch. Denn wohl jede verheiratete Frau hat wohl Grund zur Unzufriedenheit... Wie ein Pandure greife ich an, schieße, und dann bin ich verschwunden.»[9]

Die Intrige ist das Medium des im gesellschaftlichen Umgangston vorherrschenden Mißtrauens. Die Entfremdung voneinander und die Angst vor der gefährlichen Entblößung der Schwächen ist so weit fortgeschritten, daß eine offene Kommunikation kaum mehr möglich scheint. Columbine, die ironisch-schlaue Commedia-Erbin aus Marivaux' «Liebesüberraschung», bringt diesen Zustand gestörter zwischenmenschlicher Beziehungen auf den Punkt: «Zum Henker! Ein geistreicher Einfall, auf den man erst einmal kommen muß. Wenn irgend jemand irgend etwas mit irgend jemandem zu erledigen hat, geht er hin und unterhält sich mit dem Betreffenden; aber das ist unbequem: am direktesten kann man sich ja von weitem verständigen; wirklich, da versteht man sich besser: wollen Sie sich mit Hilfe eines Sprachrohres mit ihm unterhalten oder mittels eines Generalbevollmächtigten?»[10]

Der Mensch geriert sich als des Menschen Feind und benutzt den Rank als Mittel zu einem außerkriegerischen Kräftemessen, er entwickelt ihn zu einer Strategie scheinbar friedlichen Schlagabtausches. Die Dynamik dieses Kommunikationsmodells folgt Schlachtplänen: Angriff, Verteidigung, neuerliche Offensive. Die Konfrontation findet nicht auf einem veritablen Schlachtfeld statt, sondern im Salon, in den Hinterzimmern der Minister und im Boudoir. Tatwaffen sind nicht etwa Revolver, Degen oder Kanonen, sondern geistige Kampfmittel: Witz, Sarkasmus, Ironie stehen sich auf dem Tummelplatz der Intelligenz gegenüber. Mit ihr müssen Festungen genommen, Gegner geschlagen, Widerstände gebrochen, Schwankende überzeugt und Bundesgenossen gewonnen werden. Dazu sind alle Mittel recht: Attacken auf Herz und Körper, Verführung und Vergewaltigung der emotional wie sexuell Labilen, Korruption, Erpressung und Vernichtung der Widerständler. Der Literatur bleibt nur, die Intriganten originalgetreu nachzubilden. Die Marquise de Merteuil entwickelt eine Methode, die ihr jeden ausliefert und ihr Mann wie Frau an das Gängelband führt. «Ich bin in mein Herz hinabgestiegen und habe darin das der anderen erforscht. Ich habe darin gesehen, daß es niemanden gibt, der dort nicht ein Geheimnis bewahrt, an dessen dauernder Verschleierung ihm liegt [...]. Eine neue Dalila, habe ich stets, wie sie, meine Macht dazu verwendet, dies wichtige Geheimnis zu entschleiern. Jawohl, wie viele unserer modernen Simsons halte ich unter der Schere! Und die habe ich aufgehört zu fürchten; das sind die einzigen, die zu demütigen ich mir manchmal erlaubt habe.»[11] Die vordringliche Aufgabe eines jeden Intriganten besteht darin, andere in Dienst zu setzen und für sich arbeiten zu lassen. Voraussetzung für den Erfolg einer Konspiration ist Integrität, denn jeder Winkelzug des doppelbödigen Spiels steht und fällt mit der Verschwiegenheit der Verschworenen. Dieses Einverständnis bindet die Konspiranten aneinander. Es stützt sich nicht auf Vertrauen, sondern auf wechselseitige Abhängigkeit. Das Geheimnis einer geplanten und ausgeführten Gaunerei mit einer fremden Person zu teilen bedeutet, sich in ihre Macht zu begeben. Alles liegt dem Mitwisser offen, Plan, Vorgehensweise, Ziel – auch zum Verrat. Ein Komplize kann schnell zum Gegenspieler werden, und so lauert der Argwohn überall dort, wo eine Arglist im Gange ist. Gefahr droht nämlich auch dem Mitwisser: Er wird durch seine Kenntnisse zum Mitschuldigen und räumt damit wiederum dem anderen einen Vorteil über sich ein. Je weiter das Geschehen gedeiht, um so folgenschwerer verstricken sich die Agierenden in die Fänge der Konspiration und liefern sich einander schließlich auf Gedeih und Verderb aus. Gegenseitig betrachten sich die in ein Komplott Verwickelten mit Argusaugen. Dieser reziproke Blick des Verdachts grenzt die Alliierten voneinander ab und kettet sie gleichzeitig auf fatale Weise aneinander. Der Intrigant begibt sich also in eine doppelte Isolation: zur Umwelt, die er sich ganz bewußt zunutze machen will und der er eine dezidierte Rolle im Dienst seiner Absicht zugedenkt, wie auch zu seinen Helfershelfern.

Wer konspiriert, steht also auf denkbar einsamem Posten, was ihm schon wieder einen Anflug von tragischer Größe verleiht. Nie kann er sich sicher sein, immer muß seine Aufmerksamkeit geschärft sein, stets wachsam muß er sich gegen jede Denunziation wappnen. Die Souveränität, mit der sich eine Merteuil gegen jegliche Art von Anfeindung feit, hebt sie über jeden anderen literarischen und wahrscheinlich auch tatsächlichen Intriganten hinaus.

Sie trifft ihre Vorkehrungen. Genau analysiert sie alle Verhältnisse, in denen potentielle Handlanger zu ihr stehen. Sie prüft die Abhängigkeitsverhältnisse, die Liebhaber, Bedienstete, Freunde und Feinde an sie binden. Nach dem Ausmaß des geschuldeten Dankes verplant sie die ihr Verpflichteten in ihre Projekte. Sollte sie auf den ersten Blick keinen Anlaß zu verwertbarer Dankbarkeit finden, konstruiert sie eine Verbindlichkeit. «Ich höre Sie von weitem sagen, daß ich zumindestens auf die Gnade meiner Kammerfrau angewiesen bin; und wirklich, wenn sie in meine Gefühle nicht eingeweiht ist, in meine Handlungen ist sie es. Als Sie mir früher einmal von ihr sprachen, antwortete ich Ihnen nur, ich sei ihrer sicher [...]. Erstens ist das Mädchen meine Milchschwester, und dieses Band, das uns gar keines zu sein scheint, ist bei den Leuten ihres Standes nicht ohne Stärke. Überdies habe ich ihr Geheimnis, und noch besser: als Opfer einer närrischen Liebe war sie verloren, hätte ich sie nicht gerettet. Ihre Verwandten, störrisch nur auf ihre Ehre bedacht, wollten sie kurzerhand einsperren lassen. Sie wandte sich an mich. Mit einem Blick sah ich, wie nützlich ihr Zorn mir sein konnte. Ich pflichtete ihm bei und bewarb mich um den Haftbefehl, den ich auch bekam. Dann ging ich auf einmal zu Milde über, zu der ich auch ihre Verwandten nun bewog, benutzte mein Ansehen bei dem alten Minister und erlangte von allen die Einwilligung, daß der Haftbefehl in meiner Verwahrung bleiben und es bei mir stehen solle, seinen Vollzug einzuhalten oder zu beantragen, je nachdem die künftige Führung des Mädchens es mir zu verdienen schiene. Sie weiß also, daß ich ihr Schicksal in den Händen halte; und wenn das Unmögliche einträte und diese kräftigen Gründe sie nicht abhielten, ist es dann nicht augenscheinlich, daß die Enthüllung ihrer Aufführung und ihre beglaubigte Bestrafung ihrem Gerede bald jede Glaubwürdigkeit nehmen würden?»[12]

Die Diener sind für ihre intrigante Herrschaft unentbehrlich, sie bei der Stange zu halten ist hingegen nicht immer leicht. Nicht jeder kennt sich so genau im Privatleben seiner Bediensteten aus wie die Marquise de Merteuil. So muß die eine oder andere Preziose von der Hand eines Noblen in den Besitz eines cleveren Kammerdieners oder einer gewitzten Zofe übergehen. Doch selbst das hochkarätigste Geschenk ist noch lange kein Garant für Verschwiegenheit und ungeteilten Einsatz im Sinne des großzügigen Spenders. Schließlich gilt das Prinzip des Meistbietenden. Hier beginnt die egalisierende Herrschaft des Geldes, des eigentlichen Regenten der Epoche. Das Tauschgeschäft Integrität gegen Bares floriert. Vor allem diese neue Geschäftsbasis setzt Knecht und Herr in ein bisher nicht dagewesenes Verhältnis: Blanke Zugehörigkeit wird von einem Untergebenen weder gefordert noch praktiziert. Oft wird dem Diener die Ausführung eines Planes ans Herz gelegt – schließlich will sich der hochgestellte Auftraggeber nicht selbst die Hände schmutzig machen. So bleibt dem Domestiken ein bedeutender Handlungsspielraum. Hierin konstituiert sich ein Paradox. Ausgerechnet die Verwicklung in die intriganten Geschäfte befreit die Dienerschaft aus ihrer Unmündigkeit und mißt ihr einen gewissen Grad an Freiheit zu. Ihr Vorteil: Sie kann sich gegenüber den Brotgebern des Druckmittels der Mitwisserschaft bedienen, gegebenenfalls die Fronten wechseln oder gar die Schelmerei auffliegen lassen. Nicht nur Leporello kokettiert immer wieder mit einer Kündigung und setzt sie gekonnt in den Diskurs um seine Stellung und Entlohnung ein.

Es ist ein Bewußtwerdungsprozeß, der sich in diesen neuen Beziehungen offenbart: Der bezahlte Mitspieler erkennt seinen Wert und läßt sich seine Dienstleistung als gewährte Gunst vergüten. Die Welt steht Kopf, der Status quo der hierarchischen Ordnung scheint erschüttert: Die Wechselbeziehungen von «oben» und «unten» werden fließend. Erstmals können die Abhängigen selbst Forderungen stellen und werden in den Stand versetzt, hintenherum durch Servilität einen maßgeblichen Einfluß auf einen Großteil der Geschäfte auszuüben. Je weiter das Jahrhundert fortschreitet und die Kunst des Rankes sich auf alle gesellschaftlichen Gebiete ausweitet, desto unabhängiger und damit schlagkräftiger werden die «Dienstboten».

Vorbild aller literarischen Dienerfiguren, die auf den Pfaden der Intrige wandeln und sich dabei ihres Wertes durchaus bewußt sein, sind die schlauen Arlecchini der Commedia dell'arte. Sie wissen ihre Tatkraft an mehrere Herren gleichzeitig zu verkaufen und jonglieren gekonnt mit den gegnerischen Ambitionen. Hier erhebt sich der Widersinn zur Realität: Der vermeintliche Handlanger wird zur eigentlichen Schlüsselfigur. Er laviert sich, gleichermaßen das Vertrauen der verfeindeten Parteien genießend, mit erstaunlichem psychologischem Geschick zwischen den Parteien hindurch und schlägt bare Münze daraus. Der intri-

Szene der Commedia dell'arte mit Arlecchino und Gilles. Kupferstich nach einer Zeichnung von Antoine Watteau. Um 1720

gante Diener, der sich vom Vermittler zum Mitspieler mausert, entpuppt sich für die in seine Doppelstrategie nicht eingeweihten Auftraggeber als Deus ex machina. Die Tatsache, daß er der einzige umfassend Informierte des Komplotts ist, verleiht ihm die Macht, das Denken und Handeln aller Figuren von seinem sicheren Versteck der Bedienstetendummheit aus zu manipulieren. Doch Achtung, die Maschinerie der Intrige kann sich verselbständigen und außer Kontrolle geraten. Nicht nur ein Drahtzieher verfängt sich in ihren Fallen, bis er schließlich aufgefressen wird.

In diese prekäre Lage gerät der Truffaldino in Goldonis «Diener zweier Herren», der den Überblick über seine eigenen Schachzüge verliert. Für ihn wird das Hin- und Herspringen zwischen seinen beiden Auftraggebern schnell zum Wettlauf um sein nacktes Leben. Auch noch eine andere Dienerfigur des Jahrhunderts wird um die Früchte ihres intriganten Verhaltens geprellt. Despina aus «Così fan tutte» steht wie der Truffaldino am Schluß als Verliererin da. Sie, die sich im Besitz der

vollen Wahrheit wähnte, muß feststellen, daß sie nur als Spielball eingesetzt wurde und ihre Herrinnen einem fürchterlichen Betrug ausgeliefert hat, den sie selbst nicht durchschaute: Sie weiß nicht, daß sich unter der Verkleidung der zwei Exoten, an die sie Fiordiligi und Dorabella
verschachern will, deren einstige Liebhaber Guglielmo und Ferrando
verstecken, die ihre Geliebten auf die Treueprobe stellen. Für Despina
bedeutet die Aufdeckung der Kabale Fürchterliches: Sie hat sich das
Vertrauen ihrer Herrinnen verscherzt. Das Schelmenstück schlägt
zurück; aus Betrügern werden Betrogene und aus Betrogenen Betrüger.

«Es tut mir leid, daß ich keine Begabung zum Spitzbuben habe.
Sollte das nicht tatsächlich zur Erziehung eines Mannes gehören, der
sich mit Intrigen abgibt? Wäre es nicht erfreulich, Brief oder Bild eines
Nebenbuhlers zu entwenden oder einer Prüden etwas aus der Tasche zu
ziehen, womit man sie entlarven kann? Aber unsere Eltern denken an
nichts»[13], beklagt sich Choderlos de Laclos' Held Valmont bei seiner
Freundin darüber, daß seine Schicht in handgreiflichen Fähigkeiten
nicht unterwiesen wird. Das Metier halblegaler Übergriffe auf fremde
Intimsphären obliegt dem Personal. Traditionsgemäß entwickelt die
dienende Klasse bei anstößigen Aufträgen erstaunliche Fähigkeiten. Die
Trickkiste des Ränkespiels steht wirklich vor allem Trivellin, einem
Frontin, einem Arlequin und ihren Erben, seien sie nun aus Marivaux',
Diderots oder Goldonis Feder, zur Verfügung. Es macht ihnen diebi-
schen Spaß, Briefe mit verstellter Schrift im Namen ihrer Herrschaft zu
verfassen, ebensolche auszutauschen, zu stibitzen oder verschwinden zu
lassen. Falschmeldungen mit der Inbrunst der Überzeugung zum besten
zu geben, liegt ihnen im Blut. Es stört sie wenig, daß sie damit Eifersucht, Verzweiflung, Zerwürfnisse und dergleichen mehr hervorrufen.
Vor allem das diffizile Handwerk der Bespitzelung scheint Teil ihres
Wesens geworden zu sein. Karrieristische Knechte scheuen selbst vor
bösartigen Verleumdungen nicht zurück. Die Aufnahmekapazität ihrer
Augen und Ohren kennt keine natürliche Grenze, und sie können sich
auf ihr Feingespür, prekäre und ihrem Vorhaben zweckdienliche Situationen zu erahnen und zu erspähen, allemal verlassen.

Diener und Herr sind vielfältig aneinander gebunden, doch nicht immer stecken sie auf halbkriminelle Weise unter einer Decke. Der Auf-
gabenbereich des Dienstes am Mann oder der Frau umfaßt den ganzen
Lebensbereich. Zofen und Kammerherrn gehen ihrer Herrschaft keineswegs nur beim An- und Auskleiden zur Hand oder beraten sie nur

mit sachkundigen Tips in Schönheitsfragen, ihre Kongenialität liegt vielmehr darin, als Regisseure des inoffiziellen und damit eigentlichen Lebens ihrer Dienstherren zu fungieren. Virtuosen der heimlichen Aktion könnte man sie nennen. Niemand kommt an ihnen vorbei, ohne sie geht gar nichts, in Liebesdingen schon überhaupt nicht. Sie sind es, die unerlaubte Zusammenkünfte arrangieren, die verbotene Liebesbriefe besorgen, die unstatthaften Herzensneigungen zu ihrer körperlichen Erfüllung verhelfen. Die Bedeutung eines gewitzten Dieners ist schon in der Realität, aber erst recht in der Literatur nicht hoch genug zu veranschlagen, sie ist fundamental: Er erschafft und bewahrt den verborgenen Raum, in dem seine Herrschaft ihre gesellschaftlich sanktionierten Gefühle, die einzigen, die ihnen bleiben, unbemerkt leben können. Ausführungsgehilfen können dabei nicht bloß Ausführungsgehilfen bleiben. Eine Lisette, ein Leporello, eine Despina, ein Jacques vermögen denn auch vieles mehr: Sie sind als wahre Psychologen der Handlung in den komplizierten Herzenswindungen ihrer Barone und Baroninnen, ihrer Grafen und Gräfinnen, ihrer Fürsten und Fürstinnen bewandert. Jede Laune, alle Wünsche und Nöte, ja jeder Winkelzug der hochherrschaftlichen Seelen geht den «Leib»dienern in Fleisch und Blut über. Weit darüber hinaus, nur Ratgeber zu sein, erfüllen sie als die einzigen wirklichen Vertrauten der Adeligen und reichen Bürgerlichen die Funktion von Freunden. Don Giovanni nennt Leporello, unbewußt sicherlich, bei diesem Namen. Obwohl des Feudalherrn Bitte «So laß uns weiterhin Freunde bleiben»[14] mehr beschwichtigenden Charakter hat, verbirgt sich in ihr wohl die Erkenntnis, daß er seines Gehilfen bedarf und dieser für ihn unersetzlich ist.

Natürlich kommt diese Thematik nicht von ungefähr. Diener und Herr leben oft seit dem Säuglingsalter zusammen. Da ernährt eine Amme gleichzeitig ihr eigenes Kind mit einem bei ihr in Pflege gegebenen Aristokratensäugling – so knüpft sich oft schon mit der Muttermilch ein Freundesband zwischen Kindern sehr unterschiedlicher Herkunft. Die sogenannten Milchschwestern und -brüder leben und spielen die ersten Lebensjahre vertraulich miteinander. Eine erste Trennung und vielleicht die erste schockartige Erfahrung gravierender hierarchischer Unterschiede – sofern sich diese nicht schon in Kost, Kleidung und Logis dokumentieren – trifft die Kinder, wenn der noble Sprößling in sein Elternhaus zurückkehrt. Doch zerreißt die emotionale Bindung nicht in allen Fällen auf Dauer: Wird ein Knabe reif fürs Kolleg, sehen sich begüterte Eltern nach einem gleichaltrigen Begleiter für ihren Sohn um, der ihm in den unwichtigen Dingen des Lebens zur Hand gehen soll. Gelegentlich entsinnt sich der Filius seines einstigen Spielkameraden, und gemeinsam ziehen sie dann in die Lehranstalt. Ebenso entwickelt sich aus so mancher Milchschwester die Herzenszofe eines jungen Mädchens in Kloster und Erwachsenenleben.

Ein engeres Zusammenleben läßt sich kaum denken. Die Gefahr, daß Klassenschranken fallen, scheint virulent. Dem versucht man durch rein äußerliche Maßnahmen vorzubeugen: «Die strikte Beachtung äußerer Zeichen des Respektes, der Unterschied in der Kleidung korrigierte die Familiarität des gemeinsamen (Kolleg-)Lebens. Der Diener verließ seinen Herrn nicht, dessen Freund und Komplize er war, weil zwischen beiden eine Verbundenheit bestand. [...] dem Hochmut des Herren entsprach zu der Zeit die Unverschämtheit des Dieners und stellte im Guten und Schlechten eine Hierarchie wieder her, die durch die exzessive Vertraulichkeit eines unablässigen Zusammenseins ständig in Frage gestellt wurde.»[15] Standesgesetze schieben einem natürlichen Bedürfnis nach gleichberechtigtem Austausch einen Riegel vor. Sie manifestieren sich in einer strikten Kleiderordnung, die die Schichten modisch voneinander abgrenzt. Zumindest nach außen hin muß die Rangordnung ihre tradierte Fasson bewahren.

Doch die Realität bietet oft ein ganz anderes Bild. Die Dienerschaft läßt sich beileibe nicht mehr alles gefallen und schlägt bei hochherrschaftlichen Übergriffen auch mal handfest zurück. Eine denkwürdige Erfahrung macht zum Beispiel der Herzog von Noailles, der sich auf sein Gottesgnadentum tatkräftig berufen wollte: Er «nahm sich skandalöse Freiheiten mit einem seiner Kammerdiener heraus, worauf dieser Dorftrottel ihm eine schmierte, daß seine Hoheit seit einer Woche das Bett hüten mußte»[16]. Domestiken lassen sich sexuell nicht mehr bevormunden. Sie versuchen im Gegenteil, Profit aus ihrem Geschlecht zu ziehen und über ihre erotische Ausstrahlung Karriere zu machen. Geschicke wie die von Pergolesis «Serva Padrona» sind nicht gänzlich aus der Luft gegriffen. Vielmehr liegt die Geschichte in den Möglichkeiten der Zeit: Die junge, äußerst vife Haushälterin eines alten Geizkragens behauptet sich gegen dessen ganze erbschaftsversessene Verwandtschaft und kriegt ihren knausrigen Greis schließlich mit allerlei Tricks und vielen geschickten Schlichen sogar zu einer Ehe herum. Sie, die mittellose «serva», wird zur «padrona» und Erbin eines schwerreichen Mannes.

Bäuerliche Familie. Kupferstich von Goumaz nach einem Gemälde von P. E. Moitte. Um 1760

Fast zeitgleich nimmt sich der Romancier Marivaux der turbulenten Laufbahn eines Landkindes an. Sein «Bauer im Glück» entsteht in den Jahren 1734/35, kurz nachdem die Aufstiegsthematik in der kleinen komischen Oper des italienischen Komponisten als musikalisches Zwischenspiel 1733 über die Bretter der ernsten Oper («opera seria») gegangen ist. Schleichende Egalisierung der Stände macht sich nun auch in der französischen Literatur breit. Der kesse Bursche Jakob schläft sich die soziale Leiter nach oben. Direkt vom Pflug gelangt er dank seiner männlichen Fähigkeiten durch die Betten edler Damen bis in die allerbeste Gesellschaft. Sein Geheimnis: Er versteht die Sprache der Erotik, weiß verstohlene Winke zu deuten und erlaubt einer Frau, ihre Wünsche zu äußern und zu befriedigen, ohne daß sie sich vor ihm, dem weit unter ihr Stehenden, erniedrigt.

In der Realität steigen Bürgermädchen zu sagenhafter Macht in der

Sphäre des königlichen Alkovens und des politischen Einflusses empor. Die verarmte Dichterwitwe Madame Scarron schwingt sich zur Mätresse und heimlichen Gattin Ludwigs XIV. auf. Wenige Jahrzehnte später erhebt sich eine Beamtentochter, die spätere Madame de Pompadour, zur Alleinherrscherin und Intrigantin über das königliche Liebesbedürfnis. Vermag die Erotik in den Herzen realer Personen schon viel, so geht die Phantasie in ihren Utopien sogar noch einen Schritt weiter: Sie propagiert die Gleichberechtigung auch der von Geburt aus Benachteiligtsten, der Kaste der Domestiken.

Don Giovanni ist mal wieder in Eroberungsstimmung, als er sich mit folgenden Worten an seinen ihm vermeintlich so ungleichen Diener wendet: «‹Jetzt will ich mit ihr [dem neuen Objekt seiner Begierde, der Zofe seiner ihm rechtmäßig angetrauten Gattin; Anm. d. Verf.] mein Glück versuchen, und ich habe gedacht, da es schon auf den Abend zugeht, mich ihr, um ihren Appetit anzuregen, in deinem Kleid zu präsentieren.»» Leporello, selbst irritiert von diesem sonderbaren Vorschlag der Erniedrigung seines Herren hinab zu seinem Stand, kontert: «‹Und warum könnt Ihr Euch nicht in Eurem eigenen präsentieren?›» Giovanni: «‹Die herrschaftlichen Kleider haben bei Leuten dieses Standes wenig Kredit.› *(Er legt seinen eigenen Mantel ab.)*»[17] Ein Feudalherr hüllt sich hier in die Tracht eines sozial weit unter ihm stehenden Dieners und überläßt es diesem, sich als Herr auszugeben und in vertauschter nobler Gewandung die ganze übrige Gesellschaft hinters Licht zu führen. Der Symbolgehalt dieses neuen literarischen Topos ist in geschichtlicher Hinsicht und für den Prozeß der Personalisierung und fortschreitenden Individualisierung umstürzlerisch.

Denn: Knecht und Herr tauschen mit den Kleidern für eine kurze Zeitspanne auch ihre Identität. Darin offenbart sich auf der einen Seite die Sehnsucht der Aristokraten nach der Formlosigkeit des Umganges, nach natürlicher zwischenmenschlicher Kommunikation fern von aller Etikette und befreit von jeglicher Verantwortung. Der andere Aspekt versinnbildlicht den schon einsetzenden Machtverfall der herrschenden Schicht: In dem großangelegten Täuschungsversuch beschwören die (männlichen) Adeligen die vergangenen Zeiten des vorgeblichen «jus primae noctis» herauf, das ihnen die unumschränkte Verfügung über alle Frauen in ihrem Einflußbereich als Sexualobjekte zur Befriedigung aller Begierden zusprach. Jetzt versuchen sie, verkleidet, sich ihr einstiges Recht auf Umwegen erneut zu erschleichen.

Anderes bewegt hingegen einen Leporello, sich mehr oder weniger gegen seinen Willen doch auf den beargwöhnten Gewändertransfer einzulassen: «Tag und Nacht sich herumplagen für einen, der nichts zu schätzen weiß; Regen und Wind erdulden, schlecht essen und schlecht schlafen. Ich will den Herrn machen und will nicht mehr dienen. O welch lieber Edelmann! Ihr weilt drinnen mit der Schönen, und ich muß Wache stehen!»[18] klagt der arg Geschundene. Er kann sich der Versuchung nicht erwehren, nur einmal seiner Haut zu entschlüpfen, um im Part eines Weltmannes zu glänzen. Kaum liegt der Mantel des Granden auf der Schulter des Lakaien, erfüllt sich ihm in einem kurzen, aber unvergleichlichen Moment der Wunschtraum von einer das absolutistische System verändernden Wahrheit: Von den Herren trennt ihn nun nichts mehr, weder die Kleidung noch das (in Leporellos bzw. Don Giovannis Fall allerdings mehr als zweifelhafte) Ansehen, noch die Befehlsgewalt – kurz: Er hat die Macht. Erstmals darf sich der Diener in der Illusion wähnen, daß sich alle krassen Unterschiede der Rangfolge aufheben, ja sogar ins Gegenteil verkehren lassen. Gebieter und Befehlsempfänger verschmelzen mittels des kleinen Theatertricks wie durch Magie zu einer Person. Die Phantasmagorie einer Welt der Gleichen unter Gleichen in Gleichheit erahnt in den vertauschten Identitäten erstmals eine mögliche Realisierung. Ein ungeheuerlicher Vorgang der Aufhebung hierarchischer Strukturen, gar schon eine vorrevolutionäre Negierung aller Standesschranken?

Der Gewandwechsel von oben nach unten und von unten nach oben ist von Beginn des 18. Jahrhunderts an ein äußerst beliebtes Thema in der Literatur. Das burleske Verwirrspiel um die Aufzüge hält in die ernsteren dichterischen Sparten durch die italienische Commedia dell'arte Einzug, in der es als beliebt-gewagtes Motiv des verschlüsselten Aufstandes der Arlecchini einen angestammten Platz innehat. Was in dieser großen Lustspielform des Stegreiftheaters noch Spaß ist, transformiert Marivaux zu abgründiger Tragik. Denn nun schiebt sich auch noch Amor als seelenerschütternde Bedrohung zwischen die Standesbeziehungen und fordert sein Recht mit dem Beweis dessen, daß geschehen kann, was eigentlich nicht sein darf: die Zuneigung zwischen Diener und Herr. Der mutwillige Schlingel mit seinen Ambitionen, die unmöglichsten Liebschaften zu initiieren, schießt einen Pfeil in den funktionierenden Regelmechanismus zwischen Herz und Geist und zerstört die berechenbare menschliche Selbstkontrolle. Die Verliebten geraten vollkommen außerhalb ihrer selbst in ein Vakuum, in dem nur noch der unerlaubte Affekt regiert, dem sie nicht mehr wehren können, aber auch gleichzeitig nicht nachgeben dürfen, ohne ihre Lebensstellung zu verlieren.

Einen solchen, an Wahn-Sinn grenzenden Schock erleidet die als die eigene Zofe Lisette getarnte hochherrschaftliche Silvia aus dem «Spiel von Liebe und Zufall» von Marivaux. Sie verliebt sich in den Diener Bourgignon. Dieser jedoch, ebensoweit entfernt davon, dem Gesinde anzugehören, verguckt sich seinerseits in das vermeintliche Dienstmädchen. In den Herzen der beiden füreinander Entbrannten spielen sich alle die Grundfesten ihrer Existenz untergrabenden Qualen ab. Ihre Erfahrung eines Begehrens über die Klassenschranken hinweg grenzt an Verlust des bisher gelebten Weltbildes, ziehen sie doch ihre Lebensberechtigung vorwiegend aus ihrer Herkunft. «Mit dem *ersten Seufzer* [Silvias] hebt die Szene an: ‹Ach! wie ist das Herz mir schwer!› Er stößt Türen eines düsteren Gelasses auf, in dem Vereinsamung und Verwirrung wohnen. ‹Jedes Gesicht erfüllt mich mit Mißtrauen, mit keinem Menschen bin ich einverstanden, mit mir selbst erst recht nicht mehr.› Silvias Anmut, ihr Wesen bestand darin, sich einig zu scheinen mit ihrem Selbst. Sie ist nah daran, ihr Wesen zu verlieren. Liebt sie einen Diener, so kann sie nicht die Tochter ihres Vaters, die Herrin ihrer Zofe – sie kann nicht Silvia sein. Verleugnet sie aber ihre Liebe, ihr neues Eigenstes, dann ist sie auch nicht Silvia mehr. Alle Konformität der Komödie lastet eben auf der Szene, deren Diskurs (‹Silvia liebt einen Diener›) der Konformität der Zeit, der Gesellschaft abzuschwören sucht. Anders als für Shakespeares Julia, für Schillers Luise ist für Silvia keine Identität vorgesehen als ihre soziale Rolle: kein inwendiges Asyl in trotzender Subjektivität, kein Recht vor Gottes oder der Menschheit Berufungsgericht. Die Hierarchie des Lustspiels ist ihr Lebenselement; mit Bourgignon-Dorante leben, hieße für sie sterben. In diese Krise trifft das Geständnis: Dorante ist nicht Bourgignon, sondern Dorante, ist Herr statt Diener. Der *zweite Seufzer* folgt, ein Kürzel barer Poesie: ‹Ach! Ich verstehe mein Herz!›»[19] Die Zeiten sind noch lange nicht reif für eine eheliche Verbindung ungleicher Liebender. Der reaktionär anmutende ideologische Rückzieher des Finales ist zeitlich determiniert. Die Moral der meisten Geschichten aus der Epoche, die auf den entscheidenden Umsturz zulebt, lautet immer noch: Außerhalb des Status quo gibt es kaum eine Seligkeit. Doch mutet der Gedanke an die Möglichkeit einer seelischen Verbundenheit zwischen Dienern und Herren schon revolutionär genug an.

Marivaux nimmt sich mit wahrer Akribie der Diener-Herren-Metamorphose an, doch vollständig vollzieht sie sich in seinem imaginierten Mikrokosmos noch nicht. Im «Spiel von Liebe und Zufall» zum Beispiel bleibt der Tölpel Bourgignon auch in seiner Herrenrolle immer noch als Tölpel erkennbar. Dementsprechend zeichnen sich auch die Herrschaften, die Domestiken spielen, stets als die aus, die sie von Geburt an sind. Die Protagonisten sind innerlich noch nicht so weit disponiert, ihrem Wunsch nach Verwandlung und Darstellung des Konträren uneingeschränkt zu entsprechen. Der Leidensdruck, der sich aus den Klassenschranken ergibt, entwickelt noch nicht das Potential, das zur Überwindung des aufgesetzten, unnatürlichen, nur behaupteten Wesensunterschiedes aktiviert. Die Erfahrung gesellschaftlicher Differenz wird ernst und nur schmerzvoll, wenn sich an ihr die Liebe scheiden soll. Doch die Auflösung der Stücke, die die Affinitäten über alle Stände hinweg wieder ursächlich auf das verbindende Moment innerständischer Gleichheit zurückführt und zu guter Letzt die Noblen mit den Noblen und die Dienenden mit den Dienenden verbindet, will verdeutlichen, daß sich die Maskierten von vornherein, ohne es zu ahnen, in ihrem Wesen als diejenigen erkennen, die sie zu sein leugnen. Um diese grundsätzliche Vorgabe in gesprochenes Wort umzusetzen, benutzt der Autor das Bemühen seiner Figuren, sich im Habitus des anderen zu ergehen, als burleskes Stilmittel. Die Diskrepanz zwischen Rolle und Darstellung setzt er lustvoll in Szene, mit liebevoller Ironie betrachtet er seine clownesken Antihelden, wie sie sich als Herren mehr aufspielen, als daß sie diese spielen. Gestelzt klingt alles, was aus den Mündern der Diener mit vollster Überzeugung heraussprudelt und was sie für eine überaus elegante Ausdrucksweise, würdig eines Großfürsten, halten; grotesk sieht jede Bewegung, jede Geste aus, die sie ihrer verkörperten Stellung gemäß glauben. Aus der betrachtenden Distanz der in das doppelte Spiel Eingeweihten, wozu neben den Initiatoren auch die Leser und Zuschauer gehören, wirkt jedes Wort, das die Verkleideten äußern, jeder gesprochene Satz wie eine drollige Floskel.

Es ist nicht einfach, mehr oder weniger scheinen zu wollen, als man ist. Adelige geben sich besonders primitiv und drücken sich besonders derb aus, wenn sie sich von eigenen Gnaden zum Knecht erniedrigen. Die vermeintlichen Domestiken bleiben keineswegs frei von all den falschen Tönen, von den irrwitzigen Redewendungen, die Marivaux genüßlich überpointiert. Das Scheitern, den Sprachduktus und die Verhaltensweise von einer Schicht in die andere zu transponieren, ohne sie verinnerlicht zu haben, wird zu dem eigentlichen komischen Element der Marivauxschen Seelenmelodramen. Silvia ist blind, Dorante fehlt der Durchblick, ja, selbst die Diener scheinen unfähig, die Täuschung zu erkennen. Alle Mitwirkenden im «Spiel um Liebe und Zufall» sind zu tief und selbst schuldhaft in das Gewebe und damit in die Dynamik des Trugs verwickelt, als daß sie noch in der Lage wären, die wahren Zusammenhänge zu entschleiern.

Die Historie geht ihren Gang. «Der derbe Diener und Hanswurst hat die ursprüngliche Possenschlauheit, den ursprünglichen Possenwitz in einen erstaunlichen psychologischen Scharfsinn verwandelt, der, mindestens in der Geschliffenheit seines Ausdrucks, nicht mehr recht zu der Bedienstetenstellung paßt»[20], charakterisiert Klemperer den Prozeß einer Verfeinerung der Sitten in der Gesindeetage. Die Dienerschaft wird immer feinfühliger, im letzten Drittel des 18. Jahrhunderts vergreift sie sich nicht mehr im Ton, und nun findet sie die passenden Mittel, um ihre eigenen Interessen, gelegentlich auch gegen die ihrer Kostgeber, durchzusetzen. Das ist nicht unbedingt ein Wunder, gehen doch die Zofe und der Diener meist gemeinsam mit ihrer weiblichen oder männlichen Herrschaft durch die Schule einer Kolleg- beziehungsweise Klostererziehung. Sie nehmen wohl meist nicht direkt am Unterricht ihrer Herrschaft teil, können aber dennoch von den erworbenen Kenntnissen der Zöglinge profitieren. Ihre Madame oder ihr Monsieur leben ihnen ständig leibhaftig den Verhaltenskodex der höheren Stände vor, so daß der Lakai oder das Kammerkätzchen gar nicht umhinkönnen, ihn sich en passant anzueignen. Oft werden gerade sie zu den eingefleischtesten Spezialisten in Fragen der Kleidung und der Etikette. Im Laufe des Jahrhunderts geht der Anpassungsprozeß dieser beiden Klassen so weit vonstatten, daß das Personal nicht nur lernt, die Sprache der oberen Zehntausend zu sprechen, sondern es auch versteht, sich aristokratischer Formen der Konversation zu bemächtigen und sich in ihnen zu bewähren.

Jedoch arbeiten sich die Domestiken nicht durch platte Imitation zur Sphäre der Tonangebenden hoch. Ein ungleich diffizilerer Vorgang dokumentiert sich in der Literatur der romanischen Sprachen im 18. Jahrhundert. Diener und Herren verwachsen zu einer Einheit, sie entwickeln sich aufeinander zu, und mit der Zeit reflektieren sie in sich das Spiegelbild des anderen. Die beiden verbindet nicht mehr nur Dienstleistung und Bezahlung, ganz deutlich wird nun auch eine emotionale Wechselbeziehung. Don Giovanni ohne Leporello wäre kein Don Giovanni. Die beiden Figuren gehen eine Symbiose ein.

«Sie wird dich nicht erkennen, wenn du nicht willst»[21], weiß der erfahrene Frauenheld und überredet seinen Diener, doch auf den Kleidertausch einzugehen. Und tatsächlich: Perfekt beherrscht Leporello die Rolle des Don Giovanni, so perfekt, daß selbst Donna Elvira, die doch ihren Gemahl auf das intimste kennen müßte, nicht der leiseste Zweifel an der Identität des Verführers anfliegt. Würde sie sich sonst auf die Freiheiten einlassen, die sich Leporello alias Don Giovanni bei ihr herausnimmt? Leporello ist ebenso tief in das Sein und Verhalten seines herrschaftlichen Vorbildes eingedrungen wie dieser in die Gepflogenheiten seines dienstbaren Geistes. Beiden gelingt eine so überzeugende Verstellung, daß der Täuschung des gesamten Opernpersonals erst ein Ende gesetzt wird, als Leporello sich selbst entlarvt, um der Don Giovanni geltenden (Todes-)Strafe zu entgehen. Die historische Herausforderung bewahrheitet sich in der Moral der Geschichte: Kleider machen Leute, nicht die Herkunft.

Mozart und da Ponte erweisen sich noch in einem anderen Stück als Meister der chiffrierten Verkehrung der Welt zu vordemokratischen Verhältnissen. In «Die Hochzeit des Figaro» wird der Kleidertausch, wie schon in Beaumarchais' Vorlage, zum Symbol einer revolutionären Intention: Susanna gelingt vor dem Angesicht des Grafen die vollendete Verkörperung der Gräfin. Sein und Schein verschmelzen in der gelungenen Verwandlung des Kammermädchens wie auch in der Verkleidung Rosinas als Susanna zu einer neuen Wirklichkeit. Die Mikrokosmen, Realität und Trug vereinigen sich zu einem allumfassenden Makrokosmos. In ihm liegt die Wiege der Utopie.

Der Mensch ist von Natur aus gleich, lautet das Losungswort der Epoche; ein Standpunkt, von dem aus sich die Positionen in der Wechselbeziehung zwischen Herrschern und Beherrschten grundlegend wandeln müssen. Noch verharrt zwar das absolutistische System in relativer Starrheit, doch macht sich eine gewisse Staatsmüdigkeit in allen Schichten breit. Entwürfe zu einer veränderten Gesellschaftsordnung entstehen überall. Öffentliche Kritik an der Monarchie ist jedoch noch ausgesprochen gefährlich und wird mit Gefängnis bestraft. Daher greift

François Boucher: Der Dudelsack. 1753.
Paris. Museé du Louvre

man die politischen Verhältnisse auf sehr subtile Weise an, versucht zuerst einmal das Bewußtsein der Untertanen, aber auch der Herrscher zu unterminieren. Aristokraten mischen sich inkognito unter das Volk und stellen so auf banale Weise republikanische Zustände her. Die Gräfin Genlis und die Gräfin Potocka machen sich einen Spaß daraus, Tanzkneipen als Stubenmädchen verkleidet zu besuchen, «und amüsieren sich himmlisch mit den männlichen Dienstboten ihrer guten Freunde, von denen sie nicht erkannt werden; ihr Vergnügen wächst, als sich ganz unvermutet die Mutter der Gräfin Genlis, als Köchin maskiert, tanzend und singend ebenfalls einfindet»[22].

Mozart reicht für die Egalisierung der Stände der Griff in sein kompositorisches Können: «Auf der Bühne spielen drei Orchester auf. Das erste Paar, der feudale Don Ottavio und die hocharistokratische Donna Anna, fangen an zu tanzen, während das erste ein Menuett spielt. Nun kommt das zweite Paar, Don Giovanni und das Mädchen vom Lande,

Zerline, mit der er sich encanailliert hat, läßt von dem zweiten Orchester in das erste einen Contre hineinklingen, also den halb aristokratischen, halb demokratischen Mischtanz mit stark ländlichem Einschlag. Endlich kommt das dritte Paar an die Reihe: die beiden Burschen Leporello und Masetto, und nun spielt das dritte Orchester einen schnellen Walzer in das Menuett und den Contre der beiden anderen Orchester hinein.»[23] Gleichstellung und Vermischung der Standestänze meint gleichzeitig auch die Gleichstellung und Vermischung ihrer Tänzer.

Hier die musikalischen Mittel, dort die Theatertricks: In «Figaros Hochzeit» gelingt es Beaumarchais und später dann Mozart und da-Ponte spielerisch, mit simplen Kunstgriffen (wie dem Kleidertausch) ein Überdenken der gängigen Definitionen von Macht und Autorität, Unterdrückung und Gehorsam zu postulieren. Gerade die Form der «opera buffa» eignet sich als Transportmittel für umstürzlerischen Sprengstoff, was sie auch schon am Jahrhundertanfang mit der «Serva padrona» bewiesen hat − nicht nur weil sich in ihr, wie auch in der Komödie, traditionell die Diener unter den Herren tummeln. Maskiert kommt das umstürzlerische Gedankengut daher, und nur die Sensibilisierten können es in dem Lachen der Szene ausmachen, so gut verkappt steckt es in pfiffigen Dialogen und einer turbulenten Handlung im Alltagsmilieu.

Der reformerische Ansatz in «Figaros Hochzeit» ist auf das spitzfindigste verhüllt. Der Akt des Verzeihens spielt die zentrale Rolle in der Darstellung eines neuen Weltkonzeptes, in dem sich die Umkehrung aller Standeskompetenzen schon erfüllt hat. Ursprünglich, laut absolutistischer Doktrin, tatsächlich bloß der «Akt» eines einzelnen, dazu per Geburt Bevollmächtigten, mausert es sich nun zu einer wahren Interaktion gleichberechtigter Partner. Die Amnestie − einst ausschließlich verbürgtes Vorrecht und damit Machtbeweis der herrschenden Klasse − bekommt einen vollkommen neuen Stellenwert: Nun führt sie, da sie ein aus dem bloßen Menschentum abgeleitetes Recht aller gegen alle ist, die Autorität und damit den Begnadigungsanspruch der Aristokraten ad absurdum. Mozart und da Ponte finden für diesen Zusammenhang eine geniale musikalische Form: Die Aufdeckung der ganzen Figaro-Intrige endet in einem wunderbaren, Einigkeit beschwörenden Vergebungschor. Alle Beteiligten, ohne Ausnahme, gestehen ihr Quentchen Schuld ein und bitten auf Knien um Verzeihung. Das Finale kennt in seiner Einstimmigkeit keinerlei Klassenschranken mehr: «Erst zum Schluß nimmt die Gnade, erhaben und unbesorgt um künftigen Ton und Gram ihre schützende Maske ab und tritt ans Licht der Wahrheits- und Hochzeitsfackeln. Das Gesicht aber, das da erstrahlt, ähnelt ganz seiner Maske (Wie die Gräfin soeben Susanna, weil Susanna immer schon der Gräfin glich) [...].» Dieser Vorgang finde seine Entsprechung in der Verkleinerung des Grafen zu einem «Gräflein» («Signor Contino») zu Beginn des Stückes: Der Grande würde zum Kleinsten degradiert und wachse auch während des ganzen Stückes nicht zum Bösewicht, sondern schrumpfe vielmehr zum Menschen, stellt Ivan Nagel[24] fest. «Mit dem Wüten des Grafen in der Bürgerwelt thematisiert und widerlegt die eine Buffa den Grund-Satz aller Spätseria – daß die Güte der Ungleichen ausreiche, Ungleichheit gutzumachen. Held ist hier der rebellische Knecht, nicht der gnädige Herr; Versöhnung wird zwischen Gleichen statt zwischen Souverän und Untertan besiegelt, mit Hochzeit statt mit Amnestie. Zu solchem Behuf muß der Zürnende selbst zum Flehenden erniedrigt, göttlich-herrscherlicher Zorn ein für allemal als Wahn und Willkür überführt werden. Äußerste Verkehrung: der Souverän kniet und wird von den Verschwörern begnadigt, deren Komplott von je schon Versöhnung statt Rache wollte.»[25]

Alles Trennende von Sein und Schein, von Utopie und Wirklichkeit hebt sich in der Poesie der Verkleidung auf, und die Fata Morgana einer veränderten Welt erscheint am Horizont der Geschichte. Der Fundus der Gewänder, in die sie sich hüllen kann, ist unerschöpflich: Türkische Italiener schleichen sich in «Così fan tutte» in die Herzen zartbesaiteter europäischer Damen ein, auf vielen Bühnen in noch zahlreicheren Stücken treiben asiatische Paschas in phantastischen Serails ihr Unwesen, Frauen umgarnen in Männerkleidern, Männer in Frauenkleidern beiderlei Geschlecht, und selbst der Satan setzt im «Verliebten Teufel»[26] in der Gestalt einer wunderschönen Frau sein teuflisches Werk in Szene. Das Ich scheint den Menschen zu eng geworden zu sein, sie streben aus sich heraus, in die seinserweiternde Identität fremder Gestalten, entfernter Länder, unbekannter Sphären und anderer Stände. Zudem: Über den Mädchenhandel in orientalischen Harems lassen sich gefahrlos Mätressenwirtschaft und Willkürakte der europäischen Herrscher anprangern, aus den Augen eines briefeschreibenden Persers ungestraft die Zustände in Paris kritisieren. Doch das Wirkungsgebiet der Verkleidung beschränkt sich nicht allein auf die Politik. Sie spielt vor allem eine herausragende Rolle in der Komplottschmiede.

Die Travestie ist der Intrige ureigenstes Element, durch sie verhüllt sie sich in tändelndes Spiel und graziöse Verführung. Maskiert ist alles und jeder: die Gestalt, das Gesicht, die Identität, die Seele. Ja, selbst die Gattung ist maskiert, die die Intrige sich als Darstellungsmedium sucht: die Oper. Nicht umsonst war sie die gültigste Kunstform der Zeit.

Allein der Oper ist immanent, was dem Ränkespiel als Charakteristika eignet, allein die Seria und allein die Buffa verkörpern ein gestalterisches Prinzip, das das Wesen der Intrige widerspiegelt. Vor allem thematisieren sie die Intrige ohne Unterlaß: die ernste Sparte das politische Komplott, die komische die Liebesintrige. Ihre Oberfläche reinen Klanges schimmert pompös, doch die Abgründe dahinter öffnen dem Blick eine Hölle der Trauer, Verzweiflung und Depression. Das absolute Medium der Vielschichtigkeit menschlicher Existenz sind Musik und Sprache, die zu einer Einheit verschmelzen oder in Dualität zueinander gesetzt sind. Instrumente und Gesang können auf verschiedenen Ebenen miteinander kommunizieren. Der Kampf zwischen Gefühl und materieller Welt wird in ihnen ausgetragen.

Oper will nicht faßbare Wirklichkeit abbilden, sie lebt in einer überrealen Dimension. Es gelingt der Handlung im Musiktheater, auch die unglaubwürdigste Verkleidung zu der glaubwürdigsten Sache der Welt zu machen, wie die der Liebhaber in «Così fan tutte» in zwei Exoten oder in derselben Buffa die Metamorphose der Zofe Despina in einen Arzt und kurze Zeit später in einen Notar. Diese Verkleideten mit ihren plumpen Masken werden nicht entlarvt, denn geheime und gesellschaftlich sanktionierte Sehnsüchte machen blind. Irgendwo in dem Reich zwischen Gesagtem und Unsagbarem liegt die Sphäre der Oper, ihre Sprache ist das Erklingenlassen nicht benennbarer Zwischentöne.

Wo das Wort versagt, beginnt das Universum der Musik, sie dringt in die verborgenen, nicht erklärbaren Zusammenhänge des Verhaltens. Ihr steht eine Ausdrucksskala zur Verfügung, die in solcher Vielfalt in den anderen Kunstgattungen ihresgleichen sucht. Das Musiktheater gibt der Widersprüchlichkeit des menschlichen Wesens tönende Gestalt: Die Seele in ihrer Komplexität aus unterschiedlichsten widerstreitendsten Stimmungen findet in einer Arie, einem Duett, einem Chor Mozarts, Haydns, Händels, Glucks eine analytische Entsprechung. Tonartwechsel von Dur nach Moll, kontrapunktische Akzente, dynamische Schwankungen sind die Zaubermittel der großen Komponisten des Jahrhunderts, die (fast) allen ihren Gestalten eine Wahrhaftigkeit der Erscheinung verleihen, die nichts mit äußerlicher Wahrscheinlichkeit zu tun hat. Das Orchester instrumentiert ein chaotisches Innenleben. Die Klangfarbe allein einer Gesangslinie kann ein Drama hinter gewahrter Fassung erzählen. Denn: Zerrissen sind sie alle, und man hört ihre Qualen, auch wenn sie sich den Anschein größter Ausgelassenheit geben. Die Fassade der Heitersten bröckelt. Hinter ihr lauert eine panische Angst, die auch im derbsten Scherz unüberhörbar mitschwingt. Mozart drückt in wenigen Noten verhaltenen Schmerz, nachempfindbar bis zur Unerträglichkeit, aus, Händel braucht nur eine Koloratur, um die Gemütslage einer seiner Heldinnen von himmelhoch jauchzendem Glück bis in die tiefste Verzweiflung zu führen. Auch der leiseste hysterische Unterton ist vernehmbar, der sich bei den gepanzerten Opernfiguren des 18. Jahrhunderts einschleicht, weil sie ihren selbstgestellten Anforderungen nicht mehr standhalten und an den brutalen gesellschaftlichen Umgangsformen zu zerbrechen drohen. Die Komponisten des Rokoko sind die unübertroffenen Meister der unter aller Maskierung schönen Gesangs sezierten Emotion.

Der vergiftete Pfeil der Intrige zielt von Oberflächlichkeit bis tief in die Herzen. Die Oper verinnerlicht ihre Wirkung und bildet sie so vollkommen wie möglich ab. Roman und Theaterstück gehen einen Schritt weiter: Sie reflektieren die Verwundungen, die sie in die Seelen reißt, und analysieren die konspirative Lebensweise. Jedes Komplott entspinnt sich aufgrund allgemeiner Unfähigkeit zur Kommunikation. «Jene Dinge, über die man nicht die Hälfte dessen sagen kann, die sie ausmachen»[27], beklagt Marivaux' Protagonistin Marianne ihr Unvermögen, ihrem Inneren adäquaten Ausdruck zu geben. Die Vielschichtigkeit all jener Emotionen, die ihnen nicht zuletzt infolge der liberalisierten Sexualpraktiken ins Bewußtsein dringen, erscheint den Menschen als Schreckbild. Sie können nicht einmal sich selbst Rechenschaft über ihre Gefühle ablegen, geschweige denn anderen.

Die Revolutionierung der Sitten wirft die Zeitgenossen des Spätbarock in ein Vakuum der Orientierungslosigkeit. Sie sprechen sämtlichen moralischen Konventionen früherer Jahrhunderte jegliche Bedeutung ab, und als Beweis verkehren sie diese Konventionen in Schrift und Tat in das Gegenteil. Das vernünftige Zeitalter erlaubt nun, entgegen dem vormaligen Zwang zu absolut monogamen Lebensgemeinschaften mit den Ehegatten, alle Spielarten der Liebe. Einzige Voraussetzung: Niemand dürfe «Schaden» nehmen. «Das Höchste, was der Mensch erreichen kann, ist der Sinnengenuß, indem die Geistigkeit des

Menschen in der Körperlichkeit begründet ist. Die sinnliche Lust steht bei ihm an erster Stelle, nicht weil sie die einzige, sondern weil sie die allgemeinste ist.»[28]

Versucht wird so ziemlich alles. Liebe zu zweit, zu dritt und zu noch mehreren. Liebesobjekte können so häufig gewechselt werden, wie es gerade Lust und Laune diktieren. Die Promiskuität triumphiert, und die sexuelle Eroberungsmanie sucht nach einem neuen Kodex. Je ausschweifender das Leben, um so notwendiger brauchen die Roués weiblichen wie männlichen Geschlechtes ein System, in das sie ihre chaotischen Affekte einordnen können. Die Intrige als Verhaltensmodell bietet es ihnen: Ein Interaktionsschema ist kreiert, mit dem man «Gefühle ausdrücken, bilden, simulieren, anderen unterstellen, leugnen und sich mit all dem auf die Konsequenzen einstellen kann, die es hat, wenn entsprechende Kommunikation realisiert wird»[29]. Damit ist der Ideologisierung der Liebe der Weg geebnet. Für alle Stationen einer Affäre bieten die Richtlinien ranküner Strategie eine Aktions- und Reaktionsvorlage. Die erotische Intrige gehorcht einer eigenen Triebkraft und unterliegt nur ihr eigenen Gesetzen. Sie gibt der Langeweile eine Form und einen vermeintlichen Inhalt, denn ihr Sinn liegt vor allem in der langfristigen Organisation der Zeit. Die Flüchtigkeit der Existenz wird gebannt: Der Ränkeschmied verführt nach Stundenplan, pflegt die Beziehung nach Stundenplan und gibt den Abschied nach Stundenplan. Der gesellschaftliche Intrigenkodex regelt sogar die Dauer einer Liebelei. Wer sich zu lang mit der- oder demselben liiert, macht sich auch schon wieder verdächtig der Gefühle, «die damals schon gar nicht mehr in Mode waren», wie Marivaux berichtet.[30]

Der Boudoirfeldherr Clitandre aus Crébillon fils Dialogstück mit dem vieldeutigen Titel «Die Nacht und der Augenblick oder die Morgenfeiern auf Kythera» weiß, wovon er spricht: «Nie zuvor haben die Frauen in der Gesellschaft weniger Geziertheit an den Tag gelegt; nie zuvor ist weniger Tugend zur Schau getragen worden, mag man sich, so nimmt man sich. Langweilt man sich miteinander? Dann verläßt man sich mit ebensowenig Förmlichkeiten, wie man sich genommen hat. Gefällt man sich wieder? Dann nimmt man sich von neuem mit ebenso großem Feuer, als sei es das erste Mal, daß man sich miteinander einließe. Man trennt sich abermals, nie jedoch geht man im Zorn auseinander. Freilich, die Liebe hat mit alledem nichts zu schaffen, aber war denn Liebe je mehr als ein Begehren, das zu überschätzen man sich gefiel, eine Regung der Sinne, aus der die Eitelkeit der Männer eine Tugend zu machen beliebte? Heute weiß man, daß einzig die Lust existiert; und wenn man einander noch sagt, man liebe sich, so geschieht das weit weniger, weil man es glaubt, als weil es eine höflichere Form ist, voneinander das zu verlangen, was man nötig zu haben meint. Wie man einander genommen hat, ohne sich zu lieben, so geht man auseinander, ohne sich zu hassen, und aus der schwachen Lust, die man gegenseitig in sich geweckt hat, zieht man wenigstens den Vorteil, stets bereit zu sein, einander zu verpflichten. Macht die überraschende Unbeständigkeit eines Liebhabers einer Frau zu schaffen? Kaum läßt man ihr Zeit, sie zu empfinden. Gestatten ihr nicht Gründe der Schicklichkeit oder des eigenen Vorteils, einen langweiligen oder nicht mehr liebenswert erscheinenden Liebhaber zu verlassen? Alle ihre Freunde lösen einander ab, um sie vom Unglück ihrer Lage abzulenken. Überkommt sie eine Laune? Innerhalb einer Minute ist sie befriedigt. Geraten wir Männer in all die Fälle, die ich soeben aufgezählt habe? Da finden wir die gleichen Tröstungen in der Dankbarkeit der Frauen, mit denen wir ein wenig vertraut gelebt haben: Und ich glaube, es liegt viel Weisheit darin, so vielen Liebesfreuden Vorurteile aufzuopfern, die demjenigen, die daraus nach wie vor den Maßstab ihres Verhaltens machen, wenig Achtung und viel Verdruß einbringen.»[31] Liebe als Vertragsgeschäft, doziert vor einer künftigen Geliebten, deren Verhältnis genau den gleichen, den beschriebenen Weg gehen wird.

Der Begriff vom «Liebeshandel» erhält hier seine eigentliche Bedeutung. Denn zumindest die Figuren Crébillons, aber auch vieler anderer Autoren dieser Zeit regeln ihre Affären nach Geschäftsmanier. Der Intrigant liebt nicht mit dem Herzen, er schließt Kontrakte mit dem Kopf. Als wollten sie sich jeden Schmerz ersparen, auch den einer Trennung, entwickeln sie ein eigenwilliges System der Schadensbegrenzung im voraus, das eventuell aufkeimende Gefühle von vornherein unterdrücken und das Innenleben zum Schweigen bringen soll. Hier legen Menschen mit einer Brutalität die Konditionen ihres Verhältnisses fest, die erschauern macht: Der Triumph der Sinnlichkeit über die Liebe wird dingfest gemacht, die Gefühlsebene vertraglich ausgeschlossen. So kann man getrost Vertragsbrüchige, deren Herzen sich partout nicht an die Absprachen halten wollen oder können, ihrem Liebesleid überlassen. Der intrigante Liebhaber scheint bis in die letzte Zelle seiner überdimensionalen Egozentrik aufgeschlossen und liberal zu sein. Er legt seine Pläne offen auf den Tisch und brüstet sich damit bis zur Koketterie. Doch liegt in all dieser scheinbaren «Aufgeklärtheit» die Lebenslüge des Jahrhunderts: Die geistige Durchdringung und Strukturierung des Liebeslebens erfaßt nicht das Wesentliche, Eigentliche. Die Menschen, die ausschließlich nach den Maximen der Kabale leben, werden zu seelischen Krüppeln. Als solche, deformiert in all ihren natürlichen Affekten, haben sie die großen Künstler des Jahrhunderts, die Chirurgen der «condition humaine» – Marivaux, Crébillon fils, selbst der Marquis de Sade – gezeichnet.

Worin liegt aber nun die ungeheuerliche Faszination, die gerade diese Intriganten auf ihre Zeitgenossen ausüben, so daß sie Triumph nach Triumph über jeden Widerstand feiern? Der Ruf, unwiderstehlich zu sein, eilt diesen Herzensbrechern voraus. Meist blicken sie auf eine amouröse Karriere von unzähligen Eroberungen zurück, die sie sich mit den unlautersten Methoden erschlichen haben – auch das ist bekannt. Macht verführt und läßt darauf hoffen, am Einfluß und Ansehen des anderen partizipieren zu können. Frauen oder Männer serienmäßig umzulegen zeugt von außerordentlichen Anlagen und Fähigkeiten.

Es ist eine nicht zu leugnende Wahrheit, daß die meisten Männer und Frauen immer wieder auf die Skrupellosesten hereinfallen, und das nicht etwa im falschen Glauben, eine integre Persönlichkeit vor sich zu haben, sondern im vollen Bewußtsein dessen, worauf sie sich einlassen. «Versac [...] verband mit seiner hohen Geburt einen angenehmen Geist und eine gewinnende Erscheinung. Die Frauen beteten ihn an; eitel, herrschsüchtig und leichtsinnig, betrog er sie ohne Unterlaß und zerriß ihnen das Herz. Er war der unverschämteste Geck, den es gab, und vielleicht gerade darum, so widersinnig das klingt, besonders anziehend für die Frauen. Wie dem auch sein mochte, sie hatten ihn zu ihrem Liebhaber erkoren von dem Augenblick an, wo er in der großen Welt aufgetaucht war. Seit Jahren genoß er das Vorrecht, die Unnahbarsten zu erobern, die Kokettesten zu fesseln und die verbürgtesten Liebhaber zu entthronen»[32], weiß Herr von Meilcour, die Romanfigur des Beziehungsanalytikers Crébillon. Eine andere seiner libidogeschädigten Heldinnen bestätigt aus ihrem Blickwinkel diesen Zusammenhang: «Célie: ‹[...] und ohne mich zu täuschen, wie ich glaube, kann ich für eine der Ursachen, die mich ins Verderben stürzten, die Sucht halten, mit der versucht wurde, mich gerade von diesem Mann abzuschrecken. Da man ihn als einzigen zu betrachten schien, der meinem Herzen gefährlich werden könnte, zwang man mich, meine Phantasie einzig auf ihn zu richten.› Herzog: ‹Und da haben Sie recht: Man beschäftigt die Phantasie einer Frau nicht längere Zeit hindurch, ohne in ihr Herz zu gelangen, oder zumindestens nicht, ohne daß es durch die Auswirkungen auf dasselbe hinausliefe.›»[33]

Eine erotische Aura der Unwiderstehlichkeit umstrahlt den Libertin, der die Sprache der Verführung perfekt spricht und die Grammatik der Liebesintrige vollkommen beherrscht. Der Wüstling stellt eine Herausforderung dar. Allein schon die Aussicht, der oder die Auserkorene zu sein, dem oder der es gelingt, einen Flatterhaften erfolgreich in das Gefängnis entbrannter und auch dauerhafter Liebe zu sperren, muß so berückend sein, daß sie das Experiment wagen läßt. Da lockt eine Schimäre des Ruhms in die Falle der Verführung: Der Wagemutige möchte in die Annalen der Gesellschaft als Bezwinger einer gemeinhin als unbezwingbar Geltenden eingehen. Die Bürgersgattin des Präsidenten Tourvel gaukelt sich vor, für das Seelenheil des vom rechten Weg Gottes abgekommenen Valmont zuständig zu sein, und rechtfertigt vor sich selbst damit ihre nicht standhafte Neigung zu dem Wüstling. «Sie ist, diese kleine Bürgergans, der ihres Mannes richterlicher Adel Zutritt in die Welt verschafft hat, ganz weg in den schlimmen, schneidigen Valmont; und damit bei dem Kitzel, den sie sich nicht länger versagen kann, auch der Himmel nicht zu kurz komme, nimmt sie sich vor, den Ausgestoßenen zu erlösen, für ihn das Martyrium zu erleiden.»[34]

Opfer von Verführern sind geschmeichelt, ausgerechnet der / die Auserwählte eines Vielbegehrten zu sein. Kommen sie schon nicht auf ihre Kosten, kommt es zumindestens ihre Eitelkeit. «Was verführt, ist nicht dieser oder jener weibliche Kniff, sondern daß man selbst gemeint ist. Es ist verführerisch, verführt zu werden, folglich ist der Verführte verführerisch. Mit anderen Worten: die verführerische und verführte Person ist diejenige, in der sich die verführte Person wiederfindet. Die verführte Person findet im anderen, was sie verführt, das alleinige Objekt ihrer Faszination und das heißt ihr eigenes, ganz aus Charme und Verführung bestehendes Wesen, das liebenswerte Abbild ihrer selbst.»[35] Die Erkenntnis, sich geirrt zu haben, kommt dann zu spät: Die Bastion des kalten Herzens bringt kein noch so starkes Gefühl zum Einsturz.

Die wirklich großen Intriganten sind nicht mehr die Jüngsten. Die Fünfundzwanzig, in jener Zeit schon ein hohes Alter, haben sie allemal schon überschritten, wenn nicht gar die Dreißig. Sie sind bereits über das Alter hinaus, in dem es sich noch schickt, die Jahre zu zählen. Die Marquise de Merteuil, der Comte de Valmont oder Don Alfonso aus «Così fan tutte» schöpfen aus der Erfahrung ihrer Reife, sind selbst schon durch die Mühle gesellschaftlicher Gepflogenheiten gegangen, während ihre Opfer oft gerade in der ersten Jugendblüte und mit fast rührender Naivität in die Gesellschaft eintreten und inmitten einer bösartigen Schlangenbrut landen. Dorabella und Fiordiligi aus «Così» sind gerade 15 Jahre alt, Cécile gelangt direkt aus klösterlicher Behütung in die Domäne «Schlimmer Liebschaften». Die Ränkespieler hingegen, abgeklärt von totaler Desillusionierung, haben meist kein wirkliches Interesse mehr an Liebeserlebnissen. Sie können ihnen schon lange keine Sensationen mehr verschaffen, so viele Menschen haben sie schon auf dem Gewissen. Die erklärten Libertins wollen mehr als den plumpen Akt der Verführung, ihnen geht es um das Spiel mit den Existenzen und um die Selbstbestätigung. Einem «Petit-Maître» genügt es nicht, eine Frau nur zu erobern, er will sie auch zerstören. Megalomanische Befriedigung sucht der Prototyp Valmont: «[…] ich habe sie gezwungen mein Können anzubeten, habe 1000 Freuden mit ihr genossen, ich verließ sie, indem ich ihre Eigenliebe vernichtete.»[36]

Vernichtung ist das anvisierte Endziel von den in ihrer Kunst am fortgeschrittensten Intriganten. Einzig die Merteuil denkt ökonomischer und dadurch noch bestialischer und genialischer. Bevor sie Cécile sich im erotischen Reigen verschleißen läßt, prüft sie deren Fähigkeiten, als ihre Adjutantin das Intrigantenhandwerk zu erlernen. Unvergleichlich in der Präzision und Prägnanz ist, wie Choderlos de Laclos seine Antiheldin selbst die Entwicklung ihres Vorhabens darstellen läßt: «Ich bin ganz närrisch auf das Kind; es ist eine wahre Leidenschaft. Ich irre mich oder sie wird eine unserer beliebtesten Damen werden. Ich sehe ihr kleines Herz sich entwickeln, und das ist ein entzückendes Schauspiel»[37], heißt es erst, doch dann wird sie schon konkreter: «Was die Kleine betrifft, bin ich oft in Versuchung, aus ihr meine Schülerin zu machen. […] Ich habe im Sinn, die Zeit zu benutzen, und dann geben wir ihm [dem Intimfeind der Merteuil; Anm. d. Verf.] eine ganz fertige Frau, statt seiner unschuldigen Pensionärin.»[38] Auch entdeckt sie nützliche Talente an dem kleinen Mädchen: «Sie ist wahrhaft köstlich! Das Kind hat weder Charakter noch Grundsätze; Sie können sich denken, wie ihr Umgang gemütlich und leicht sein muß. Ich glaube nicht, daß sie jemals mit Gefühl glänzen wird, aber alles an ihr kündigt die lebhaftesten Sinnenempfindungen an. Ohne Geist und ohne Feinheit, hat sie doch eine gewisse natürliche Falschheit, wenn man so sagen darf, die mich manchmal selbst in Erstaunen setzt und mit der sie um so eher Glück haben wird, als ihr Gesicht ein Bild der Unschuld und Ahnungslosigkeit bietet.»[39] Alle Anlagen zur Kabalistin scheinen ihr also zu Gebote zu stehen, die Merteuil ist wahrhaft entzückt: «Es wandelte mich tatsächlich die Lust an herauszubekommen, was ich von der Verteidigung, deren sie fähig ist, zu halten habe; und ich, die ich doch noch nur eine Frau bin, habe ihr, wie ein Wort das andere gab, den Kopf derart erhitzt… Kurz, Sie können mir glauben, nie war jemand empfänglicher für eine Überrumpelung durch die Sinne. [...] Wenigstens soll sie eine gute Freundin haben, denn ich schließe mich aufrichtig an sie an. Ich habe ihr versprochen, sie auszubilden, und werde ihr, glaube ich, mein Wort halten. Ich habe manchmal das Bedürfnis gefühlt, zur Vertrauten ein weibliches Wesen zu haben, und diese wäre mir lieber als jede andere.»[40] Doch schnell ist sie ihrer Idee, das Mädchen in die höheren Weihen des Intrigantenhandwerkes einzuweisen, überdrüssig.

Die Person Céciles zählt nach kurzem Vergnügen nicht mehr. «Mich interessiert sie gar nicht. Ich hatte einige Lust gehabt, wenigstens eine untergeordnete Intrigantin aus ihr zu machen und sie unter meiner Leitung die zweiten Rollen spielen zu lassen. Aber ich sehe, sie hat nicht das Zeug dazu. Sie hat eine einfältige Naivität, die nicht einmal dem von Ihnen angewandten Spezifikum [die Verführung; Anm. d. Verf.] gewichen ist, das doch sonst nicht so leicht versagt, und das ist, meiner Meinung nach, die gefährlichste Krankheit, die eine Frau haben kann. Sie verrät vor allem eine fast unheilbare Charakterschwäche, die bei allem im Wege ist; – so daß wir, während wir uns Mühe geben, das kleine Mädchen zur Intrige auszubilden, nur eine leichtfertige Frau aus ihr machen würden. Nun kenne ich nichts Platteres als solche auf Dummheit basierende Leichtfertigkeit, die sich ergibt, ohne zu wissen, wie noch warum, einzig weil jemand angreift und sie es nicht versteht, sich zu wehren. Diese Frauen sind schlechterdings nichts als Lustmaschinen.» In dieser Eigenschaft avanciert die unerfahrene Cécile auch noch zur Bedrohung für die eigene Sicherheit, die Übervorsichtige überlegt: «Sie werden sagen, man braucht auch weiter nichts aus ihr zu machen, und für unsere Absichten ist es genug. Sehr richtig! Nur dürfen wir nicht vergessen, daß von solchen Maschinen bald alle Welt Trieb- und Schwungkraft kennt; so daß man, um sich der vorliegenden ohne Gefahr zu bedienen, schnell machen, rechtzeitig innehalten und sie sodann zerbrechen muß.»[41]

Das Mädchen wird auf die Schlachtbank geführt. Sie unterliegt in einem Konflikt, den die Ränkespieler mit Hilfe des intriganten Kommunikationsmodells für sich entschieden haben. Was die Affekte bei ihnen unterdrückt, schürt sie bei den Opfern erst: Erwartungsgemäß verfängt sich Cécile im Strudel ihrer Gefühle wie dem der Ereignisse und ist dem Anschlag der Gefühllosigkeit hilflos ausgeliefert. Das Ziel aller Intrigen kann sich nun erfüllen: Das Opfer soll unter dem Handstreich der Verleumdung fallen. Sie ist die Krönung einer jeden perfekt durchgeführten Malice, auf sie läuft jeder Schritt hinaus, denn die hinterhältige Denunziation ist ein probates Mittel versuchter Tötung. In keinem Jahrhundert zuvor und danach grenzt ein glaubwürdiger Rufmord tatsächlich so an einen Mord. Es gibt kein Entrinnen: «Verleumdung ist wie die Wespe, die uns lästig umschwärmt. Man darf nicht nach ihr schlagen, wenn man sie nicht sicher tötet, sonst greift sie noch wütender an als zuvor», warnt Chamfort.[42]

Beaumarchais' Bazile singt einen wahren Lobgesang auf den Segen des falschen Leumunds: «Die Verleumdung, Monsieur! Sie wissen nicht, was Sie da von sich weisen; ich habe die ehrenhaftesten Leute darunter leiden sehen. Glauben Sie mir, es gibt keine noch so platten Bosheiten, keine Scheußlichkeiten, keine Schauermärchen, die, wenn man es nur richtig anstellt, von den Müßiggängern einer großen Stadt nicht aufgenommen werden; und hier gibt es Leute, die haben darin ein Geschick. [...] Zunächst ein kleines Gerücht, über dem Boden segelnd wie die Schwalbe vor dem Gewitter, es murmelt, pianissimo, und spinnt den vergifteten Faden weiter. Ein Mund nimmt es auf, und piano, piano, flüstert er es dem Nachbarn ins Ohr. Schon ist es geschehen. Das Übel keimt, schleicht, gewinnt an Boden, und rinforzando, von Mund zu Mund, vollführt es sein teuflisches Werk, bis plötzlich, man weiß nicht wie, die Verleumdung sich aufrichtet, sich bläht und entfaltet. Sie dringt vor, breitet sich aus, dröhnt und wird, dem Himmel sei Dank, zum allgemeinen Schrei, ein öffentliches Crescendo, ein universaler Chor des Hasses und der Verdammung.»[43] Der solcherart Rufgemordete ist geliefert. Im Exil oder im Gefängnis stirbt er den Tod des Vergessenen. Frauen, die einem Ehrabschneider in die Hände fallen, enden im Kloster. Céciles Lebenshauch wird im langsamen Siechtum der Erlebnislosigkeit fern der Gesellschaft erlöschen. Die, die einen Liebestod sterben, sind schneller erlöst von allem Leiden, wie Frau von Tourvel, die andere Zielscheibe des diabolischen Duos in Laclos' Erfindung. Sie flüchtet sich als eine der wenigen in diesem Jahrhundert in die Geistesumnachtung, um dann den Qualen ihrer Erniedrigung zu erliegen.

Plötzliches Ableben hat jedoch oft eine profanere Ursache: Venus macht ihren Adepten gelegentlich einen Strich durch ihre genußvolle Rechnung und beehrt die auf Liebespfaden Wandelnden mit einer ihrer gefürchteten Krankheiten. Syphilis, Gonorrhoe und Tripper gehören zu den häufigsten Angebinden wechselnder Liebschaften. So ziemlich die ganze Oberschicht der Rokokozeit ist vor allem mit der Syphilis infiziert. Circa zwei Drittel der gesamten Gesellschaft trägt laut Fuchs Anzeichen einer Geschlechtskrankheit am Leib, selbst die sonnenkönigliche Familie ist von solch irdischen Leiden nicht verschont: «Weit mehr als die Hälfte aller regierenden Fürstenhäuser waren syphilitisch durchseucht. Fast alle Bourbonen und Orleanisten litten zeitweise oder ständig an venerischen Erkrankungen: Ludwig XIV., sein Bruder, der Gatte der Herzogin Elisabeth-Charlotte, Phillip von Orléans, der Regent von Frankreich, Ludwig XV.»[44] – endlos ist die Liste der mit dem galanten Geschenk Beehrten. Sie machen aus der Not eine Tugend: Es gilt als chic, syphilitische Blässe im Antlitz zu tragen.

Noch verheerender sieht es allerdings in den untersten Schichten aus. Die Ärmsten der Armen stehen am Anfang der Ansteckungskette. Schon die Reichen kann man nicht gerade als Reinlichkeitsanbeter bezeichnen, steht doch nur den nächsten Angehörigen des Herrschers ein Badezimmer zur Verfügung. Die übrigen Hofleute pissen nicht nur ständig in die Ecken der mit einer Art Kanalisation versehenen Säle, auch das Waschen ist außer Mode. Man rückt Ausdünstungen nicht mit Wasser zu Leibe, sondern mit Parfüm und Puder. Auch die im Elend lebende Stadtbevölkerung ist nicht mit Kenntnissen der Hygiene bewaffnet, durch die allein die Geschlechtskrankheiten zu bekämpfen wären. «Wenn es stimmt, daß dieses Gift in gleichem Maße, wie es sich verteilt, an Kraft verliert, dann müßte seine Wirkung in Paris, wo es unglaublich weit verbreitet ist, schon längst erloschen sein. Doch schaut Euch um, schaut, wie es auf den Straßen wimmelt von bleichen, eingefallenen Gesichtern, von zerrütteten Gestalten, deren Gesundheit untergraben, zerstört ist!»[45]

Die erzwungene Promiskuität der Darbenden erleichtert die Ausbreitung der Krankheitserreger: Burschen können damals mit ihren

Die Heirat à la Mode. Der junge Ehemann führt seine Geliebte, die er mit Syphilis angesteckt hat, zum Quacksalber. Das Schönheitspflaster an seinem Hals deutet auf seine Erkrankung hin. Kupferstich von C. Riepenhausen nach einem Gemälde von William Hogarth. 1745

kärglichen Verdiensten aus dem Tagelohn kaum ihre notdürftigsten Bedürfnisse befriedigen, geschweige denn eine Familie ernähren. Ein Großteil der jungen Männer bleibt gezwungenermaßen unverheiratet und holt sich bei Dirnen, was ihnen ansonsten als Ledige an sexueller Erfüllung gänzlich versagt bliebe. Sie sind häufige Gäste in den Bordellen der Städte.

Der Kundenstamm einer ingeniösen Kupplerin rekrutiert sich aber aus allen Schichten. In ihrem Haus gehen Männer wie Frauen ein und aus, hochgestellte Herren suchen in ihren menschlichen Beständen nach jungem Blut beiderlei Geschlechts, schamvolle Damen bitten bei ihr um einen diskreten Galan oder verlangen nach einem zierlichen Mädchen, das sich gerade mit einem Bauern verlustiert hat. Sie vermittelt Schauspielerinnen, die immer gerngesehene und gutgelittene Geliebte in feudalen Betten sind. Tänzerinnen finden auf der Suche nach zusätzlichem Einkommen ins Bordell, um sich dort mit einem Grafen, einem Herzog oder Prinzen zu vereinen oder auch einem simplen Arbeiter ihre Gunst zu schenken. Jeglicher Standesunterschied scheint in den vor der Öffentlichkeit verschlossenen Häusern im Dienst der «allgemeinsten» intimen Wünsche durch die körperliche Vermischung der Klientel aufgehoben zu sein, so daß die Infektion ihren demokratischen Weg quer durch die Schichten gehen kann. Der gerade fünfzehnjährige Graf de - Tilly kann von der Durchseuchung der Städter ein leidvolles Lied anstimmen: Von einer Vergnügungstour ins Amüsierparadies Paris kehrt er arg gezeichnet in den Schoß der Familie zurück, wo er sich einer elenden Roßkur unterziehen muß. Noch ein anderes Mal kommt der infizierte Stürmer und Dränger, inzwischen im Pagenkleid, mit dem Leben davon, dafür bleibt ein Freund auf der Strecke der Lustseuche. Auch Casanova schlägt sich mit kaum zwanzig Jahren bereits schon zum vierten Mal mit dem Präsent der Venus herum.

Intrigant wie sich Rokoko-Menschen gerieren, scheuen sie selbst nicht davor zurück, ihre körperlichen Debilitäten im Geschlechterkampf als Waffe einzusetzen. Ein betrogener englischer Ehemann kommt bei der Suche nach einer Möglichkeit, wie er über seine Gemahlin auch ihrem Liebhaber eins auswischen kann, auf eine glorreiche Idee. «Er suchte an den verrufensten Orten Londons die verrufenste Krankheit, die er dort finden konnte, erwarb sie auch, konnte sich aber leider nur zur Hälfte rächen: denn nachdem er wahre Pferdekuren durchgemacht hatte, um sie wieder loszuwerden, gab ihm seine Frau Gemahlin das Geschenk zurück, da sie nicht mehr in Beziehungen zu dem lebte, für den man es so mühevoll vorbereitet hatte.»[46] Eigentlich hätte der Gentleman damit rechnen müssen, daß ihm seinerseits die Bosheit wieder vergolten wird, gibt es doch keinerlei zuverlässigen Schutz gegen die hartnäckigen Bakterien.

Syphilis kann schnell zum Tod führen. Florinus beschreibt detailliert den Fortgang der Krankheit: «Sobald das Gifft in den Leib getrungen, so spüret man eime absonderliche Mattigkeit im gantzen Leib. Schmerzen im Haupt und Gliedern, das Angesicht und Leffzen werden bleich, die Augen werden mit einem gelben Ring umgeben, gleich bey den Jungfrauen, so ihrer Zeit unterworfen, das Angesicht schwillet auf, die Hände und Füsse seynd sehr warm, ob es gleich zur Winterzeit ist, und ob sich gleich eine stetige Schläferigkeit dabey befindet, so sind doch die Nächte unruhig, nach diesem kommt das Ausfallen der Haare, Harnstrenge [Urin wird mit großer Mühe und mit Schmerzen gelassen; Anm. d. Verf.] und giftige Saamen-Fluß, dadurch man gewiß versichert sein kann, daß die Krankheit angesetzet; wann aber solche den höchsten Grad erreicht, so entstehen in dem Kinn und auf dem Haupt unterschiedliche Blätterlein mit und ohne Eyter, wie auch Geschwär bey denen Geburts-Gliedern und in dem Hintern, nach diesem folgen in dem inneren Mund Ausschwerung, welche eine Heyserkeit verursachen, endlich so zeigen sich in den Reihen, Händen und Füssen unterschiedliche Beulen und Schwillen, und werden die Gebeine ganz zerbrechlich.»[47] Und all dieses Leiden wird verursacht von einem «gifftigen und scharffen Ferment, welches das Geblüt und Fließwasser dick und scharff machet, dahero dies letztere, indem es die Drüßlein nicht allenthalben durchpasiren kan, sondern selbige verstopfet, die unterschiedlichen Geschwulsten verursachet». Der Patient muß mit fürchterlichen Atembeschwerden rechnen und kann zu allem Übel auch noch von einem der Wassersucht ähnlichen Eiterfluß befallen werden, der dann zwangsläufig, ohne jede Aussicht auf Hilfe, seinen Tod herbeiführt.

Infektionsbanner aller Arten geraten in Mode. Das Geschäft mit dem Übel floriert. Mercier ist der Meinung, daß es sogar «Schlimmeres gibt als die Krankheit selber: Das ist die Flut all dieser angeblichen Arzneien, die Flut der zerstörerischen Gifte, die man, um dem Übel beizukommen, schluckt und von denen eines schädlicher als das andere ist, obschon sie mit dem Siegel königlichen Privilegs versehen sind. Das Reich der Scharlatane stützt sich in erster Linie auf die Geschlechtskrankheiten. Von allen Seiten drückt man uns verführerische Werbezettel in die Hände; wo man hinhört, ist von Wundermittelchen die Rede, und keiner spart dabei mit schönen Worten. Von Quecksilberkuren spricht dagegen niemand mehr. Quecksilber schluckt Ihr heute unter hübscherer Etikette, hineingemischt in Pillen, Sirupe, Elixiere, Tabletten und Schokoladen. Bald werden wir auch antivenerische Frühstückshörnchen und Eierkuchen haben [...].»[48]

Auch Graf Mirabeau beliebt es, sich auf dem Gebiet zur Verbesserung der Volksgesundheit hervorzutun. In seinem liebespädagogischen Werk «Der gelüftete Vorhang» gibt er, der die Monogamie auch nicht sonderlich schätzt, sein Geheimrezept zum Schutze vor unliebsamen, da äußerst schmerzhaften Folgen der Bigamie preis: Der Erfahrene rät zu einer Spülung aller Geschlechtsteile vor und nach der Vereinigung mit einer speziellen Mixtur in Kalkwasser. Dankenswerterweise liefert er auch gleich das Rezept für die Mischung: «Man nehme achtzehn Körner Quecksilbersublimats, die in einem gläsernen Mörser mittels eines ebenfalls gläsernen Stößers zu feinem Staub zerrieben wurden; darunter mische man eine kleine Menge Weingeist, besser noch Weizengeist, auf welche Weise man verhindert, daß der feine Staub verfliegt; zum Schluß, wenn diese Mischung gut verrührt ist, füge man zu ihrer Vollendung noch eine etwas größere Menge Weingeist hinzu. Nun gieße man einen Aufguß von Schweizer Weinkraut hinein: dieser Aufguß wird aus einer Menge von etwa drei Prisen wie Tee zubereitet. Das Ganze verdünne man nun mit zwei Quart Kalkwasser, was insgesamt also vier Quart Flüssigkeit ergibt. Zur Erzeugung des Kalkwassers nehme man zwei Pfund Kalk, den man zunächst ganz langsam löscht und ihn sodann so lange verdünnt, bis man zwei Quart klare Flüssigkeit erhält, die man durch ein dünnes Tuch oder Seihpapier in die erste Mischung fließen läßt. Dieses Kalksalz verändert die Natur des Quecksilbers: es verbindet sich mit ihm, verwandelt es in ein Alkalisalz, welches, wenn es mit dem sauren Salz des Virus in Berührung kommt, dieses neutralisiert und seine Wirkung aufhebt. Diese Mischung genügt und ist die beste; freilich kann man noch achtzehn Körner flüchtiges Hirsch- oder Schlangenhornsalz hinzufügen, was jedoch überflüssig ist.»[49] Diese köstliche Medizin ist in einem Gefäß aus Glas, Steingut oder Porzellan aufzubewahren, und sicherheitshalber sollte sich der Mann dieses Wasser zusätzlich mit einer Spritze aus Elfenbein, nicht aus Metall, in die Harnröhre injizieren. Soweit diese Rezeptur.

Casanova berichtet von einer Therapie durch Quecksilbereinreibungen, durchgeführt an der mit der Syphilis befallenen Kurtisane Ancilla: Sie ist immer heiser und klagt ständig über innere Schmerzen in der Kehle, ein untrügliches Symptom für diese Krankheit. Lucchesi, ein berühmter Doktor, verspricht ihr, sie von ihrem Übel zu befreien, nur müsse sie ihm für diesen Dienst 100 Zechinen bezahlen. Die Buhle scheint in das Können des Arztes und in seine Rezepte nicht allzuviel Vertrauen zu setzen, sie schlägt ihm einen Vertrag vor: Sie sagt ihm die verlangte Summe schriftlich unter dem Vorbehalt zu, «daß sie ihm das Geld nur zahlen werde, wenn er zuvor selbst bei ihr die Rolle des Liebhabers gespielt habe». Der Arzt unterschreibt. Beruhigt unterwirft sich das Freudenmädchen den Anweisungen ihres Medikus. Nach getaner

Arbeit fordert dieser sein Salär ein, Ancilla pocht ihrerseits auf Vertrags-
erfüllung. Doch der Doktor weigert sich, seinen Teil beizutragen, und
schließlich landet die Geschichte vor Gericht. Der Richter gibt Lucchesi
recht, die Abmachung sei sittenwidrig. Der sachkundige Scharlatan
weiß schon, warum er sich nicht in das Bett der Infizierten legt, denn
diese stirbt kurze Zeit später – an der Kur mit den metallischen Um-
schlägen, wie Casanova[50] beteuert. Krebsartige Geschwüre, die ihr
ganzes Gesicht entstellen, raffen sie dahin. Sie können aber genauso eine
normale Folge der venerischen Erkrankung sein.

Selbst Deutschland wird von der «Franzosenseuche», wie die Deutschen die Krankheit verunglimpfen, nicht verschont. Sie versuchen dem
Übel auf ihre Weise, durch eine «Holtzcur», beizukommen. Hier ein
Grundrezept, das je nach der mehr oder weniger hitzigen Natur des Pa-
tienten noch mit «Wurtzen von Cichorien und Sarsaparill» angereichert
werden kann: «Nimm Franzosenholtz, so in kleine Stücke zerschnitten,
ein Pfund Süßholtz 2. Loth, koche es in sechs Maas Brunnen-Wasser,
nachdem es über Nacht beysammen gestanden in einem wohlvermach-
ten neuen Hafen. […] Von diesem soll der Patient täglich zweimal,
morgens und abends nemlich, 12 Loth oder ein Viertel von einer Maas
warm trincken, und gleich darauf in dem Bett wol schwitzen. […]
Wann der Saamen-Fluß oder Harn würde gleich nach dem Beyschlaf
erfolget, ist es unnötig, daß man gemeldete Cur zur Hand nimmt, sondern man kann den Leib mit obengenannten Pillen [ein Extrakt aus
«Hellebor, nigr. 1 Scrupel, Mercur. dulc. 10 Gran resin. Jalapp. 5. Gran
Syrup, Cichor, cum Rhabarb»; Anm. d. Verf.] purgieren, und täglich
etliche Tropfen von Spirit-Terebinth. oder dem Balsam Copaiox nehmen, auch diesen letzteren etlichmal in die Röhre des männlichen Glie-
des einspritzen.»[51] Ist die Krankheit gerade aufgeschnappt worden, führe
die Kur schon nach circa 15 Tagen zum Erfolg, hat sich das Gift jedoch
schon tief im Körper festgesetzt, müsse der Kranke ungefähr mit 30 bis
40 Tagen bis zur Genesung rechnen, weiß Florinus in seinen Ratschlä-
gen zur Bekämpfung der Seuche. Gegen die eitrigen Beulen empfiehlt
er hingegen ein speziell angefertigtes Pflaster. Prävention ist bei diesen
Heiltorturen mit unsicherem Ausgang allerdings die bessere Lösung.
Doch damit liegt noch einiges im argen.

Die nimmermüden Liebhaber gebrauchen zwar schon gelegentlich
Kondome, doch deren Fertigung steckt noch in den Kinderschuhen.
Ganz so vorsintflutlich, wie die von Fallopius 1560 erfundenen Leinen-

stückchen, die sich der Mann als Schutz vor Erregern unter die Vorhaut schob, sehen die von dem Arzt Kondon – andere Quellen nennen ihn auch Conton – für den liebeshungrigen Hof Karls II. von England konstruierten Schutzhüllen nicht mehr aus. Sie werden jetzt aus Lämmerdarm fabriziert, und der Freund der sexuellen Ausschweifung trägt sie in der uns bekannten Manier, aber gefeit gegen jegliche Eventualität ist er noch lange nicht: «Spinnweben gegen die Infektion und Stahl gegen die Liebe»[52], nennt die offenherzige Madame de Sévigné die Pariser. Dennoch erhofft man eine gewisse Wirksamkeit. «Ende des 18. Jahrhunderts waren die Präservative allgemein in Gebrauch, jedes Bordell hielt sich Vorräte, in den Zeitungen warben Anzeigen für die Benutzung.»[53]

Der selbsternannte Chevalier de Seingalt, Casanova, bringt eine ganze Schar reizender Gottesbräute in eine äußerst verdrießliche Lage. Er stiehlt ihnen ihre sämtlichen «Särge der Gefahr»[54]. Die Nonnen wähnen sich ihrer «Panzer der Ehrbarkeit» beraubt: Neben ihrem – zweifelhaften – Schutz vor Geschlechtskrankheiten dienen die Kondome mit noch zweifelhafterem Erfolg der Empfängnisverhütung. Vereinsamung, Kloster oder gar das Grab sind oft genug die letzten Stationen der durch Liebesintrigen verführten jungen Mädchen. Eine Schwangerschaft jedoch ist ihre verzweiflungsträchtigste Folge. Sie gilt es unter allen Umständen zu verhindern. Für unerfahrene Becircte sicher ein großes Problem, denn von seiten der Männer können sie keine Hilfe erwarten. Diese fühlen sich in den seltensten Fällen für die Frucht ihrer Liebe verantwortlich. Gerät die geschwängerte Unschuld zu allem Übel auch noch an einen Schurken wie Valmont, dann ist damit zu rechnen, daß dieser ihre Unkenntnis für sein unlauteres Vorhaben auch noch weidlich ausnutzt. Er spekuliert geradezu auf den Erfolg seiner potenten Bemühungen. «Ja, wahrhaftig, ich habe ihr alles beigebracht, sogar die Gefälligkeiten! Nur die Vorsichtsmaßregeln habe ich ausgenommen.»[55] Die Schwangerschaft Céciles kommt dem Intriganten für seine diabolischen Pläne gerade recht.

Nicht alle Jungfrauen sehen sich so detailliert in die Geheimnisse der Fruchtbarkeit eingeführt wie Mirabeaus Laura durch ihren Stiefvater. Dieser rät ihr nämlich, «sich vor Beginn unserer Umarmungen mit einem weichen Schwämmchen zu versehen, durch das ein dünner Seidenfaden läuft, mit dem man es wieder herausziehen kann. Man tränkt diesen Schwamm mit Wasser, das mit einigen Tropfen Branntwein vermischt wird; man setzt ihn vor den Eingang der Gebärmutter ein, um diese zu verschließen, und sollte es trotzdem vorkommen, daß die winzigen Geister des Samens dennoch durch die Poren des Schwämmchens dringen – die darin befindliche fremde Flüssigkeit zerstört, sobald sie sich mit ihr vermischt haben, ihre Kraft und ihre Eigentümlichkeit.»[56] Nachahmung wird nicht empfohlen, noch weniger allerdings sollte man sich auf die Wirksamkeit folgender Verhütungsmethode verlassen: «Wisse denn, daß der Samen, der nicht in die Gebärmutter eindringt, nichts zu erzeugen vermag und daß er nicht dorthin gelangen kann, wenn das ihr eigentümliche Saugen abbricht. Daher meinen viele Frauen, daß sie den Samen durch eine innere Bewegung in dem Augenblick zurückstoßen müßten, wo sie ihren Geliebten auf dem Höhepunkt der Lust wähnen.»[57]

Unerwünschte Schwangerschaften folgen den bekannten Verhütungsmitteln ständig auf dem Fuße. In der Literatur begegnen uns zahlreiche ledige Schwangere. Cécile aus den «Schlimmen Liebschaften» gehört zu ihnen wie auch die Titelfigur aus Rousseaus «Héloise». Beide haben jedoch das zweifelhafte Glück, ihre Kinder vorzeitig zu verlieren – mehr oder weniger unfreiwillig. Sie sind der Notwendigkeit enthoben, sich mit gewaltsamen Mitteln von der Frucht ihrer Liebe befreien oder die Kinder austragen zu müssen. Abtreibung wird in der Literatur nicht explizit thematisiert, aber all die beschriebenen Unfälle, die gerade ledigen Schwangeren widerfahren, verweisen auf die tatsächliche Praxis des Schwangerschaftsabbruchs. «Weil es die Demoiselles verstehen, sich jeden Augenblick von den unbequemen Folgen eines galanten Abenteuers zu befreien, setzten sie sich ohne Scheu der Gefahr eines ungestümen Angriffs auf ihre Ehre aus. Ja, sie schauen sogar mit Verachtung auf einen Liebhaber, der das Vergnügen, das man bei seinen Zärtlichkeiten haben könnte, durch allzu große Vorsicht beeinträchtigt»[58], vermeldet ein französischer Bericht. Verzweifelte greifen zu allerlei Mitteln, um sich eines Bastards noch vor der Niederkunft zu entledigen. Angeblich soll die Information über Techniken und Mittel, die zu einer Fehlgeburt führen, in England Bestandteil der Erziehung junger Mädchen sein. Ungewollt Schwangere versuchen dem Übel oft eigenhändig mit irgendwelchen Gegenständen beizukommen, aber häufig nehmen sie auch starke Abortivmittel ein, wie die lebensgefährlichen Antimone, ein halbmetallischer Stoff, der in Beschaffenheit und Wirkung dem Arsen ähnelt. Skrupellose betreiben gerade mit diesen «Arzneien» einen lukrativen Handel. Viele Frauen müssen die Selbstverarztung mit dem Tod bezahlen: Die berühmt-berüchtigte Marion de Lorme, von der berichtet wird, daß ihr Bauch drei- oder viermal auf unzweideutige Weise angeschwollen sei, aber durch eine Kur, die sie sich selbst verordnet habe, auch wieder abschwoll, erliegt, als es wieder einmal soweit ist, einer Überdose Antimone. Auch Graf de Tilly wird, wie er in seinen Memoiren berichtet, Zeuge eines solchen Unglücks: Eine seiner zahllosen Geliebten stirbt ebenfalls an der Beseitigung der Folgen ihrer fruchtbaren Intimität mit dem Libertin.

Wissen sich die Frauen selbst nicht zu helfen, überlassen sie ihren schwangeren Leib einem Medikus oder einer «Engelmacherin» für einen chirurgischen Eingriff. Viele lassen bei dieser nicht sehr ausgereiften Prozedur ihr Leben. Die Dunkelziffer der Abtreibungsopfer ist hoch. Abtreibung geschieht nicht nur in der Illegalität, schlimmer noch, die Frauen müssen auch noch nach einem gelungenen Schwangerschaftsabbruch um ihr Leben fürchten. «Hierzulande hat man die härtesten und strengsten Gesetze wider dergleichen Unordnung eingeführt, die fast grausam sind. Eine jede ledige Weibsperson, welche ihre Schwangerschaft der Obrigkeit nicht angibt, wird mit dem Tode bestraft, wenn das Kind umkommt; die Furcht vor Scham und Schande oder andere Zufälle können sie nicht entschuldigen noch davon befreien»[59], beklagt der rechtskundige Montesquieu die Zustände in Frankreich durch den Mund seines persischen Briefeschreibers.

Am schlimmsten trifft es ledige Schwangere. Kommt ihr Zustand ans Licht der Öffentlichkeit, sind sie gesellschaftlich erledigt. Nicht jeder Familie gelingt es, ihre Tochter noch rechtzeitig vor der allzu offensichtlichen Rundung ihres Bauches an den Mann zu bringen. Die an dem Unglück beteiligten Väter jedenfalls sehen sich nicht verpflichtet, die Geschwängerte auch zu ehelichen. Im Gegenteil, die Moral erlaubt es ihnen, gerade diejenigen, die ihrem Drängen, Bitten, Flehen und den einlullenden Versprechungen ihrer Meinung nach zu schnell nachgegeben haben, als flatterhaft und würdelos zu verurteilen. Marivaux läßt einen Viniescho genannten Herzensbrecher eine solche Geschichte mit Teilnahmslosigkeit erzählen: «[...] es geht um ein Mädchen, das ich geliebt habe, das mir erklärt hat, es liebe mich auch, und das ich gedrängt habe, mir den Beweis dafür zu geben; das hat sie getan, und jetzt ärgere ich mich darüber, denn sie ist in einer Verlegenheit, aus der ich ihr nicht helfen kann. – Warum heiratest du sie nicht? fragte Eleonor lächelnd. – Ich Madame! entgegnete er, da müßte ich sehr schlecht sein, um ihr Mann zu werden; das lehne ich aus Freundschaft ab, aus Dankbarkeit, damit erspare ich ihr ein Unglück; ich würde sie nur täuschen: ich liebe sie nicht mehr, und Sie wissen selbst, daß ein Mann seine Frau lieben soll und achten, was noch schlimmer ist.»[60]

Jegliche Eignung als zukünftige Gattin wird ihr damit abgesprochen. Um die Unrechtssituation für diese Frauen weiter zu verschärfen, ist es ihnen laut Gesetz sogar verboten, den Erzeuger ihrer Kinder aufzuspüren; von ihm gar eine finanzielle Unterstützung für Erziehung und Unterhalt einzufordern, lag vollends im Bereich des Undenkbaren. Eine heimliche Niederkunft ist der einzige Ausweg, wobei ihnen die gängige Mode Schützenhilfe leistet: Der von einer schmal geschnürten Taille weit ausschwingende Reifrock wurde auch despektierlich «cache bâtard» genannt, weil sich unter ihm leicht für die längste Zeit der Schwangerschaft der unziemliche Zustand seiner Trägerin verbergen ließ.

Schwangerschaften, Abtreibungen, Geburten schwächen die Ausgangssituation der Frau im intriganten Liebesreigen. Ihre biologische Konstitution macht sie angreifbar. Der Mann geht mit einer Affäre ein relativ geringes Risiko ein, er kann sich höchstens eine Geschlechtskrankheit holen. Eine Liaison bringt Frauen jedoch oft den Tod. Nicht nur Abtreibungen bergen ein großes Risiko in sich, auch eine Niederkunft setzt dem Leben von Mutter und Kind häufig ein frühzeitiges Ende. Das Kindbettfieber rafft immer noch viele Wöchnerinnen dahin.

Eine tiefsitzende Sehnsucht nach Geborgenheit schimmert bei den literarischen Frauengestalten unterschwellig durch die Maske emotionaler Gleichgültigkeit. Ihr Leben ist zu ernsthaft von den erotischen Kabalen einer zwanghaft promiskuitiven Gesellschaft bedroht. Auch scheinen die seelischen Verwundungen, die sie von der philosophischen Betrachtungsweise der Liebe davontragen, viel tiefer zu gehen als bei den Männern. Der Wunsch, der in dem Verführungsspiel durchaus bewanderten Cécile, die erlösenden drei Worte zu hören, klingt verzweifelt. Sie besteht nicht nur darauf, irgendwelche belanglosen Floskeln von der ewigen Liebe zu hören, aus ihr spricht die Angst vor einer großen emotionalen Leere, die sich in ihrem Beharren zu einer versteckten Panik verdichtet, in der sich die ganze Seelennot des Jahrhunderts offenbart: «Célie: ‹[...] Und dabei lieben Sie mich nicht...! Sagen Sie mir wenigstens, daß sie mich lieben!› Der Herzog fährt fort, das zu tun, was man ihm vorwirft, und sich auszuschweigen über das, was man von ihm wünscht...»[61] «Célie: ‹Ach, noch immer Lobesworte! Glauben Sie, sie wögen auf, was Sie mir noch nicht gesagt haben? Zwar tun sie der Eitelkeit genug, aber das Herz zu befriedigen, danach sind sie wenig angetan!› [...] Célie: ‹Sie wollen mir also nicht sagen, Sie liebten mich, sie würden mich immer lieben?› Herzog: ‹Wahrhaftig, es fällt mir schwer zu begreifen, daß eine so kluge Frau wie Sie so eigensinnig auf dergleichen Bagatellen beharrt.›»[62] Célie spürt die Brutalität der Intrige schmerzhaft, die Gefühle nur simuliert und die, ohne wahrhaftig zu sein, nur eine Leerformel bleiben. Die Intrige siegt aber gerade über ihre Sehnsucht nach einschneidenden Empfindungen im Sinne einer geplanten Übervorteilung durch ihren Gegner: Sie rettet sie nicht aus dem Nichts, sondern führt sie nur noch tiefer in die Vereinsamung.

Sieger bleiben die Kaltherzigen, die Sehnsuchtslosen, der Herzog und die Marquise de Merteuil. Sie wissen, daß die Kabale, um zu funktionieren, Empfindungen ausschließt. Sie scheinen sich nach ihnen auch nicht zu sehnen, und so werden Herzog wie Marquise zu perfekten Siegern. Célies Leidensschwester Cidalise fühlt die Diskrepanz zwischen ihrer Hoffnung und dem Ziel ihres Liebhabers. Durch sie wird sie an ihrem labilsten Punkt, ihrer Selbstachtung, getroffen, die auch immer das Angriffsziel eines anderen Intriganten, Valmont, ist: «Und ich, ich höre ihnen nicht zu, ohne zu erzittern. Sie scheinen mir mit den Frauen mit einer auf Prinzipien beruhenden Leichtfertigkeit und Unehrlichkeit umzuspringen, die mich zutiefst entsetzen und mich meine Schwäche Ihnen gegenüber grausam bereuen lassen.»[63] Doch weder Cidalise noch Célie können sich dem Sog der Täuschung entziehen, sie wird zu einem neurotischen Element, das sich zu einem selbstzerstörerischen Teufelskreis verdichtet.

Die Verführung als Kabale der Intelligenz reduziert sich mit einem Mal auf ihren wahren Gehalt: Sie ist ein ins Übermäßige verfeinerter Gewaltakt. Die Geistesjäger «scheinen zugleich mit der Kaltblütigkeit eines Jägers und dem Scharfblick eines Strategen die Frau anzugreifen, sie zu verfolgen, sie von Satz zu Satz, von Wort zu Wort zu drängen, zu schlagen, sie aus einer Verteidigungsstellung in die andere zu treiben, unvermerkt den Kreis des Angriffs zusammenzuziehen, sie zu bedrücken, in die Enge zu treiben, zu forcieren, um sie schließlich am Ende des Gespräches zuckend und schlagenden Herzens, atemlos [...] in ihrer Hand zu halten».[64]

Der Kampf der Geschlechter bricht aus, beinah gleichstarke Gegner stehen sich frontal gegenüber. Es wird eine Schlacht auf Gedeih und Verderb, ausgefochten unter dem Banner der Intrige. «Der Verkehr zwischen Mann und Frau gleicht dem der Europäer in Indien. Es ist ein kriegerisches Geschäft.»[66] Aus dem Schein tändelnder Liebesverführung mit allen Mitteln des Betrugs, der Lüge, der Bespitzelung, der Indiskretionen, des Verrats und des Rufmords kristalliert sich die entscheidende zwischenmenschliche Konstellation des Jahrhunderts heraus: das unentwegte Ringen um die Herrschaft. Eine Marquise de Merteuil erhebt als weibliches Genie «die Liebesintrige zur hohen Philosophie und zum großangelegten Spiel um die Macht», meint Heinrich Mann. Die Frauen, körperlich schwächer, sind geistig gut gerüstet.

«Wenn ich an all die Talente, all die Intelligenz, all die Intuition denke, die jede von uns in ihr galantes Spiel legt...! Da wird mehr Geistestiefe aufgebracht, als man braucht, um zwei Welten wie die unsere zu regieren. Und soviel Geist wird an das falsche Subjekt verschwendet»[67], verurteilt Arthenice, die Gründerin eines Frauenstaates, die Gepflogenheiten des weiblichen Geschlechtes. Andere Zustände sollen in ihrer «Kolonie» herrschen, hier sollen die Frauen den Ton angeben, hier sollen sie ungestört von männlichen Attacken all ihre wahren Begabungen zur Entfaltung bringen, denn «soviel [weiblicher; Anm. d. Verf.] Geist bringt die kleinen Männergehirne durcheinander, weil sie ihn nicht fassen können. Deshalb machen sie uns immer dumme Komplimente, beehren uns mit ihrer Geilheit und ihrer Liebeswut, aber verschwenden niemals ihren Verstand an uns. Der hat uns nämlich nur Beleidigungen zugefügt.»[68] Die Utopie von der Autonomie der Frauen ist geboren. 1750 bringt Marivaux mit seiner «Kolonie» ein Theaterstück auf die Bühne, in dem die Figuren dezidiert die Gleichberechtigung der Geschlechter fordern. Arthenice und die anderen Frauen sprechen aus, was als Idee schon länger im Schwange ist. Postulate nach einer umfassenderen Erziehung der Mädchen haben am Anfang gestanden.

Innerhalb weniger Jahrzehnte geschieht in diesem Bereich geradezu Umstürzlerisches, bis die Emanzipationstendenzen Ende des Jahrhunderts gar in feministische Kampfparolen münden. Eine ehemalige Kurtisane und Schauspielerin wird die erste Frauenrechtlerin des Jahrhunderts: Olympe de Gouges bringt nun als Schriftstellerin das patriarchale System anzweifelndes Gedankengut unters Volk. 1789 gar verursacht die ehemalige Halbweltdame einen turbulenten Theaterskandal mit ihrem aufrührerischen und – wie Gegner betonen – auch ein wenig lächerlichem Drama «L'esclavage des nègres». Bei der Premiere brechen in Parkett und Olymp Tumulte aus. Kostverächter lassen ein Pfeifkonzert auf das Bühnengeschehen niederprasseln, Anhänger(innen) antworten mit rhythmischen Klatschorgien. Eine Schar junger Leute richtet das Machwerk, wie sie das Stück der einstigen Kurtisane bezeichnen, mit Lachsalven hin. Bei so viel Unverständnis gibt es für die engagierten Frauen nur eines: Ein eigenes Theater muß her, von Frauen für Frauen. Ihr Vorschlag: Dem Théâtre-Français soll auf Staatskosten ein neues Theater, das Théâtre National, gegenübergestellt werden, auf dessen Bühne vor allem Stücke von Autorinnen in Szene gehen.

Klubs und Vereinigungen aller Art, zu denen nur Frauen Zutritt haben, bilden sich in der Zeit des untergehenden Absolutismus überall. Sie nehmen sich der politischen und gesellschaftlichen Anliegen ihrer weiblichen Mitglieder an. Weibliches Selbstbewußtsein gipfelt 1790/91 in lautstarken Szenen vor dem auch für Frauen zugänglichen «Cercle social», in dem die Holländerin Etta Rahn für die Rechte ihrer Klientel streitet. Die bürgerliche Revolution bereitet diesem Vorwitz ein schnelles Ende: Schon im Oktober 1793 verbietet der Konvent «les clubs et les sociétés populaires des femmes». Das bürgerliche Ideal der Freiheit und Gleichheit gilt doch nur für Auserwählte, es wird den Männern vorbehalten. Die Frauen sinken gezwungenermaßen wieder in ihr jahrhundertealtes Schweigen zurück. Ganz so rigoros wie die zwei erwähnten Damen hat sich wohl doch nur eine verschwindend kleine Minderheit aufgeführt. Die meisten Frauen wählen eher den sanften Weg, der eine Veränderung ihrer Situation in kleinen Schritten angeht.

In verblüffender Schnelligkeit nämlich entledigen sich die Frauen ihres Jahrhunderte währenden Analphabetismus und verfeinern ihren Geist bis in alle Höhen kunstreichster Konversation. Sie gründen Salons, versammeln die schöngeistigen Künstler um sich, führen Diskurse über Politik, diskutieren über Literatur, werden zu fachkundigen Kritikerinnen von Wissenschaftstheorien: Sie erobern sich einen neuen Lebensraum, weit weg von Heim und Herd. Sie haben sich binnen kurzem eine Allgemeinbildung zugelegt, die sie befähigt, Stellung zu beziehen. Jene «femmes d'esprit», jene «schönen Seelen» sind es, «die an der naturgemäßen Unterordnung des Weibes zweifelten und sich stark genug fühlten, nicht aus Höflichkeit, sondern mit Recht neben dem Mann einen eigenen Platz zu behaupten. Eine gewisse Übersättigung

an den Genüssen der Galanterie, dann die gleichberechtigte Freund-
schaftsfähigkeit [...], die Möglichkeit als Schauspielerin oder Künstlerin
auch in der Gesellschaft eine geachtete Stellung zu erwerben und als
Schriftstellerin einen den Männern ebenbürtigen Rang einzunehmen,
dies alles trieb hervorragende Frauen in geistig regsamen Kreisen dazu,
sich zusammenzuschließen und außerhalb der ihnen bisher vorgezeich-
neten Schranken zu wirken.»[69]

All dies heißt jedoch keineswegs, daß die Frauen sich in allen Berei-
chen des öffentlichen und nichtöffentlichen Lebens durchzusetzen beginnen. Keine Rede davon, daß ihnen zum Beispiel Staatsämter offen-
stehen. Das herrschende Geschlecht jedoch registriert mit wachsendem
Argwohn, wie der Einfluß weiblichen Regiments sich quasi auf Umwegen durchsetzt. Zunehmend gewinnen Frauen Macht über die Gedanken und Handlungen der Männer und wissen aus dem Hintergrund das
Geschehen zu beeinflussen.

Die Träger männlicher Insignien reagieren zwiespältig auf die mini-
malen Verselbständigungsambitionen der Frauen. Immer wieder versuchen sie ihr weibliches Komplement auf seine alten Rollen festzulegen.
Sie beschwören die Unterwerfung des schwächeren Geschlechts unter
ihre Ägide mehr, als sie diese tatsächlich durchsetzen können.

Zeitgenossen beschreiben aufstrebende Frauen, die sich nach Berufen
umsehen und sich in ihnen bewähren, nicht gerade als Ausbund der
Weiblichkeit. Auffallend ist aber zumindest eines: Sie werden angegriffen aufgrund ihrer Beschaffenheit als Frau, aber niemals wird die Kritik
an ihrem Vorpreschen in allen Disziplinen damit begründet, sie vernachlässigten ihre Pflichten als Hausfrauen und Mütter – um die haben
sie sich in den höheren Ständen sowieso nicht gekümmert. Diese Argu-
mentation bleibt den nachfolgenden Jahrhunderten vorbehalten. Ehefrau zu sein ist aufgrund der Vernunftheiraten keine Aufgabe an sich,
und auf die Idee, die Gattin auf ihre Mutterrolle zu reduzieren, kommt
kaum ein Ehemann. Die Aufsteigerinnen selbst schenken ihrer weiblichen Konstitution wenig Beachtung. Sie leben, lieben und arbeiten
wie die Männer.

«Seit ich von meiner Vernunft Gebrauch mache, habe ich es mir zur
Aufgabe gemacht, zu untersuchen, welches von beiden Geschlechtern
bei der Teilung am besten weggekommen sei. Ich bin zu der Ansicht
gelangt, daß die Männer bei der Verteilung der Rollen durchaus nicht
zu kurz gekommen sind, und darum bin ich Mann geworden»[70], ver-

kündet Ninon de Lenclos schon in der Blütezeit des Barock ihren Leitspruch und lebt dementsprechend das Leben eines Wüstlings. Die Karrierefrauen im folgenden Jahrhundert nehmen ihr Verhalten und ihre Äußerungen zum Vorbild und folgen diesem Motto. Männliche Vorzüge schweben den Zeitgenossen als neuer Inbegriff des Femininen vor. Stolz verkündet auch Diderot, daß seine Geliebte allen zweideutigen Situationen gegenüber gewappnet ist, durch keinen noch so unziemlichen Witz in Verlegenheit gebracht oder beleidigt werden könne, «denn meine Sophie ist je nach Laune Mann oder Frau»[71], triumphiert er.

Die Negierung des Weiblichen als Ideal findet in der Marquise de Merteuil eine letzte, ins Gigantische überhöhte Entsprechung. Nie, in keinem Gedankengang, in keinem Satz, in keinem Wort, in keiner Nuance, entlarvt sie sich als Frau, nie wird sie durch ihre Körperlichkeit als Frau an der Verwirklichung ihrer Pläne gehindert, keine Schwangerschaft unterläuft ihr. (Wenn ihr dieses Mißgeschick unterliefe, würde niemand es erfahren.) Kein noch so kleines Unwohlsein macht ihr in ihrer Hartherzigkeit zu schaffen. Weibliche Schwäche ist ihr ein Greuel. Nie kokettiert sie mit ihrem Geschlecht. Sie bedient sich seiner Waffen und greift gleichfalls zu denen des Mannes. Ihr Sexus und ihr Wesen, gerade auch ihr Beruf als Intrigantin, erfüllen sich in ihrer Übergeschlechtlichkeit.

Trotzdem ist überall die Rede von dem weiblichen Jahrhundert. Verweiblicht seien die Sitten, verweiblicht die politischen Prinzipien, verweiblicht sei das Dekor, die Einrichtung, verweiblicht sei die Architektur, und verweiblicht sei nicht zuletzt der Mann. Schon La Bruyère beobachtet mit Mißmut die Selbstinszenierung des Mannes nach ihm eigentlich nicht zu Geschlecht stehenden Prinzipien: «Er hat eine weiche Hand und er pflegt diese Weichheit vermittels einer wohlriechenden Paste. Er bestrebt sich zu lachen, um seine Zähne zu zeigen. Er zieht den Mund zusammen, damit er klein erscheine, und es gibt kaum Augenblicke, wo er nicht lächeln möchte. Er betrachtet seine Beine, besieht sich im Spiegel, kurz, man kann nicht zufriedener mit seiner Person sein, als er es ist. Er hat sich eine feine und zarte Stimme angeeignet und hat glücklicherweise eine lispelnde Zunge. Er vergißt niemals eine gewisse Haltung des Kopfes und eine unbeschreibliche Süßigkeit im Blick anzunehmen, wodurch er sich zu verschönern glaubt. Sein Gang ist leise, seine Haltung so zierlich, als er es nur zu erreichen im Stande ist. Er legt Roth auf, jedoch selten; er macht keine Gewohnheit daraus. Dabei muß ich der Wahrheit gemäß gestehen: er trägt Beinkleider und einen Hut und hat weder Ohrgehänge, noch ein Perlenhalsband an sich [...].»[72] Doch das Haar der Perücken wallt bis über die Schultern in herrlichen Locken, die er sich eitel mit Mehl und Puder bestreut. Seidene Bänder schmücken seinen Körper, zarte Spitzen umschmeicheln Gelenke wie Hals, und die gepflegten Hände zieren goldene, diamantene und smaragdene Ringe.

1741 kreiert Ludwig XV. eine ganz neue Mode, er befleißigt sich in der schönen Tätigkeit des Stickens. Diese Innovation für das männliche Geschlecht macht sofort die Runde. Sogar der nicht gerade als zimperlich verschriene Choiseul stellt in seinem Salon einen Stickrahmen aus und präsentiert sich der Öffentlichkeit – stickend. «Unsere Überraschung hört auf, wenn wir Männer mit Locken über den Ohren sticken sehen, wenn sie mittags im Bett Besuche empfangen, eine ernsthafte Unterhaltung unterbrechen, um mit einem Hund zu schäkern, sich selbst im Spiegel anreden, mit ihren Spitzen spielen, über eine zerbrochene Nippesfigur in Zorn geraten, eines kranken Papageis wegen in Ohnmacht fallen, mit einem Wort dem anderen Geschlecht alle seine Reize absehen.»[73]

Die Frau als Mann, der Mann als Frau: Zelebriert das Rokoko die Inversion der Geschlechter? Viel mehr als das ist die Egalisierung durch die Imitation des wesenhaft anderen ein Ausdruck erwachten Konkurrenzgefühls. Indem sich die Frau männliche Eigenschaften aneignet und der Mann sich verweiblicht, mobilisieren sie alle Waffen. Sie bekämpfen sich auf dem Schlachtfeld der Intrige bis aufs Herz mit den eigenen und mit den Mitteln des anderen Geschlechts. Ziel des Schlagabtauschs: die Zerstörung der Seele.

Crébillon fils ist der Großmeister der ränkevollen Taktik, er braucht, um seine Liebesintrige zu spinnen, keine Rahmenhandlung mehr, keine Diener als Gehilfen, keine äußeren Hilfsmittel, seine Kabale spielt sich ausschließlich in den Köpfen und Herzen seiner Figuren ab, alle Tricks, alle Tücken spiegeln sich nun in den Winkelzügen des Gehirns. Die Menschen sind getrieben von einer inneren Notwendigkeit, sie handeln wie unter Zwang. Bis auf ihr Skelett hat Crébillon das Wesen einer dem intriganten Denken entsprungenen Liaison entblößt. Nackt in seinem Antriebswerk steht nicht nur das Ränkespiel da, sondern auch seinen Schauspielern sieht man bis ins Herz. Übrig nach dem scheinbar leichten, gänzlich unbeschwerten Spiel, in dem die Akteure marionettengleich ihre einstudierten Partien abliefern, in der Angst aus der Rolle des Konformen zu fallen, bleibt eine grenzenlose Resignation. Die Abgeklärtheit liegt wie ein Eisesschauer über der Szenerie.

Vivant-Denons Held erlebt in «Nur eine Nacht» ein berauschendes Rendezvous mit einer schönen, verheirateten Frau, die die Geliebte eines anderen ist. Schauplatz ist das Haus des Gemahls. Der Begünstigte glaubt sich begehrt, vielleicht sogar geliebt. Am nächsten Morgen taucht plötzlich der Liebhaber der Dame auf und klärt ihn über den wahren Grund seines Hierseins auf: Der Ehegatte, mit dem die Dame Versöhnung feiern will, solle über ihren wahren Liebhaber an der Nase herumgeführt werden, damit dieser, ohne beargwöhnt zu werden, unbehelligt in dem Haus des Gemahls ein- und ausgehen kann. Die Intrigantin spielt ein doppeltes Spiel, sie täuscht auch ihren intitulierten Freund über die Geschehnisse der Nacht. Der Gelegenheitsgalan deckt still für sich die ganze Verwicklung mit sarkastisch-traurigem Humor auf. Er trifft auf seinen Rivalen: «‹Nur einen Augenblick. Ich wußte nicht, daß dies alles eine Komödie war. Und wenn ich auch im Stück mitwirkte...› ‹Die Hauptrolle hattest du ja nicht.› ‹Laß gut sein und mach dir meinetwegen keine Sorgen. Für einen guten Schauspieler gibt es keine schlechten Rollen.› ‹Ich verstehe, du hast dich bewährt.› ‹Glänzend sogar.› ‹Und Madame de T***?› ‹Über alles erhaben! Sie beherrscht jede Art Rolle...› [...]. Ich stieg in den Wagen, der mich erwartete. Ich dachte lange über die Moral dieses Erlebnisses nach und... fand keine.»[74]

5

ARKADIEN
Utopie und Tod

In weiter Ferne liegt ein Land, das die Menschen aller Zeiten und Epochen mit Sehnsucht suchen. Hinter dichten Dunstschleiern verbirgt es sich in phantastischer Entfernung, nur ahnungsvoll schimmert die zauberische Landschaft durch eine unwirkliche Atmosphäre. Das Verlangen setzt die Distanz, sie kann nur durch die Vorstellungskraft überwunden werden. Doch wer es vermag, findet sich in einem Paradies aus Licht und Schatten wieder, sonnenbeschienene Auen wechseln mit schattenspendenden Baumgruppen aus Kastanien, Pinien, Buchen, Palmen, Eichen und Linden, umwuchert von üppig blühenden Blumen, die zu einem Schäferstündchen aufzufordern scheinen. Bewaldete Berge, die aus der sanften Landschaft herausragen, runden das Bild des Gartens Eden ab. Hier ist auch die Wohnstatt von Mensch und Tier. Die einzigen menschlichen Bewohner dieser Insel der Seligkeit sind Schäfer und Hirten mit ihren Herden. Mag man diesen himmlischen Platz nun «Kythera» oder «Arkadien» nennen, die Menschen des 18. Jahrhunderts rüsten sich für ihren Pilgerzug in dieses Reich der Liebe. Und sie werden nicht müde, sich solche Wallfahrten zu imaginieren. Insgeheim wünschen sie sich heraus aus der brutalen sexuellen Wirklichkeit von Verführung und Vergewaltigung in die Domäne der Unschuld.

Die Gesellschaftshengste sind so erschöpft, abgeklärt und ernüchtert von ihrer permanenten Rotation um das eigene Ich, daß sie die Fata Morgana wirklichen Glücks unablässig quält. Der Schauplatz ihres Traumes von der reinen Empfindung konnte nur ein unberührtes Fleckchen Erde sein, auf dem noch ursprüngliche Zustände zu herrschen scheinen. Immer schon sind die griechischen Inseln mit ihrer üppigen Vegetation, den wohlschmeckenden Früchten und dem milden Klima eng mit der Sagenwelt verwoben, ihre Geschichten sind real und

Frisur zu Ehren der Unabhängigkeit oder
Der Triumph der Freiheit

unwirklich zugleich. Obwohl sie auf jeder Landkarte verzeichnet und ganz Materie aus Sand, Felsen und karger Vegetation sind, verklären sie sich von jeher ins Raum- und Zeitlose: Arkadien und Kythera sind mystische Orte geworden, und damit unterstehen sie einzig der Herrschaft der Erfindung. Der Grieche weiß sie in Griechenland, der Spanier ersehnt sie in Spanien, der Deutsche in Deutschland – und der Franzose erschafft sie in Frankreich. In diesen artifiziellen Refugien des Natürlichen und Übersinnlichen rauschen noch die Bäche und säuseln die Wipfel, hier regieren noch die alten Gottheiten, Nymphen und Najaden gesellen sich zu den unverdorbenen Menschen, hier turteln die

Antoine Watteau: Überfahrt nach Kythera. Um 1717.
Berlin, Schloß Charlottenburg

Tauben ungestört, und wilde Tiere tänzeln zu den süßen Tönen der Flöten. Alle sprechen und verstehen nur die Sprache der Poesie und bewegen sich zu sanften Klängen. Tanz und Gesang sind den Menschen und Göttern Lebensrhythmus, Anmut und Grazie Naturgesetz. Arkadien liegt nicht in der Realität, sondern es lebt einzig und allein als Topos in den Köpfen der Künstler. Sie erschaffen das Land der Liebe immer wieder von neuem, verweben es mit den Charakteristika ihrer eigenen Zeit und zaubern ihm aus ihrem gesellschaftlichen Hintergrund eine neue Wirklichkeit.

Immerhin geht die Tradition künstlerischer Träume von Ideallandschaften und Naturkindern bis in antike Zeiten zurück: «Der Hirte als ein Archetypus in der Gesellschaft und seine besondere Verbindung zur Laut- und Geräuschwelt der Natur wird durch die dichterische Vermittlung der griechischen und römischen Antike zum Thema musischer Äußerung. Hier lassen sich bereits in sprachlicher Erscheinungsweise diejenigen Elemente nachweisen, die später zur Eigenständigkeit der musikalischen Pastorale (nicht nur der musikalischen) führen: Gesang und instrumentales Musizieren der Hirten als deren Lebensinhalt, die Verbindung von Hirtenmusik und Ideallandschaft, der Realismus des Hirtenlebens und die dichterische Stilisierung der Hirtensprache, der Gegensatz vom Leben auf dem Lande und in der Stadt sowie die Umdeutung des ‹historischen› Arkadien bei Polybios zu einer ‹geistigen› Landschaft bei Virgil, zu einem Traumland von Poesie und Musik.»[1] Doch die arkadische Vision als philosophischer Gegenentwurf zum gesellschaftlichen Leben reizt die Künstler des 18. Jahrhunderts und ihre Zeitgenossen wie niemanden zuvor. Und das nicht ohne Grund: Sie sprengen sinnbildlich durch die Fiktion des Schäferdaseins in paradiesischer Landschaft die gesellschaftlichen Ketten, an die jedes einzelne Individuum im absolutistischen Staat durch Etikette und höfischen Zwang gelegt ist. Die Pastorale ist das vorerst nur künstlerische Korrektiv einer degenerierenden Zivilisation, in der die Schimäre des ursprünglichen Seins den Platz von brutalen zwischenmenschlichen Verhaltensformen und Kalkül in der Liebe einnimmt.

Stadt- und Landleben stehen sich in den Zeiten einer Kultur, die zu zerfallen droht, als unüberbrückbare Pole gegenüber. Die kulturelle Elite sammelt sich in den großen Metropolen, und dort gedeiht die Kunst, dorthin fließen die Gelder, dort werden Ämter und Ehren vergeben. Währenddessen führen die Dorfbewohner ein Schattendasein. Nun will vor allem die intellektuell dominierende Schicht den strengen Einbindungen in die staatliche Pflicht entfliehen. Sie sucht nach einer neuen Identität – und findet sie in der Antithese des Urbanen, in der Natur. Landschaft, vorher kaum beachtet, wird neu interpretiert: als Spiegel des menschlichen Wesens, denn sie fordert vor allem eines, die Rückbesinnung. Die bestehende Gesellschaftsform scheint dem immer differenzierteren Individuationsprozeß der Menschen nicht mehr angemessen, der einzelne fühlt sich im Massendiktat absolutistischen Zeremoniells nicht mehr repräsentiert. Die zwangsweise Einbindung in die Gesellschaft bewirkt eine Leere des Herzens, die die Protagonisten einer neuen Verzweiflung in Paradiese der Individualität ausbrechen läßt. Wer sich in Naturas Machtbereich begibt, setzt sich unberechenbaren Gewalten aus und nimmt teil am Kreislauf des Lebens, am Entstehen und Vergehen. Er wird auf sein Innerstes zurückgezwungen und muß seinen Standpunkt überdenken. Der eigene Ursprung rückt damit ins Zentrum des Bewußtseins.

*Entwurf des Baumeisters Paulus Decker für einen Irrgarten.
1712. Kupferstich*

Diesem Gedanken folgend, machen sich diejenigen, die sich einen
Raum für die Suche nach dem Selbst schaffen wollen, an die Neuschöpfung einer idyllischen Welt. Das ist die große Innovation der Generation
um die Mitte des Jahrhunderts: Sie geben sich mit der bloßen Abbil-
dung Arkadiens nicht mehr zufrieden. Der intakte Mikrokosmos des
Fabellandes soll der Landschaftsgestaltung als Vorbild dienen, die der
Gartenarchitekt nach ihren Prinzipien formt. Vorerst liegt die Rettung
aus der Einbindung in ein künstliches Sein wiederum in einer durch
und durch artifiziell-paradoxen Idee. «Wer der Natur ganz getreulich
folgt, / wird immer nur ein Kopist bleiben, / ein elender Nachahmer»[2],
spricht Flie Fréron seiner Epoche das Wort. William Chambers teilt en-
thusiastisch seine Meinung: «Der Garten muß sich von der gewöhnlichen Natur unterscheiden wie ein Heldenpoem von einem Bericht aus
Prosa. Die Gärtner müssen ihrer Phantasie freien Lauf lassen, wie die
Dichter, und manchmal gar die Grenzen des Wahren überfliegen.»[3] Ein
Kunst-Garten soll vom Überdruß am geometrischen Barock und seinem gesellschaftlichen Äquivalent, der Etikette, erlösen. Eine wundersame Umkehrung des Status quo der Weltordnung ergibt sich aus der

Neudefinition der Landschaftsgestaltung: «Indem sich die Welt als Garten erweist, schließt der Garten die Welt ein, und man hat Monumente in ihn aufgenommen, die diese Vision vervollständigen.»[4]

Die elementare Vielgestalt der Schöpfung wiederholt sich in den Parks der Naturkünstler, sie zaubern aus einstigem Wildwuchs eine fernöstliche Blütenpracht; ein kleines Rinnsal wird unter ihren Händen zu einem anmutig dahinfließenden Bach, der sich in Kaskaden ergießt und unvermittelt teilt, sich zu kleinen Seen weitet, um kleine Inseln zu umschließen. Felsen erheben sich an Plätzen, wo früher nur Sand war. Vor den Terrassen der Schlösser wird die Welt der antiken Götter zu neuem Leben erweckt, es schlingen sich Labyrinthe nach dem Muster des berühmten Irrgartens des Minos durch das gestaltete Grün, bis sie auf eine Lichtung münden und der Umherirrende sich vor den Säulen eines griechischen Tempels wiederfindet. Längst untergegangene Zivilisationen zeugen mit Ruinen ihrer Baudenkmäler von unendlicher Überlebenskraft und der Macht des Todes. Der Lustwandelnde kann im Hindu-Tempel ein Zwiegespräch mit Buddha halten, sich in einer gotischen Miniaturkathedrale dem christlichen Gott zu Füßen werfen, sich vor einem ägyptischen Obelisken oder auch in einer Pyramide dem magischen Spiel der Kräfte überantworten. Aber ein sehr weltlicher Marquis in gepuderter Perücke, Pagenhose und seidenen Spitzen wandelt auch mit seiner Angebeteten durch pflanzenarchitektonische Arkaden – zu Spitzbögen geschnittene oder als Tonnengewölbe gezogene Bäume – bis zu einer chinesischen Pagode, um daselbst einen profanen Tee zu sich zu nehmen.

Wie Giambattista Tiepolo sich mit seinen grandiosen Fresken in Würzburg in die Ferne der vier Erdteile malt, so phantasiert sich der Gartenarchitekt die Weltgegenden und Zeitalter in seinen symbolischen Raum. «Indem man die verschlungenen Wege des Irdischen Paradieses entlanggeht, durchschreitet man Kontinent für Kontinent, Jahrhundert für Jahrhundert»[5], beschreibt Jurgis Baltrusaitis die Idee des «Garden of Fame» mit seinen 21 Monumenten unterschiedlichster Baustile und Provenienzen. William Chambers legt ihn zwischen 1757 und 1762 in London an. Der Rokoko-Garten läßt eine Illusionswelt erstehen, er vereinigt nicht nur die Zauber der Naturschöpfung in sich, sondern söhnt Weltreligionen und Völker, die seit Jahrhunderten blutige Kriege gegeneinander führen, miteinander aus. Im 18. Jahrhundert wird auf den wenigen Hektaren eines Parks die Utopie einer allumfassenden

*Ausschnitt mit der «Afrika» aus dem Fresko «Apollo und die Kontinente»
im Giambattista Tiepolo. 1752/53. Würzburg, Residenz*

Harmonie in der Welt wahr, ein Wunschtraum aufklärerischer Toleranz.
Die Kulturen aller Zeiten und Länder sind zu einer Synthese verwoben,
in der die Gleichheit der Gelben, Roten, Schwarzen und Weißen utopische Wirklichkeit ist.

Natur wird von nun an als Asyl imaginiert, in dem der im Gesell-
schaftstrubel Vereinsamende eine neue Einsamkeit sucht, die heilsame
der Natürlichkeit. «Man kann nach Jahren der Leidenschaft es nicht
mehr in der Gesellschaft aushalten. Sie ist nur erträglich, solange man
sich mit Essen und Trinken unterhält und mit der Pflege des eigenen
Ich die Zeit totschlägt [...].»[6] «Die Welt verhärtet das Herz der meisten
Menschen. Wer nicht hart werden kann, muß sich eine Art künstlicher
Fühllosigkeit angewöhnen, um weder von den Männern noch von den
Weibern zum Narren gehalten zu werden. Einen ehrlichen Menschen
überkommt nach einigen Tagen in der Gesellschaft ein peinliches und
trauriges Gefühl. Nur einen Vorteil hat er davon, er liebt dann die Einsamkeit um so mehr»[7], erklärt Nicolas Chamfort die Abkehr von Stadt
und Hof. Mensch und Natur verbinden sich in einer vollkommen
neuen Beziehung, denn die Zivilisationsflüchtigen projizieren mit einem Mal ihre ganze verzweifelte Seele in die von ihnen geformte und

204

geschaffene Kulturlandschaft: Sie interpretieren und gestalten Landschaft als Abglanz ihres Wesens. «Je nach der Wendung des Weges wechseln die Empfindungen, entsprechend der geschickten Planung durch den Gartenarchitekten. Denn der Garten will nicht nur Miniaturwelt sein, sondern auch materialisierte Psychologie, wo alle Lebensalter, alle Seelenzustände (und nicht nur die verliebten) sich im Raum verteilen und im Spiel der Felsen, des Wassers, der Pflanzen, des Steins als Bau oder Skulptur ihren symbolischen Ausdruck finden.»[8] Reflektiert die Natur die Gemützustände des Menschen, verliert sie all die Schrecknisse, die sie noch bis zum Ende der Renaissance als Ort der Dämonen und Ungeheuer verkörperte – im Gegenteil, sie wird zu einer vertrauten Zuflucht. Nun verspricht sie den aufgewühlten Menschen Geborgenheit und Läuterung.

Besonders Opernkomponisten fühlen sich in der Naturbeschreibung und der Schilderung des lindernden Einflusses von Landschaft auf ein verstörtes Gemüt in ihrem Element. Kein Medium kann Arkadien, dem Musenland der Poesie und Musik, so gerecht werden wie das Musiktheater. Und vor allem gilt auch die Umkehrung: Nie ist die Oper authentischer als in der Pastorale, in der Gesang und der Klang der Instrumente Lebensinhalt werden und nicht als aufgesetzte Fremdkörper und abwegige Untermalung einem weltläufigen Geschehen oktroyiert sind. Gerade aber pastorale Einschübe in eine klassische Opera seria, die sich der Machtdiskussion annimmt und sich mit dem Wesen von Diktaturen und dem Charakter von Tyrannen auseinandersetzt, vermögen den beruhigenden Einflüssen von Natur kontrapunktisch zum Kampf um die Herrschaft zu besonderer Wirkung zu verhelfen und die Existenzkrise des höfischen Lebens abzuzubilden. Vor allem in diesen Mischformen der Gattungen findet die pure Affektmusik den idealen Nährboden, um sich zu psychologischer Charakterisierung aufzuschwingen, wozu die reine Schäferoper mit ihren festgelegten Handlungsschemata und ihrer auf eine schlichte, sich leicht lösende Liebesintrige reduzierten Thematik kaum Raum bietet. Keine Kunst hat so vielfältige Möglichkeiten, die dramatischen Veränderungen zu beschreiben, die in einem Menschen vorgehen, der sich den Gesetzen der Natur unterstellt. In der Musik erklingt die stumme Stimme der Seele, verborgene, unnennbare Zustände des Gemüts finden zu einem Ausdruck. Die Komponisten des 18. Jahrhunderts sind die unumschränkten Meister in der Gattung, die Wechselwirkung zwischen dem menschlichen Gemüt und den Tröstungen einer paradiesischen Gegend in Wort und Ton erklingen zu lassen – allen voran Händel, Gluck, Haydn und Mozart.

«Als gelungenes Beispiel, wie der Topos der Pastorale als Kontrasteffekt zu Zorn, Wut und Rache eingesetzt wird, darf die Szene des Grimaldo aus «Rodelinda» (1725) gelten. Der Tyrann und Gegenspieler von König Bertarido stürzt, begleitet von raschen Sechzehntelskalen im Orchester-Unisono und Akkordschlägen, auf die Bühne. Fatto inferno è il mio petto (wirkliche Hölle tobt in meiner Brust), sind die ersten wütenden Worte seines Accompagnato-Rezitativs. Doch bald erkennt der Rasende den herrlichen Park, seine Ruhe und seine Naturschönheit ringsherum, musikalisch durch das verhaltene Larghetto-Tempo, die ständig wiegenden punktierten Sechzehntel und die gegenüber dem vorangegangenen e-Moll ungewöhnliche Tonart Fis-Dur gekennzeichnet. Dieser ariose, in ruhiger Melodieführung gehaltene Abschnitt ‹Mà pur voi lusingate› mit immer ruhiger werdender Akkordbegleitung leitet über zur Arie ‹Pastorello d'un povero amento pur donne contento› (e-Moll, 12/8). Der Bösewicht wünscht sich hier kurz vor dem Einschlafen die Gelöstheit und Geborgenheit des Hirtenlebens herbei. Der musikalisch-pastorale Charakter ist durch den Siciliano-Rhythmus und eine sich über das Metrum in gemäßigter Führung abhebende Violin- und Gesangsstimme erreicht. Händel gelingt mit dieser Szene des Grimoaldo in der gebotenen bruchlos ineinander übergehenden Entwicklung vom Zornausbruch zum friedlichen Einschlummern eine für seine Zeit seltene Charakterstudie.»[9]

«Grimoaldo: ‹Meine Brust ist zur Hölle geworden; / mit Geißeln bewaffnet / hausen in meinem Herzen drei Furien, / Eifersucht, Zorn und Liebe; / und aus den Tiefen höre ich / wie von einem wilden Bluthund / das Gebell der Reue, / die mich quält, / mich Verräter nennt, Meineidiger, / Thronräuber, Bösewicht und Tyrann! / Doch ihr schmeichelt meinen müden Augen / zu einer kurzen Rast, ihr leisen Lüfte! / Ja, schlaf Grimoaldo, / und such Frieden bei Quellen und Sträuchern, / den unsicheren Thron der stolzen Herrschaft gib preis; / dem Herzen ist die Ruhe / so kostbar wie die Krone! / Der Hirte einer kleinen Herde schläft beseligt / im Schatten der Buche oder des Lorbeers.› (Schläft ein.)»[10] Der kleine Tod, den Grimoaldo im Schlaf durchlebt, bringt die Wandlung: Er versinkt in den Armen der Natur, und erst im Zustand eines fast völligen Verlöschens offenbart sich ihm die volle Wahrheit des Seins, er erkennt seinen Irrtum, zieht die Konsequenzen daraus und wird dem rechtmäßigen Herrscher den Thron zurückerstatten. Hier deuten sich schon die noch weitergehenden utopischen Hoffnungen an, die der Rokoko-Zeitgenosse von der Landschaft als Reflex des Ich ersehnt. Denn die arkadische Natur als Exil für Verfolgte und an der Liebe Leidende wird zum «tema assoluto» aller pastoralen Motivik des 18. Jahrhunderts stilisiert. In den poetischen Hain flüchten sich die Verschmähten, Hoffnungslosen, Verzweifelten und Kranken, und die Wälder, Täler, Berge und Auen gewähren allen Schutz. Rechtmäßige Thronerben werden als Kinder vor den Nachstellungen mordlustiger Usurpatoren zu Hirten gerettet, Königskinder fliehen nach der vollkommenen Zerstörung ihres Reiches und der Ermordung ihrer Eltern in den Kleidern von Schäfern vor ihren Feinden in die Wildnis, von ihren Geliebten Verstoßene suchen unter freiem Himmel ihrer Verzweiflung Luft zu machen: Die Natur behütet sie alle, den kleinen verfolgten «re pastore» von Metastasio, den Gluck und Mozart vertonen, Händels Antigone, die vor den Trümmern Trojas und ihrer Liebe zu Admeto steht, oder auch Mozarts Marchesa Violante Onesti, die von ihrem eifersüchtigen Geliebten um ein Haar ermordet wurde. Beweis der ungeheuerlichen Regenerationskraft, die der Natur zugestanden wird: Totgesagt sind sie alle, und in den Augen der Mitmenschen sind sie in der Tat auch gestorben – Violante wie der Nachfolger des Königs von Didon, der angeblich von Schergen des Tyrannen, der seinen Vater stürzte, niedergemetzelt wurde, oder Antigone, die vermeintlich ein ähnliches Schicksal erlitt. Dieser offizielle Tod ist von einer ungeheuren Symbolkraft: Ob tatsächlich tot oder noch am Leben, nicht nur für die Welt sind diese Unglücklichen gestorben, der Riß ihres Lebenslaufs bedeutet für sie selbst einen Tod. Sie haben mit dem Verlust ihrer Umwelt, ihrer Geliebten, ihrer Lebensstellung ihr Ich und damit auch jede Existenzberechtigung verloren. In dem Maße wie die Betroffenen selbst den Schwund ihrer Identität wahrnehmen, bereitet sich in ihrem Inneren das unerträgliche Chaos ihres Seins aus. Ihnen bleibt nur der Ausweg im tatsächlichen oder metaphorischen Tod: dem totalen Selbstverlust.

Wunderbar, ja zauberisch ist, was die Natur vermag. Sie nimmt die Unseligen auf, löscht ihr altes Sein und schenkt ihnen ein neues Leben. Die alte Analogie der «Mutter Natur» bewahrheitet sich, in deren überdimensionalem Uterus sich diese Verfolgten und Verzweifelten verkriechen, in einen vorbewußten Zustand vollkommener Harmonie. Wie eine Initiation vollzieht sich die Wiedergeburt in der Natur und durch sie. Der symbolische Tod ist Voraussetzung für die Reinkarnation. Die Fluchtbewegung aus der Stadt, vom Hof und der Gesellschaft weg durch den freien Raum allegorisiert eine Wanderung durch die Elemente als Reinigungszeremonie der Seele. Und auch die sinnbildliche Aufnahme eines Neugeborenen in die Gesellschaft durch die Taufe findet eine Entsprechung: Die zu einer neuen Existenz Auferstandenen legen ihre alte Identität mit ihren Standeskleidern ab, aus dem sidonischen Königssohn Abdolonimo wird der Hirte Aminta, Antigone ersteht aus der Schlacht um Troja als die Schäferin Rosilda, und Violante entkommt ihrem rachsüchtigen Liebhaber, indem sie sich als die Gärtnerin Sandrina tarnt. Doch ist diese Verkleidung nicht nur ein rein oberflächlicher, sondern ein zutiefst innerlicher Rettungsversuch: Die Transvestierten versuchen ihrer Herzensverwirrung dadurch Herr zu werden, daß sie Gestalt und Gewand des Archetypus vom naiven, einfachen Menschen annehmen und in die (Lebens-)Rolle eines Hirten schlüpfen. Sie bemänteln und transformieren ihr einstiges Selbst und vertrauen ihre zerrüttete Seele durch diese Metamorphose den relativierenden Kräften der Natur an, die die Dinge wieder in ein vernünftiges Licht rücken und dem natürlichen Gang überlassen. Als Schäfer wiedergeboren, vollzieht sich die Genesung der verwirrten Herzen, sie alle finden zurück zu ihrem seelischen Gleichgewicht und gelangen am Ende der Geschichte zu einem höheren Ich, zu einem umfassenderen Bewußtsein ihres Wesens, das in Übereinstimmung mit dem Urwissen steht. Hierin konstituiert sich eine fabelhafte Vorstellung von der Potenz der Natur, die Mozart in seiner «Zauberflöte» mysterisch-freimaurerisch als Apotheose des Jahrhunderts zum letztenmal beschwört.

Gerade die künstlerischen Hirtengestalten bieten die passenden Identifikationsschablonen für eine neue Menschwerdung im Einklang mit der Schöpfung – die Schäfer müssen im Zusammenhang mit der allmählichen Entdeckung und Neuinterpretation der Natur zu Idealfiguren heranreifen. Wer ist wie sie, die mit ihren Herden von Aue zu Aue ziehen oder ihr Feld bestellen, derart der Gewalt der Natur ausgesetzt? Wer ist so mit dem Gang der Jahreszeiten verwachsen? Wer ist wie sie mit der Fruchtbarkeit der Erde vertraut? Die Ureinwohner des Ländlichen sind direkter Bestandteil der Natur, und so wird ihre Natürlichkeit zu einer Metapher. Jahrzehntelang verfolgen die Theaterbesucher auf der Bühne die wundersamen Wirkungen der Landschaft auf den

Menschen, beobachten, wie sich Menschen der Gewalt der Elemente überantworten, um aus ihnen geläutert wieder hervorzugehen, identifizieren sich mit den Hirten – und sehnen sich immer mehr nach deren vermeintlich idyllischem Zustand. Ambivalente Gefühle beherrschen jedoch die Menschen des Ancien régime angesichts der Macht der Natur immer noch. Steht auf der einen Seite der Reiz des unbelasteten ursprünglichen Seins, erschreckt auf der anderen die Gefahr des in ihr lauernden Selbstverlusts. Ihr absoluter Wahrheitsanspruch verstört: Die Rokoko-Zeitgenossen befürchten, durch die Erfahrung ungebändigter Natur erschütternden Bewußtseinsveränderungen ausgesetzt zu sein, und versuchen daher, dieser Bedrohung durch Domestizierung der Landschaft Herr zu werden. Um der Konfrontation mit dem Elementaren zu entgehen, sich ihm aber doch auf spielerische Weise vorsichtig zu nähern, zieht sich die dramatisch begabte Epoche erst einmal in die Sphäre des Scheins zurück, tarnt sich mit einem Schauspielszenarium, verwandelt die erschreckende Natur in eine gesellschaftliche Bühne und blickt von diesem distanzierten Posten in das Labyrinth ihrer künstlichen Empfindungen. Ein leichtes für die theatralische Phantasie der Menschen, deren Lebenselement die Täuschung ist. Das Paradies im Rokoko-Gewand soll der Garten sein. Die Höflinge selbst wollen die Schäfer und Hirtenfiguren darstellen, schließlich bedarf der im Park realisierte idyllische Schein des ländlichen Personals, um Wirklichkeit eingehaucht zu bekommen. Und tatsächlich kann man diesen verkleideten Höflingen auf den großen Kunstwerken der Zeit zusehen, wie sie allein oder auch zu mehreren mit dem obligatorischen Hirtenstab durch eine Hügellandschaft spazieren oder, malerisch den Kopf auf eines ihrer Tiere gebettet, unter einem Baum mit ihrer liebsten Sennerin bei einem Schäferstündchen lagern. Städter, die sich offensichtlich in eine ländliche Tracht geworfen haben, genießen auf den Bildern ein Picknick mit Wein und Wildbret im Grünen und verlustieren sich in großen Parks beim Menuett oder einer Gavotte: Die Fêtes galantes unter freiem Himmel sind die Nachempfindung der mythologischen Götterfeste nach Rocaille-Manier.

Leiblich nachgestaltete «Schäferspiele» avancieren spätestens Mitte des Jahrhunderts zu einem beliebten Gesellschaftsvergnügen. Mit allen Fasern ihres gekünstelten Seins wollen die Rokoko-Menschen den Traum von der Ursprünglichkeit der Existenz und der Urkraft der Leidenschaft am eigenen Leib erleben. Deswegen schlüpfen die Damen

Jean-Honoré Fragonard: Die Gaukler. 1775.
Zürich, Sammlung Bührle

und Herren des Hofes in das einfache Kleid der Hirten und Bauern, der Nymphen und Najaden und geben einander das Schauspiel vom einfachen Leben zum besten. Selbst Ludwig XV. und Madame de Pompadour bieten ihren Zeitgenossen einen Beweis ihrer arkadischen Abstammung und Gesinnung dar. Sie lassen sich nicht nur in Pose und Gestalt der olympischen Götter auf Leinwand oder Bühne darstellen, sondern verwandeln sich höchstselbst zu mythologischen Schäfern, denen Daphnis und Chloë oder Zeus mit seinen zahlreichen Eroberungen Pate stehen. Doch hüllt sich die talentierte Mätresse auch in Rock und Schürze eines naiven Bauernmädchens, und der Gebieter über alle Franzosen läßt sich ein prächtiges Bauernkostüm schneidern, um so gewandet seine auserwählte «Bäuerin» über Feld und Wiesen zu verfolgen. Krönender Abschluß dieses Vergnügens wird die «Bauernhochzeit», die mit dem ganzen «Bauernhofstaat» in einem stattlichen «Bauernhaus» gefeiert wird. Denn dieses darf nicht, genausowenig wie die Schäferhütten, Brauereien und Meiereien, im Rokoko-Park fehlen.

Rückzugsort vom galanten Treiben, aber auch Ort dieses Treibens sind diverse Grotten, die überall auf dem Areal verstreut liegen. Sie gibt es in den unterschiedlichsten Variationen: Felsengrotten, Muschelgrotten, Göttergrotten, Venusgrotten... Der letzte Schrei aber sind die «katoptrischen Grotten», die einem kleinen, aber wundersamen Kasten nachempfunden werden. Diese, wie später auch die Höhlen, sind an Decken, Seitenwänden und Fußböden über und über mit Spiegeln ausgekleidet, die nach genauesten wissenschaftlichen Vorschriften angebracht sind. Eintretende werden mit der Demontage ihrer Gestalt überrascht, ihre Glieder auseinandergerissen, ihre Gesichter verzerrt und ihre Standfestigkeit in der Welt auf die Probe gestellt. Die Spiegelgrotte zerlegt die Identität und setzt sie auf die groteskeste und eigenwilligste Art wieder zusammen. «Du siehst dich ins Unendliche vervielfacht, wobei du dich mal in der Luft, mal in tiefen Abgründen bewegst, dann plötzlich mit zwei, drei, vier, fünf Köpfen und manchmal verstümmelten oder monströs deformierten Gliedern. Daß diese Darbietungen mit dem Namen Proteus bezeichnet werden, beruht auf derartigen Metamorphosen. – Du siehst dich mit den Füßen an der Decke in der Luft hängen. – Wenn du den Weg entlang siehst, wirst du dich ohne Füße durch die Luft fliegen sehen. – Wenn du dich in der Ecke des Zimmers befindest, wirst du dich bald ohne Ohren, bald ohne Augen und bald nur mit einem einzigen Auge sehen; du wirst verblüfft über diese Transformationen sein. – Wenn man ins Innere einen kleinen Haufen Erde oder Sand legt, siehst du dich Berge hinauf- oder hinabsteigen.»[11]

Doch nicht nur die Person gerät unter Einfluß dieser seltsamen Grotten außer Form, auch die Welten verändern ihre Beschaffenheit. Die

Versailler (Spiegel-)Grotte der Thetis verweist in neue Dimensionen, sie vermag den Horizont zu vervielfältigen und ihn ins Unendliche einer Illusion der Zukunft zu erweitern. Mit Einblicken und Erfahrungen zwischen Wahrheit und Trugbildern treibt der Nürnberger Architekt Paul Decker die Wirrnis auf die Spitze. Er kreiert eine Höhle, die zu einem Theater des Lichts und einem Spektakel der Täuschungen wird: In dieser nach katoptrischen Gesetzen vollständig mit glatten, konvexen und konkaven Spiegeln ausgekleideten Grotte sollen versteckte Lampen angebracht werden, die sich tausendfach in den Spiegeln reflektieren. Masken sollen von den Wänden und Decken glotzen mit weit aufgerissenen Mündern und Glubschaugen, aus denen, wenn sie von einem Lichtstrahl gestreift werden, prophetische und geheimnisvolle Inschriften leuchten. Noch dazu verändern sich diese unfaßbaren Erscheinungen zum Erschrecken des Betrachters; von mysteriöser Kraft angetrieben, drehen sie ihre Köpfe, reißen die Augen auf oder rollen sie beängstigend. Denn die Fratzen sollen von einer Maschine bewegt werden, die der unsichtbare Magier mit den Füßen steuert. «Hierzu muß noch festgehalten werden, daß die ovalen Spiegel so gemacht sind, daß man, wenn man sich in ihnen betrachtet, verschiedene in die Breite oder in die Länge gezogene Gesichter sieht.»[12]

Vom Horrorkabinett, in dem die Grotte wieder dem aus ihr hervorgegangenen Adjektiv «grotesk» auch im heutigen Sprachgebrauch alle Ehre macht, bis zur Beschwörung des Mikrokosmos als Widerspiegelung der Gartenwelt reichen die Verwendungsmöglichkeiten der Höhle, aus der einst die ersten Menschen ans Tageslicht traten. Optische Apparate machen es möglich, wie Alexander Pope berichtet: «Wenn Sie die Türe der Grotte schließen, so wird auf einmal aus einem hellen Zimmer eine Camera Obscura, an deren Wänden alle Gegenstände des Flusses, die Hügel, Wälder und Nachen, ein sich bewegendes Gemälde in sichtbaren Strahlen bilden; sobald Sie aber das Zimmer erleuchten, so stellt es Ihnen eine ganz verschiedene Szene dar; inwendig ist die Höhle mit Muschelschalen ausgelegt, zwischen denen eckige Stücke Spiegelglas angebracht sind; an der Decke ist ein Stein von nämlichem Stoff, wenn man an dessen Mitte eine runde Laterne von dünnem Alabaster hängt, so werfen sich tausend zugespitzte Strahlen durch die ganze Höhle.»[13]

Der Markgraf von Bayreuth bringt die Grotte wieder mit seinem Urelement, dem Wasser, zusammen. Der erfinderische Souverän lädt unliebsame Gäste, die im Schloß logieren, in seine Überraschungsgrotte zu Wasserspielen und postiert sie eigenhändig: Für manch einen wird es ein feuchtes Vergnügen, denn während des Schauspiels spritzt und sprudelt das frische Naß aus allen nur erdenklichen Löchern und unsichtbaren Quellen, schießt unvermutet aus Mäulern, Ohren und Nasen von Wassergöttern, bemoosten Neptunen und muschelnen Drachen und Ungeheuern herab auf die zierlichen Rokoko-Menschen, die sich binnen kurzem in begossene Pudel verwandeln.

Diese delikate Lustbarkeit gönnt sich der Regent, um sich von einer ganz anderen Tätigkeit abzulenken, der philosophischen und theologischen Reflexion, der er sich gleich nebenan, nur wenige Schritte entfernt, in seiner Eremitage widmet. Er ist wie viele andere vom eremitischen Fieber befallen, und so läßt der Markgraf von Bayreuth an sein Landschloß eine Reihe von richtigen Klausen anbauen, die alle nur mit einer Pritsche, einem Pult und einem Stuhl möbliert sind und auf eine Art Kreuzgang hinausgehen. Dort treffen sich dann die aristokratischen Einsiedler, mit denen sich der Regent in das ländliche Idyll zurückgezogen hat, zu einem Gedankenaustausch.

Eremitagen, als Wohnstatt der anderen Idealfigur, die symbiotisch mit der Natur verbunden ist, rekonstruierte man auch, da «Büsche und Wälder in Mode waren»[14]. Kurzum, man verpflanzt auch den Eremiten in einen idyllischen Park – wo er zwar weit entfernt davon ist, direkt den tobenden Naturgewalten ausgeliefert zu sein, dafür aber von jedermann gemimt werden kann. Selbst ein der Öffentlichkeit verpflichteter Potentat gebärdet sich nun eremitisch. Doch nicht jeder der absolutistischen Fürsten beschränkt sich dabei tatsächlich so in seinen Ansprüchen, wie es der Markgraf – pro forma – tut. Mehrere Einsiedeleien stehen jedenfalls dem französischen König für asketische Übungen zur Verfügung. In Versailles braucht er nur einige Schritte zu tun, um sich der Abgeschiedenheit anheimzugeben: «Auf sechs Hektar Boden, die vom kleinen Versailler Park neben dem Drachentor abgeteilt worden waren, […] erbaute Frau von Pompadour ein kleines, ganz einfaches Haus mit persischen Behängen, gemalten Paneelen, mit dem Garten, der nichts als ein Rosenboskett war, welches in einem Tempel mit Grün einen Adonis aus weißem Marmor einschloß. […] Die Eremitage von Fontainbleau, zu dem Zweck errichtet, um von Zeit zu Zeit Ludwig XV. zwei frischgekochte Eier zu liefern, enthielt im Erdgeschoß nur einen Speisesaal und ein Versammlungskabinett, das sechs Spieltische aufnehmen konnte; im ersten Stock gab es nur zwei Appartements, das der

Herrin des Hauses und das der Herzensfreundin, Frau von Estrades. Ein großer Hof mit vier Hühnerställen für alle Arten von Hennen war die Kuriosität dieser bäuerlichen Behausung [...].»[15]

Aus Asketen vor dem Herrn werden anachronistische Luxus-Einsiedler mit ausgesprochener Publikumswirksamkeit. Die exzentrischen Engländer nehmen sich diese neue Strömung so sehr zu Herzen, daß sie ihren persönlichen Klausner immer vor Augen haben wollen: Sie setzen sich einen «Schmuckeremiten» in den Park, den sie für seine Dienste bezahlen. Dessen Hauptvorzüge müssen sein, erstens ausgezehrt auszusehen, zweitens einen langen Bart zu haben und drittens eine verklärte Miene zur Schau zu stellen.

Ort der Einkehr und Schauplatz gesellschaftlichen Vergnügens, inszenierte Entbehrung und Überfluß liegen nur wenige Schritte und einen Gedankensprung auseinander, sie verschmelzen gar ineinander und werden zum Inbegriff Arkadiens, dem alle Widersprüche in sich auflösenden paradiesischen Garten. «Es war die Bemühung und der Sieg Frau von Pompadours, die Abwechslung und den Kontrast in all diese Wohnungen zu legen, welche der Langeweile des Königs die Zerstreuung von Überraschungskästen gewährten. Und in ihrem eigenen Hause und selbst beim König ließ die Zauberin Ludwig XV. unter den herrlichen Architekturen, den Galapalästen, den Baumwölbungen hundertjähriger Bäume hindurch in diese Einsiedelei hinübergehen, wo alles von einfach ländlichem Geschmack war, wo das Haus nur Schäferidylle zeigte, wo die Gärten, vom Pomp des französischen Gartens befreit, nur Myrten- und Jasminlauben waren, Rosenbosketts, ländliche Verstecke der Amorstatuen, Felder von Narzissen, von Nelken, Veilchen, Tuberosen, welche die Luft mit balsamischen Düften erfüllten.»[16]

Eine faszinierende Assoziationskette offenbart sich hier: Die arkadische Sehnsucht vereint sich mit dem einsiedlerischen Ideal von Einsamkeit, Autarkie, Naturverbundenheit und auch Gottesnähe. Der Eremit wird zur überhöhten Schäfergestalt, die nicht nur die Hirtentugenden von Unschuld, Treue und Naivität verkörpert, sondern die es ebenso nach Weltabgeschiedenheit, Weisheit und Ureinsichten verlangt. Der Klausner im Schloßpark verherrlicht den menschlichen Mikrokosmos im Universum des Gartens. Wer etwas auf sich hält, versetzt sich abwechselnd in die Gestalt eines Hirten und eines Eremiten. Alle beide waren für die philosophische Weltanschauung domestiziert. Die grassierende Einsiedler- und Schäferleidenschaft hat durchaus auch eine politische Dimension. Der König als Eremit, der Eremit als König; der König als Hirte, der Hirte als König – in diesen Gleichungen verbirgt sich ein zutiefst utopischer Traum vom idealen Herrscher. Schäfer- und Einsiedlertugenden sollen als majestätisches Über-Ich fungieren, in dem sich die Autorität zum Inbild einer mythologischen und naturgemäßen Gerechtigkeit verklärt. Das zur Schau gestellte Eremitentum läßt den Monarchen im Licht eines Weisen erscheinen, der asketische Einkehr hält, um politische Entscheidungen zu überdenken und im Zwiegespräch mit Gott, dessen Abgesandter er ist, zu fällen. Diese klausnerische Bemäntelung ist ebenso Legitimation des Herrschaftsanspruchs, wie sich im Wechsel in die Schäferidentität das Verständnis eines absolutistischen Rechts spiegelt: In beiden Gewandungen weiß sich der Herrscher einig mit dem schöpferischen Willen und dem natürlichen Sinn.

Mozart macht in seinem «Re pastore» die Probe aufs Exempel: Der in den Kinderschuhen zu den Hirten gerettete legitime Thronfolger Sidons soll das einfache Schäferleben aufgeben, um seine Geburtsrechte geltend zu machen, und seine Schafe gegen menschliche Untertanen eintauschen. Gerade der große Eroberer Alexander ist von diesen den Menschen Segen bringenden Grundsätzen des Hirtentums überzeugt: Sie bedeuten nach Degeneration, Usurpation, Tyrannei und Fremdherrschaft die Rückkehr in eine natürliche Ordnung. Aminta selbst versichert seiner Geliebten: «Wenn ich herrschen muß, werde ich auch auf dem Thron dein treuer Hirte sein.»[17] In dieser Opernfigur verwirklicht sich die Utopie von einem Herrscher, der unkorrumpierbar er selbst ist, sein Reich wie seine Herde durch alle Unbill führt und nur einer Gefühlsregung folgt: der Liebe.

Denn nicht zuletzt ist der Hirte die Personifizierung des unverdorbenen Sexus, der von jeder erotischen Pervertierung weit entfernt ist. Eine Aura der Unschuld umgibt ihn, da er nur als Zeuge und Nachahmer der tierischen Begattung seine körperlichen Bedürfnisse erfüllt. Er folgt damit ohne Hintergedanken seiner biologischen Bestimmung und weiß, dadurch, daß er, den Tieren gleich, vollkommen unbewußt seinen angeborenen Trieben nachgibt, nicht um die ethisch-religiöse Verteufelung der Sexualität: Er ist frei von jedem Schuldkomplex. Das ist das Stichwort der nach Sittenfreiheit Verlangenden: Das Szenarium eines Schäferspiels und vor allem auch die Auslegung der Rollen von Schäfer und Schäferin kommen ihren erotischen Neigungen entgegen, sie wünschen sich die dem Hirten angedichtete Unschuld als Freibrief für galante Tändeleien nach dem Motto «Machen wir's den Schäfern nach». Eduard Fuchs empört sich denn auch über die szenische Darbietung rokokoesker Hirtenphantasien, er meint, sie seien «die Organisation des Flirts in aller Öffentlichkeit. Der Schäfer und die Schäferin repräsentieren die von der Moral noch nicht verfälschte Natur, und deshalb küßt der Schäfer seine Schäferin ganz ungeniert vor aller Welt, und diese gibt seinen Kuß ganz ungeniert zurück. An dieser Öffentlichkeit hat man Gefallen [...]. Außerdem bietet der Flirt in dieser Verkleidung beiden Teilen noch die Stimulanz der Kraft, denn der Schäfer und die Schäferin sind nur der idealisierte Bauer, und im robusten Bauern sieht man die unverbrauchte Sexualkraft.»[18]

Ein faszinierender Aspekt für die Epoche: Der phantasierte Schäfer spiegelt einen Urzustand des menschlichen Empfindungsvermögens wider, das noch vollkommen unbeeinflußt vom Geist sozialisierender Religionen, Weltanschauungen und über Jahrhunderte sich entwickelnder Gesellschaftsstrukturen ist und sich nur aus dem rein individuellen Humanen entwickelt. Das Land der Schäfer ist ein Hort der Glückseligkeit, in dem die Gesetze des Unendlichen regieren und die traumhafte Harmonie des Seins auf ewig festgeschrieben ist. In der Theorie taucht es auf, vollkommen abgeschlossen von jeder Realität, als Eiland der Zeit- und Geschichtslosigkeit. Die Sehnsucht nach Kythera oder Arkadien mit ihren naiven Bewohnern birgt daher in sich auch immer eine Inselutopie.

Selbst der arkadisch glänzende Garten ist nach dem Inselprinzip angelegt; isoliert von der Außenwelt, stellt er ein Atoll der Ruhe, Besinnlichkeit und Natürlichkeit inmitten von lärmender Geschäftigkeit dar. Hohe Mauern, die ihn umgeben, dichte Hecken, die ihn umwuchern, setzen die Zeichen seiner Unerreichbarkeit; dem Wunsch eines Unbefugten, in dieses Märchenreich einzudringen, sind fast unüberwindliche Schwierigkeiten entgegengesetzt. Wer es versucht und wem es gelingt, trotzt sinnbildlich den Gefahren des Meeres, legt an den himmlischen Gestaden an und wird von der Inselwelt aufgenommen. Der Glückliche vollzieht symbolisch die Reise der Aphrodite nach. Er folgt ihren Spuren vom Ort ihrer Schaumgeburt aus dem Schlund des Ozeans, bis sie den Fuß auf das Inselreich setzt, das zu ihrer Kultstätte wird: Kythera.

So zieht sich der von schweren Enttäuschungen zum Misanthropen gewandelte (Anti-)Held Marivaux', Hermokrates, in seinen insularen Park zurück, um dort als Eremit nur noch seiner Philosophie zu leben, hermetisch abgeschottet von jeder Gesellschaft. In seinem Park inmitten eines mythischen Landes zwischen griechischer Antike und Commedia dell'arte verwirklicht sich die für das Rokoko typische Besinnung auf den eigentlichen Sinn künstlicher Anpflanzungen: «Zum Umkreis des Lebens der Eremiten gehört die wiederhergestellte Ordnung des Paradieses, in der Mensch und Tier ohne Harm beieinander leben (der Hirsch zieht den Pflug, Bär und Löwe gesellen sich zum Einsiedler, etc.). Das Paradiesgärtlein [...] ist der Versuch des Eremiten, die Ordnung des Paradieses inmitten dieser Welt des verlorenen Paradieses, des Vertriebenseins aus dem Paradies wenigstens auf einer winzigen Insel wiederherzustellen.»[19] Wie eine chiffrierte Regression in die Geborgenheit des Mutterschoßes der Natur erscheint der Rückzug in einen Garten, denn wie diese bewahrt auch die Höhle des Lebens als versiegelter Raum, in dem die Bedürfnisse ohne jegliche Anstrengung befriedigt werden und der Schützling in wunschloser Erstarrung verharren kann, vor dem Daseinskampf.

Das phantastische Arkadien, ein abgeschlossenes Universum mit seiner Urbevölkerung, eignet sich als gedankliches Labor für Experimente an der menschlichen Seele. Marivaux zeigt sich von diesem schwerelosen Mikrokosmos ebenso fasziniert wie auch Haydn oder jeder andere Zeitgenosse, der an der Ergründung der menschlichen Liebesfähigkeit ein Interesse hat. Der eine konstruiert in seiner «Streitfrage» ein solches Szenarium, der andere in seinem Singspiel «Isola disabitata» («Die unbewohnte Insel»), und die dritten versuchen den zartesten Gefühlen, dem Naturschauspiel und der Ursprünglichkeit des Lebens im eigenen Garten auf die Spur zu kommen.

Der Dichter kann in diesen Raum, in dem nichts vorbestimmt ist, die Bedingungen seiner Geschichten von allem Anfang an aus größtmöglicher Realitätsungebundenheit erfinden. Marivaux wie auch Haydn behaupten in ihren beiden Werken einen Urzustand des Seins, in der eine Sozialisation nur im allergeringsten Maße stattgefunden hat, da die Zivilisation in die insulare Welt bis zum Zeitpunkt des Versuches nicht eingedrungen ist. Marivaux' zweites Ich, der Prinz des Stückes, glaubt die Voraussetzungen für eine idealtypische Entwicklung der sechs in einem abgeschlossenen Waldstück ausgesetzten Säuglinge geschaffen zu haben: «Wir werden diesem Beginn [der Welt; Anm. d. Verf.] beiwohnen; ja, die Männer und Frauen aus dieser Zeit, die Welt und ihre ersten Liebesgefühle werden wieder vor unseren Augen erscheinen, so wie sie damals waren, oder zumindestens, wie sie gewesen sein müssen; vielleicht werden es nicht die gleichen Geschicke sein, aber es sind die gleichen Charaktere; Sie werden den gleichen Zustand der Herzen sehen, ebenso unberührte, neue Seelen, wie die allerersten, ja falls das möglich ist, noch unberührtere.»[20] Das Schicksal hat sie in die totale Isolation verschlagen, als ihr Leben am Anfang steht. Gleiches geschieht der kleinen Silvia aus Haydns Oper, die im zartesten Kindesalter mit ihrer älteren Schwester einen Schiffbruch erlitt und von dieser an das Ufer einer unbewohnten Insel gerettet wurde: Ihre menschlichen Kontakte sind auf die Person beschränkt, die das Überleben sichert.

In diesen Refugien des unberührten Herzens wachsen die Kinder in größter Einfachheit und Natürlichkeit heran, und als sich ihnen die Welt in Gestalt anderer Menschen offenbart, reagieren sie einzig nach den Urgesetzen des menschlichen Wesens, egal, ob sie sich gleich unsterblich verlieben oder ob sie nach mehrmaliger Versuchung wankelmütig werden – so die Behauptung der Dichter. Das Land der Unschuld ist das Areal des ungestraften Seins und damit der unumschränkten erotischen Möglichkeiten.

Zu diesen himmlischen Plätzen, an denen noch die Regeln des Paradieses herrschen, zieht es alle Menschen mit mehr oder weniger tiefempfundenem Bedürfnis nach Einsamkeit, vor allem aber nach elysischer Leichtlebigkeit. Erstmals setzen sich Massen in Bewegung, um der Stadt zu entkommen; ganze Gesellschaften brechen auf nach den meerumschlungenen Erdflecken, sie suchen sie in kontinentalen Regionen, auf dem Festland, wo die Inseln weit, doch dem Einfallsreichtum keine Grenzen gesetzt sind: Sogar Paläste deklariert man als insulare Refugien, in denen die natürlichen Regungen wieder ausgelebt werden dürfen. Solche Inselsimulationen reklamieren für sich den topographischen Status des schwimmenden Landes in sozialer Hinsicht: frei von jeglicher Ein- und Anbindung zu sein und somit außerhalb der geltenden Rechts- und Gesellschaftsordnung zu stehen. Gesetze haben hier keine Gültigkeit, hier zählt einzig der individuelle Wille.

Fernweh geht eine phantastische Verbindung ein mit dem quälenden Verlangen nach Flucht aus dem Hier und Jetzt. Reiseberichte von Festlandsufer überschreitenden Entdeckungen in aller Herren Meere lassen die Menschen Inselparadiese imaginieren. Immer ausgedehntere Handelsverbindungen, in immer entferntere Gewässer segelnde Abenteuerlustige erobern und eröffnen dem Bewußtsein eine neue Dimension des

Raums. Die Bewegung um die Erde befreit die Phantasie aus ihren geographischen Grenzen. Unzählige Weltreisende machen in ihren Reiseberichten die seelenlose Kartographie sinnlich wahrnehmbar, die Erde nimmt erfahrbare Gestalt an, ihre Beschreibung vervollständigt sich allmählich. Vor allem: das Raumerlebnis wird mitteilbar. Intellektuelle und Wissenschaftler begeben sich an Bord, um die Einzelheiten zu protokollieren.

Der Schritt in unbekanntes Land ist eine geistige Inbesitznahme, die körperliche Berührung des Bodens, der Verzehr seiner Früchte ein De-facto-Akt der Okkupation, die Betrachtung, visuelle Erfassung und Katalogisierung der klimatischen, vegetativen Besonderheiten sowie der Eigenheiten des Volkes in Hautfarbe, Größe, Aussehen wie auch die Beschreibung ihrer Sitten eine generelle Vergegenwärtigung und Vereinnahmung des Andersartigen. Die neue, fast uneingeschränkte Mobilität erweitert die Möglichkeit des Menschen zur Selbsterfahrung im Vergleich kultureller Verschiedenheiten. Denn die realisierte Bewegung heraus aus dem eigenen Kulturkreis zeugt nicht nur von dem hohen Stand der Zivilisation, die das technische Know-how zum massenhaften Befahren der Meere entwickelt, sondern im Gegensatz dazu auch von der Beengung und Übersättigung, die die Menschen empfinden. Unersättlich sind die Seefahrer in ihrer Sucht nach Entdeckung von neuen Ländern, neuen Meeren, neuen Völkern, und unersättlich sind die Zuhausegebliebenen nach immer neuen Erfolgsnachrichten. Von vornherein verbindet eine utopische Sehnsucht Reisende mit unbekanntem Ziel wie auch die Leser von deren Seeabenteuern: das verlorene Paradies wiederzufinden. In Erwartung dessen segeln sie alle um die Wette, um als erste das gelobte Land zu erreichen – die Schiffer auf den Ozeanen und die zurückgebliebenen Europäer in ihren Köpfen und ihrer Einbildung.

Und tatsächlich geht Mitte des Jahrhunderts durch ganz Europa die Kunde, daß die Entdecker am Ziel aller Wünsche seien. 1768 ankert Captain Cook vor Tahiti, und noch im selben Jahr geht der Franzose Bougainville dort an Land. Was sich seinem staunenden und entzückten Blick auftut, erinnert an das Bild «Pilgerfahrt nach Kythera», dessen Traumbild Watteau einige Jahrzehnte zuvor auf Leinwand gebannt und in die Herzen der Menschen versenkt hat: «Der Anblick der Küste, die sich wie ein Amphitheater erhebt, bot uns ein reizendes Schauspiel. Ob die Berge gleich sehr hoch sind, entdeckt man doch nirgends nackte

Die vermeintliche Königin von Tahiti, Oberia, huldigt Captain Wallis.
1767. Kupferstich

Felsen, sondern alles ist mit Bäumen bedeckt. Wir trauten kaum unseren Augen, als wir mitten im südlichsten Teil der Insel eine sehr hohe
freistehende Bergspitze erblickten, die bis oben hinauf mit Bäumen besetzt war und unter den anderen Bergen hervorragte. […] Von weitem
sah sie aus wie eine Pyramide von erstaunlicher Höhe, welche die Hand
eines begabten Dekorateurs mit Blumengirlanden geziert hatte. Das
weniger hoch gelegene Land ist in Wiesen und kleine Wälder aufgeteilt,
und längs der ganzen Küste erstreckt sich am Fuß des höheren Landes
ein flacher Landstrich, der mit Pflanzungen bedeckt ist. […] Als wir
längs der Küste hin fuhren, zog eine prächtige Kaskade, welche von der
Höhe der Berge ihr schäumendes Wasser in die See hinabstürzte, unsere
Blicke auf sich […].»[21] «Die Landschaft ist reichlich von der Natur mit all
ihren Schätzen versorgt und zeigt allenthalben diese leichte Unordnung,
welche die Kunst nicht nachzuahmen vermag. Von den Bergen rieseln
eine Menge kleiner Bäche herab, die das Land fruchtbar machen und
sowohl zur Bequemlichkeit der Bewohner als auch zur Zierde der
Landschaft dienen. Das flache Land vom Ufer bis an die Berge ist ganz
mit Fruchtbäumen besetzt, unter welche die Häuser der Insulaner ohne
jede Ordnung gebaut sind und also niemals ein Dorf bilden. Man glaubt
in die elysischen Felder versetzt zu sein.»[22]

Nicht die Landschaft allein versetzt die Ankömmlinge in den Wahn,
sich im Garten Eden zu befinden, es sind auch die Sitten, die ihnen vorgaukeln, das verlorene Paradies wiedergefunden zu haben. Hier scheint
der Fortschritt nicht stattgefunden zu haben, der das ursprüngliche We-

sen über alle Maßen denaturiert hat: Die Abendländer wollen in den «Wilden» Tahitis die Inkarnation des menschlichen Urzustandes erblicken, bei ihnen folgt alles, vor allem die Liebespraxis, einer natürlichen Bestimmung. In diesem südländischen Inselreich wird für die Gesandten des alten Europa Arkadien Wirklichkeit, denn das Verhalten der Tahitianer macht auf ihren ersten verzückten Blick den Eindruck, als existierten weder moralische Schranken noch die in Europa üblichen sexuellen Unterdrückungsmechanismen oder ständische und geschlechtsspezifische Herrschaftshierarchien. Sexus und Besitz(anspruch) sind keine Synonyme und Frauen daher Allgemeingut.

Ganz öffentlich regiert das Prinzip der Lust den «Austausch der Epidermien»[23], ja, die Stammestöchter werden den lange Zeit über erzwungenermaßen enthaltsamen Seeleuten als Beweis der Freundschaft angeboten. Und was zur Feier dieser Verbrüderung von den Einwohnern organisiert wird, gleicht in der Beschreibung des Franzosen auffallend den Szenarien der Schäferspiele. Kein Charakteristikum der bukolischen Thematik fehlt: «Man streute ein Lager von Laub und Blumen, und Musikanten bliesen ein Hymenslied dazu auf der Flöte. Die Göttin der Liebe ist hier zugleich die Göttin der Gastfreundschaft; sie hat hier keine Geheimnisse, und jeder Sinnenrausch ist ein Fest für das ganze Volk.»[24]

Mitten im Südpazifik ein Hirtenbacchanal wie aus einer literarisch-theatralischen und dabei ganz europäischen Vorlage! In den Schilderungen der tahitianischen Gebräuche und Riten manifestiert sich die Realität als verklärt wahrgenommenes Idealbild. Die Weltreisenden sind so in ihren kulturell vorgeformten Denkschemen verhaftet, daß sie für die Zustände nur im utopischen Vokabular Entsprechungen finden. Schon ihre Erwartungen sind in dem Maße illusionär vorgeprägt, wie die Glücksjäger dann ihre Sehnsüchte in die vorgefundene Wirklichkeit projizieren, um ihre Wunschvorstellung als real zu imaginieren. Mit den tatsächlichen Verhältnissen auf der Insel haben sie so gut wie nichts zu tun. Der aufklärerisch beeinflußte Bougainville verherrlicht eine hierarchische, auf straff patriarchalischen Grundsätzen basierende Staatsform, die von unermeßlicher Frauen- und Sklavenverachtung gekennzeichnet ist, zu einem Land paradiesischer Gerechtigkeit und Gleichheit. Seine anthropologischen Forschungen, eines der Ziele des seefahrerischen Unternehmens, landen auf diese Weise in der Sackgasse: Er glaubt sich mit einem Ausgangspunkt menschlicher Sozialisation und mit dem Ursprung des Gemeinwesens konfrontiert. Die Wahrheit schimmert durch die Schleier eines Wunschtraums.

Ist schon der Reisebericht als solcher von der Imagination ausgeschmückt, begeben sich die literarischen Adaptionen des Themas Reise noch in eine weitere Sphäre des Scheins: «Der reale Reisebericht wird zum Muster des imaginären und fiktiven, man orientiert sich an der Wirklichkeit, um deren Grenzen zu überschreiten [...].»[25] Die Abenteuer einer Weltumseglung bieten von sich aus die ideale Handlungsvorlage für eine romaneske Verarbeitung. Wir lesen in ihnen von Schiffbrüchen, Untergang und Rettung, von Seeräubern, Kaperung, Menschenraub, Sklaverei und Flucht, von unbewohnten Inseln, Kannibalen und wilden Tieren. Welch unerschöpfliches Reservoir für den Eskapadendichter! Er versetzt sich geistig an all die Orte, nach Indien, nach Arabien, nach Afrika, nach Amerika, wo seine Vorstellungskraft ihn hinträgt. Die Utopie hat eine gute Stunde. Sie hüllt sich in exotische Gewänder, begibt sich in muselmanische Staatsgrenzen, verschleiert sich in orientalischen Serails, versteckt sich auf unbewohnten Inseln. Was daraus entsteht, sind grandiose Gegenentwürfe und Satiren auf die politischen und sozialen Verhältnisse im eigenen Land. Die Zensur hat eine schwere Stunde.

Alle Gattungen bedienen sich dieses kleinen Kunstgriffs der chiffrierten Kritik. Oper, Schauspiel, Roman verlagern mit wahrer Lust am ästhetischen Spiel und an der exotischen Dekoration die Handlung in entfernte Regionen, selbst die Architektur orientiert sich an anderen Breiten, die Ausgestaltung der Welt als Chinoiserie läßt alle Europäer sich im Land ihrer Sehnsüchte wähnen. «In der Utopie steht das öffentliche, nicht das private Dasein zur Diskussion; das Bewußtsein entwirft Beispiele und Modelle über die wahrgenommene Wirklichkeit hinaus. Die Frage nach dem, was möglich ist, wird ergänzt durch den Versuch, über die Grenzen des Gegenwärtigen hinauszudenken. Diese Grenzen aber, und die von ihnen umschlossenen realen Verhältnisse, erscheinen nicht selten in kritischer, gar satirischer Beleuchtung, so daß nicht allein ein Zusammenhang zwischen Utopie und Reisen, sondern auch naturgemäß eine Verbindung zwischen Utopie und Satire besteht. Was innerhalb der Utopie den – fiktiven – Zustand stört, sind Transponierungen aus der Wirklichkeit; der Zusammenhang, in den sie nunmehr gerückt werden, läßt sie in satirischer Beleuchtung sichtbar werden. Die Wirklichkeit erscheint als das, was so nicht sein sollte, die Fiktion als

Wirklichkeit, wie sie sein könnte und sein sollte, aber nicht ist. So wird die Gestalt des edlen Wilden zur Satire des aufgeklärten Europäers.»[26]

Je ferner das Land, je exotischer der Rahmen, je orientalischer die Kleider, desto sicherer verschlüsselt die Handlung einen bewußten Angriff auf die abendländische Herrschermoral, deren Verderbtheit fernöstliche Toleranz als leuchtendes Beispiel gegenübergestellt wird. Montesquieu bedient sich, wie die anderen Aufklärer auch, des Rückgriffs auf den Islam, der als fortschrittlichste Lehre gilt, denn er postuliert die Duldung fremder Religionen. In seinen «Perserbriefen» beschreibt der Paris durchstreifende Abkömmling eines aufgeklärten Persers die mittelalterlichen Zustände im Land der Franzosen mit kopfschüttelndem Staunen und Unverständnis. Kurzerhand dichten alle Reisesüchtigen im Kopf dem ganzen Fernen und Nahen Osten einen Nimbus der Aufklärung an. Selbst Madame de Pompadour gibt sich muselmanisch. Immerhin zwei Sultaninnen in Pumphosen auf den berühmten Bildern von Fragonard und Vanloo tragen eindeutig ihre Züge.

Gluck wiederum versetzt sich und seine Protagonisten mittels eines Librettos von Metastasio in das Reich der Mitte und läßt ein gelangweiltes chinesisches Damenterzett, die besagten «Le cinesi», und einen einsamen schlitzäugigen Europakenner sich am Theaterspiel «à l'italienne» delektieren – und dergestalt ironisieren Komponist und Textdichter in der Brechung des Fremdländischen alle Stilrichtungen der europäischen Oper. Der «Buffonistenstreit» aus den Pariser Gefilden findet aber auch in der Überführung in neue Breitengrade keine endgültige Schlichtung, denn letztlich findet keine Kompositionsmanier Gnade vor geschlitzten Augen und chinesischen Ohren. Die Tragödie ist zu pathetisch, die Komödie verspottet mit den angeschwärzten Fehlern gleich den ganzen Menschen, da bleibt nur noch die Pastorale, in ihr «herrscht die Unschuld, zarte Liebe. Für eine Weile fesselt es unseren Sinn. Jedoch, gar bald wirkt es fad' und matt. Man redet immer nur von Hütten und von Herden – nein, dabei schläft man ein vor Langeweile.»[27] Gluck zieht sich mit seinem kleinen Werk geschickt aus der Kritik der Gattungen: Er vereinigt alle und redet keiner das Wort.

Die (literarische) Reisewut ist ausgebrochen. Auf Segelschiffen schippern Perser, Chinesen, Huronen und andere Abgesandte aller nur erdenklichen Völker nach Europa, und die Europäer ihrerseits verschlägt es in alle Weltteile. Nicht immer ist es eine Reise mit Rückkehr. Denn

Chinoiserie. Anbetung der Göttin Ki Mao Sao. Radierung nach einem Entwurf von Antoine Watteau

der dichtende, komponierende und schreibende Phantast inszeniert gern ein Schiffsunglück auf den Meeren, und so ist dem Modell vom anderen, besseren Leben (?) der Weg geebnet. Die Überlebenden gelangen in ganz andere als ihre gewohnten Lebensumstände, die idealtypisch ausgemalt werden können. Drei verschiedene Grundtypen des literarischen und gedanklichen Eskapismus lasssen sich in den literarischen Stoffen festmachen: maskierte Absolutismuskritik, in der der angegriffene Herrscher auf die Bühne gebracht, aber exotisch verkleidet ist, die Verherrlichung der menschlichen Überlebenskräfte sowie die exemplarische Entwicklung einer neuen Gesellschaft nach umstürzlerischen Prämissen.

Mozarts Konstanze aus der «Entführung aus dem Serail» wird, nachdem ihr Schiff von Piraten geentert wurde, geraubt und dem arabisch gewandeten Bassa Selim verkauft, der sie seinem Harem einverleibt. Für sie ist kaum ein Entrinnen möglich, denn sie ist eine Gefangene des absolutistischsten aller Staaten: Das Serail in seiner vollkommenen Transparenz, in der jede Bewegung überwacht, jedes Wort belauscht, jede Regung beobachtet wird, ist die extremste Manifestation eines Unterdrückungssystems. Das insulare Paradies nimmt hier die Gestalt einer Schreckensinsel an, von der es kein Entrinnen mehr gibt; es wird zu einem Gefängnis, dessen Tore sich erst mit dem Gnadenakt eines allmächtigen Herrschers öffnen. Und Bassa Selim wird Konstanze und ihren gescheiterten Befreier der Strafe, die die Verletzung seiner Hoheitsrechte gemäß geltendem Recht nach sich ziehen müßte, entheben. Dabei haben sich die beiden keines geringen Vergehens schuldig gemacht: Allein schon die Liebäugelei mit einer königlichen Geliebten ist in den Zeiten der Aufklärung ein Sakrileg, um so mehr gilt der Raub einer begünstigten Dame als unverzeihliche Autoritätsverletzung, durch die der Regent in seiner ‹Göttlichkeit› persönlich angegriffen wird. Eine solche Attacke auf die königliche Souveränität ahndet der höfische Ehrenkodex in Ost wie West mit Verbannung, Verlust aller Ämter und damit dem Entzug aller Lebensgrundlagen – wenn nicht gar mit dem Tod. Gelegentlich reicht eine kleine Beleidigung der Mätresse eines Gewalthabers schon für eine lebenslange Einkerkerung, wie es Latude geschieht, der 35 Jahre im Kerker schmachtet.

Der Gnadenakt Bassa Selims ist jedoch noch erstaunlicher angesichts des Zwists, der zwischen dem Sultan und Belmontes Vater ausgetragen worden war: «Dein Vater, dieser Barbar, ist schuld, daß ich mein Vaterland verlassen mußte. Sein unbiegsamer Geiz entriß mir meine Geliebte, die ich höher als mein Leben schätzte. Er brachte mich um Ehrenstellen, Vermögen, um alles. Kurz, er vernichtete mein ganz Glück.»[28] Nun raubt ausgerechnet der Sohn dieses Übeltäters ihm wieder die Geliebte, und doch vollzieht sich in diesem Moment die märchenhafte Wandlung des althergebrachten Tyrannenbildes. Bassa Selim proklamiert ein neues Verständnis von Ehre, Würde und Moral, das die wirksamste Rache in der Vergebung sieht und ein Verbrechen mit Tugend vergilt: «Es muß also wohl deinem Geschlechte eigen sein, Ungerechtigkeiten zu begehen, weil du das für so ausgemacht annimmst? Du betrügst dich. Ich habe deinen Vater viel zu sehr verabscheut, als daß ich je in seine Fußstapfen treten könnte. Nimm deine Freiheit, nimm Konstanzen, segle in dein Vaterland, sage deinem Vater, daß du in meiner Gewalt warst, daß ich dich freigelassen, um ihm sagen zu können, es wäre ein weit größer Vergnügen, eine erlittene Ungerechtigkeit durch Wohltaten zu vergelten, als Laster mit Lastern tilgen.»[29]

Die utopischste und damit am weitesten die Realität überschreitende Dimension der Mozart-Oper «Die Entführung aus dem Serail» liegt jedoch nicht im Gnadenakt als solchem, der dem Wesen nach immer ein Beweis der herrscherlichen Autorität über Leben und Tod, über Freiheit und Gefangenschaft ist, sondern in der Aufhebung und im Ad-absurdum-Führen dieser Macht durch die Verurteilten: «Die Wende zur Gnade geschieht nicht durch die Huld des Souveräns, sondern zuvor durch den Untertan, der keiner mehr ist. Durch ein Intervall voller Willensekstase, das in der Wiederholung bis zum b'' hochgejagt wird, entscheidet Konstanze im unerhörten Treue- und Todesduett: ‹Und ich sollt' nicht mit dir sterben? Wonne ist mir dies Gebot!› Daß aber solchem Ruf der Selbstbestimmung flugs die Antwort der Vergebung folgt: den ‹clemenza-Schluß haben erst Mozart/Schikaneder erfunden, ihrer treu plagiierten Vorlage verblüffend eingefügt.»[30] Der Freitod, den Konstanze auf sich nehmen will, beraubt den Bassa jeden Einflusses auf das Leben derer, die er dem Tode weiht, und macht seinen Gewaltanspruch über sie zunichte. Im Selbstmord liegt das einzig wirksame Fluchtmittel eines Unmächtigen, um sich der mörderischen Rechtsprechung und einem unmenschlichen Staatssystem zu entziehen. Daß der «Tyrann» Konstanze und Belmonte in die Autonomie entläßt, geschieht auch in der Einsicht, daß die Zeit für eine Liberalisierung reif ist und er gar nicht anders handeln kann: Über einen freiwillig aus dem Leben geschiedenen Untertanen läßt sich kein Recht sprechen, dieser hat sich seines eigenen Rechts besonnen und über sein Leben entschieden.

Diese Einsicht ist für einen Potentaten bitter: Seine ganze Macht endet in Herzensangelegenheiten, denn jeder Zwang muß vor den Gefühlen einer Frau kapitulieren. Eine Frau, die entschlossen ist, lieber zu sterben, als ihrem Geliebten untreu zu werden und sich der Werbung des Souveräns zu ergeben, ist nicht mehr zu gewinnen, höchstens dadurch, daß er sie freigibt. Es siegt das Individuum, das zu einer klaren Aussage seiner selbst gefunden hat, gegen den Staat und gegen seinen absolutistischen Repräsentanten: den König. Ein großer Moment. So besteigen am Schluß der Zauberoper Konstanze und Belmonte, indem sie der Selbstaufgabe durch den Tod getrotzt und ihn gleichzeitig überwunden haben, als zwei zur Freiheit wiedergeborene Menschen das Schiff, das sie in ein paradiesisches Land der Unabhängigkeit und Gleichheit segelt.

Noch einer anderen gestrandeten Figur der Weltliteratur gelingt es, ihr Gefängnis in ein Paradies zu transformieren, den Tod zu besiegen und zu einer autonomen Existenz zu gelangen, nur unter ganz anderen Vorzeichen als Mozarts Konstanze: Robinson Crusoes Kerker ist eine unbewohnte Insel, seine Lebensbedrohung der Hunger. Phantasie und ein erstaunlicher Überlebenswille helfen ihm aus der Klemme, in die ihn der Schiffbruch gebracht hat. Das Meer spuckt ihn aus, wie ein Neugeborenes den Schoß seiner Mutter verläßt: Er wird als ein nacktes Nichts in ein intaktes, ihm noch vollkommen fremdes Universum, das der Natur, gespült. Er muß ganz von vorn anfangen. Seine Sozialisation ist wie ausgelöscht, all seine bisherigen Erfahrungen und Kenntnisse sind für sein neues Inseldasein vollkommen unbrauchbar. Die Nomade wider Willen hat eine schwere Aufgabe vor sich: Robinson muß kraft eigener Anstrengung den natürlichen Menschen in sich wiederfinden, der schon lange unter zivilisatorischem Ballast begraben war, denn, so weiß Madame Deffand aus der Gesellschaft zu berichten: «Wir sind Kinder der Kunst. Einen wirklich ganz natürlichen Menschen unter uns sollte man auf dem Jahrmarkt ausstellen. Er wäre ein Wunder.»[31]

Leben und Tod des Schiffbrüchigen hängen nun aber davon ab, ob ihm das unmöglich Scheinende gelingt: sich auf sein Urwissen zu besinnen, die Gesetze der Natur zu studieren und sich ihren Gewalten zu unterstellen. Er wird buchstäblich auf den Stand des ersten Menschen zurückgeworfen, ihm mangelt es wie diesem fast an allem, an Werkzeugen, um Ackerbau zu betreiben und Bäume zu fällen, sich so das tägliche Brot zu sichern und eine Behausung zu bauen. Es fehlen ihm Fallen, um Tiere zu fangen und zu zähmen, er ist mit den klimatischen Zyklen der Insel genausowenig vertraut wie mit ihren Früchten. Robinson beginnt auf dem absoluten Nullpunkt.

Ein Fortschritt in der Evolution hat die Gestalt und das Gesicht der Welt entscheidend verändert: Als die ersten Lebewesen aus der Tiefe des Meeres an die Luft der Inseln und Kontinente krochen, ihre Flossen und Kiemen verloren und von nun an auf Gedeih und Verderb sich den Gegebenheiten des Landes unterstellen mußten, brach ein neues Weltalter an. Die Natur bot der immer differenzierteren Tierwelt Schutz und Nahrung, in ihr entwickelte sich das primitive Lebewesen durch alle Stadien hindurch zum Primaten, aber sie bot auch Unterschlupf für den diffizilen Übergang vom Primaten zum Homo sapiens: Höhlen waren die Wohnstatt für die ersten Menschen. Die Evolution hat auch in anderem Sinn vorgesorgt, bei den Säugetieren ist für die Wiederherstellung des Urraums schon im Mutterleib gesorgt: durch die intrauterine Austragung werden «Meer und Höhle miniaturisiert»[32].

Und was tut der vom Ozean ans Land gespülte Robinson als erstes, quasi als Urerinnerung der Menschengeschichte und Rückkehr zu der Frühexistenz seines Seins als Fötus? Er sehnt sich in den Schutz der dunklen Grotte. Und da er auf Anhieb keine natürliche findet, gräbt er sich eine Höhle, nachdem er vor deren Eingang seine provisorische Hütte aufgebaut hat. «Als dies geschehen war, fing ich an, den Felsen auszuhöhlen. Die Erde und die Steine, welche ich bis auf einen Fuß von der Verschanzung ausgrub, dienten mir zur Errichtung einer Art von Terrassse im Innern mit einer Erhöhung des Bodens von ungefähr anderthalb Fuß.»[33]

Auch stößt der literarische Eroberer bei seinen Streifzügen über die Insel auf einen Platz im Wald, der ihm als zweiter Wohnsitz wie geschaffen erscheint, denn dort «entdeckte ich nach wiederholtem Hin- und Hergehen zu meiner unaussprechlichen Freude eine ziemlich geräumige natürliche Höhle, von welcher ich gewiß bin, daß niemals ein Wilder ihren Eingang gesehen, geschweige denn in denselben einzudringen gewagt hätte. Um sich hier hineinzuwagen, mußte man, wie ich, ein dringendes Bedürfnis nach einer sicheren Zufluchtsstätte haben. Da die Öffnung dieser Höhle sich hinter einem Felsen befand, konnte ich sie nur durch reinen Zufall (ich sollte vielmehr sagen durch die Güte der Vorsehung) entdecken, indem ich einige dicke Baumäste abhieb […]. Während ich also Holz fällte, nahm ich wahr, daß hinter einem Haufen dichten Gesträuches sich eine Art Vertiefung befand. Meine Neugier bewog mich hineinzugehen, was nicht leicht war; endlich aber gelang es mir. Ich fand das Innere weit genug, um allein oder auch zu zweit aufrecht darin stehen zu können […].»[34] «Die Höhle schien mir ungefähr 12 Fuß weit zu sein […]. Auch entdeckte ich im Hintergrund eine zweite Öffnung, aber so eng, daß ich unmöglich anders als auf allen vieren hineinschlüpfen […] konnte. […] An dem engen Durchgang angekommen, mußte ich, wie gesagt, beinahe zehn Ruten auf allen vieren kriechen; was nach meinem Dafürhalten ziemlich keck von mir war, weil ich nicht wußte, bis wohin sie ging, und was mir am Ende der Höhle zustoßen könnte. Nachdem ich durch diesen Engpaß hindurchgekrochen war, befand ich mich unter einem ungefähr zwanzig Fuß hohen Gewölbe von solcher Beschaffenheit, daß ich behaupten kann, es gab nichts Schöneres oder Sehenswerteres auf der ganzen Insel. Die

Wände strahlten mir das Licht von meinen zwei Kerzen hunderttausendfach wieder zurück. Wovon glänzte dieser Fels so? Waren es Diamanten, andere kostbare Steine oder Gold (was ich am liebsten glauben möchte); ich weiß es nicht zu sagen.»[35] Eine geheimnisvolle, von jeglicher Realität abgeschlossene mystische Welt eröffnet sich vor Robinson.

Der unzugängliche und unsichtbare Eingang, der den Insassen vor der Umwelt schützt, sowie die Möglichkeit, den Ausgang vom Inneren immer im Auge behalten und gegen unerwünschte Eindringlinge verteidigen zu können, sind die Charakteristika, die Robinsons Grotte zum Urtopos machen. Mühsam und unter Anstrengung muß sich der Schutzsuchende durch einen längeren Gang quälen, um bis ins Innerste vorzudringen. Es scheint, als würde der Gestrandete seinen Geburtsweg rückwärts gehen. In der Funktion der Höhle als Rückkehr in den Mutterschoß der Natur findet Defoe für seinen Helden ein besonders eindringliches Gleichnis. Und er setzt diesen Wunsch seines Protagonisten an die bemerkenswerte Stelle, als sich das Schimärenhafte seines langjährigen Inselaufenthaltes ihm durch eine erschreckende Beobachtung offenbart: Robinson entdeckt Fußstapfen von Menschen im Sand, nachdem er sich fast zwanzig Jahre allein auf dem Eiland wähnte. Eine Wirklichkeit dringt plötzlich auf ihn ein, die sein Leben bedroht und den Kampf ums Dasein in ganz andere Bahnen lenkt, denn es kann sich nach seinem Dafürhalten nicht um irgendwelche Menschen handeln, sondern nur um Kannibalen: «[...] und wie ein verrückter Mensch floh ich zu meiner Festung. [...] Als ich an meiner Festung angekommen war, stürzte ich mich hinein, wie ein Mensch, der verfolgt wird. Ob ich mittels einer Leiter oder durch das Loch in dem Felsen, welches ich Türe nannte, hineinkam, daran kann ich mich nicht mehr erinnern; ich habe sogar keine Erinnerung mehr an den Morgen. Ich weiß nur, daß niemals ein Kaninchen oder ein Fuchs sich in furchtsamerer Hast in die Erde eingrub [...].»[36]

Robinson will sich in die Höhle verkriechen, um sich von dem Schock der Gegenwart zu erlösen. Der tiefe unbewußte Schlaf, in den er versinkt, als er sich in Sicherheit weiß, befreit ihn von seinem Ich und den Anforderungen der Zukunft. Er fällt zurück in das Nichts eines pränatalen Zustandes, aus den ihn nur die Erinnerung an ein Sein draußen herausreißen kann. Indem er sich aufrafft, wieder den Rückweg in die Welt anzutreten, siegt in ihm der Überlebenswille über den Todestrieb.

Und wieder macht er den Geburtsvorgang durch, kriecht durch den Geburtskanal und durchlebt noch einmal die Trennungsschmerzen vom Ort des Schutzes und wunschlosen Dahinvegetierens, um das (Geburts-)Trauma beim Eintritt in ein fremdes Universum und ein ungesichertes Dasein zu erleiden.

Die Höhlenexistenz birgt eine psychologische Metapher von real Unmöglichem, aber Ersehntem. Robinson «vollzieht die erste und nachhaltige, weil durch viele Nachahmungen und Neufassungen in den imaginativen Bewußtseinshintergrund der Neuzeit tief eingedrungene Rückkehr in die Höhle als den Raum der eigenmächtigen Selbsterhaltung. [...] Insel und Höhle geraten zusammen, indem die Insel die exemplarische Darstellung von Ursprünglichkeit ergibt, die Höhle auf ihr das Refugium vor der Natur, wie vor der Geschichte; jedoch einen Unterschlupf ohne Endgültigkeit, nur den Rückhalt einer erneut ausgreifenden und die ‹Welt draußen› bewältigenden Daseinsbewegung.»[37] Robinsons Regression in die totenähnliche Bewegungslosigkeit und Erstarrung entspricht einem alten Mythos. Schon Orpheus, eine Lieblingsfigur des musikalischen Rokoko, verkriecht sich vor der Welt in eine Höhle, nachdem er seine Eurydike zum zweitenmal an die Unterwelt verloren hat: «Sieben ganze Monde hindurch, so heißt es, hat Orpheus / unter ragendem Fels am einsam wogenden Strymon / weinend und klagend durchwühlt sein Weh in eisiger Grotte.»[38]

Selbst die Zaubergrotten des Rokoko erscheinen vor diesem Hintergrund plötzlich in ganz anderem Licht: Ihre Schöpfer schließen die Welt nicht aus der Höhle aus, sondern versuchen im Gegenteil, sie in die Höhle zurückzuholen. Die vorzeitigen Philosophen des Lebens brachten Licht in das Dunkel des Nichts, machten sich einen künstlerischen Entwurf vom Universum, malten ihn an die Wände, entfesselten die erstarrten Felsen durch die Bewegung ihrer Bilder und schufen so die ersten Utopien vom glücklichen Dasein. Der Architekt, der in seine Grotte Ansichten einer paradiesischen Landschaft projiziert, tut etwas ähnliches: den Garten Eden an einem Ort zu imaginieren, der eigentlich für das Nichts, für Präexistenz und Tod steht.

Eine alte Vorstellung. Schon die Griechen verlegten den Eingang zu der Höhle, die in den Hades führte, in eine heitere und sanfte Gegend. Glucks Orpheus überschreitet auf seinem metaphysischen Gang in das Jenseits die Grenzen seiner Identität, die von den verschiedenen Reisestationen gekennzeichnet werden. Die Höhlen der Orphiker «vertreten in der kultischen Symbolik offenbar den unterirdischen Ort, an welchem die Seele auf ihrer Wanderung von einer Weltidentität in die andere übergeht, also den im tiefsten Dunkel der Erinnerung liegenden Wendepunkt ihrer Bahn nimmt, an dem sie alles zu vergessen hat, was ihr gewesenes Dasein und ihre bisherige Wanderungsgeschichte betrifft. Höhlengleichnis fürs Vergessen.»[39]

Vorraum des Hades ist immer eine Grotte, in der man die Verstorbenen beschwört. Gleichzeitig stellt sie die erste Station der Totenfahrt dar. An den Pforten der Höhle erwartet der Schiffer Charon den Verstorbenen, um ihn über den Fluß des Todes zu geleiten. Die Seele des Menschen, die sich auf die Wanderschaft macht, gerät so allmählich vom Hell ins Dunkel, der Mensch verliert seine Dimensionalität und verwandelt sich von einer Lichtgestalt in einen Schatten. Gleichzeitig mit der körperlichen Transformation zieht sich das Leben aus den Gefühlen zurück, langsam erlöschen die Empfindungen der ins Totenreich Eintretenden, bis sie dem totalen Vergessen anheimfallen. Tritt der Jenseitige nun in den eigentlichen Hades ein, der sich wiederum als überhöhte Grotte präsentiert, ist seine Existenz ein für allemal vergangen. Höhlen, die Orte dieses Prozesses, erwecken immer auch Gefühle des Grauens, Unheimlichen, mystisch Unbekannten.

Kein Wunder, daß die Grotte oft mit Übersinnlichem verbunden wird, suggeriert sie doch eine Art Zwischenexistenz. Mysteriöses geschieht dort, denn Höhle und Hölle scheinen nur einen Gedankensprung auseinander, schließlich ist auch die Hölle unter der Erde angesiedelt. Don Giovanni «versinkt», und als Teufel tritt er in das Refugium des Unterirdischen ein. Nach Diderot ist die Höhle eindeutig der Wohnsitz des Satans und Brutstätte diabolischer Pläne. Er berichtet folgende Geschichte: «Ein Mann war durch seine Kinder, sein Weib und seine Freunde betrogen worden; unredliche Teilhaber hatten ihn um sein Vermögen gebracht und ins Elend gestürzt. Von Haß und tiefer Verachtung für das Menschengeschlecht erfüllt, verließ er die Gesellschaft und flüchtete allein in eine Höhle. Dort drinnen preßte er die Fäuste auf die Augen, sann auf eine Rache, die seinem Groll entspräche, und sagte: ‹Diese Verderbten! Was soll ich tun, um sie für ihr Unrecht zu strafen, und sie alle so unglücklich zu machen, wie sie es verdienen? Ach, wenn es doch möglich wäre, etwas Ungeheuerliches auszudenken – ihnen eine große Schimäre in den Kopf zu setzen, einen Trug, dem sie mehr Bedeutung beimäßen als ihrem Leben und über den sie sich doch nie verständigen könnten! ...› Gleich darauf stürzt er aus der Höhle und ruft: ‹Gott! Gott! ...› Unzählige Echos wiederholen in der Umgebung ‹Gott! Gott! ...› Dieser furchterregende Name wird von einem Pol bis zum anderen getragen und überall mit Staunen vernommen. Zuerst werfen die Menschen sich auf den Boden, erheben sich dann wieder, fragen und streiten, ereifern sich, verfluchen einander, hassen sich, bringen sich gegenseitig um, und damit ist der unheilvolle Wunsch des Menschenfeindes erfüllt. So verhielt es sich nämlich in der Vergangenheit und wird es sich in der Zukunft verhalten mit der Geschichte eines stets ebenso bedeutsamen wie unbegreiflichen Wesens.»[40]

Diderots satirischer Luzifer trägt sonst ganz andere Züge. Meist ist er auf die Zerstörung eines Menschen aus. Alvaro, der später den Beelzebub «Biondetta» in sich verliebt machen wird, schließt seinen Pakt mit dem Abgesandten der Hölle in einem unterirdischen, grottenartigen Gewölbe, das «schwarz, feucht und mit Moos bedeckt»[41] ist. Das Alptraumhafte einer Rückkehr in den Mutterleib, die Angst vor dem Verschlingenden der Mutter, findet hier ein sprechendes Bild. Diese Urangst plagt auch Robinson, kaum ist er in seine neue Höhle hineingekrochen: «[...] aber ich muß gestehen, daß ich mit größerer Hast, als ich hineingegangen war, wieder herauseilte, als ich meine Blicke gegen die Tiefe dieses dunklen Ortes wandte und zwei große feurige Augen daraus hervorleuchten sah. Ob sie einem Menschen oder einem Teufel gehörten, das konnte ich nicht sagen; aber sie funkelten wie zwei Sterne, indem sie das Licht zurückwarfen, welches durch den Eingang der Höhle drang und gerade auf sie fiel.»[42] Der Insulaner geht das Wagnis ein, kommt zurück, sieht seine Befürchtungen weder bestätigt noch enttäuscht, denn er findet einen alten Ziegenbock vor, dessen Bockshufe und dessen behaartes Riesenglied sich der Teufel für sein Erscheinungsbild dereinst einmal ausgeliehen hat. Robinson hat seine Furcht bezwungen und kehrt danach mit neuem Mut und neuen Kräften, wie neugeboren, zu seinen Aufgaben zurück. Der Beweis menschlichen Existenzwillens wider alle Schrecknisse des Schicksals ist erbracht.

Wie er sein Überleben sichert, indem er das wenige, das er aus dem Schiffswrack herausschaffen kann, am nutzbringendsten einsetzt und seine ganze Phantasie, Experimentierlust und Geduld trotz entmutigender Rückschläge aufbietet, soll als Beweis menschlicher Geistes- und Körperkraft und seiner daraus resultierenden Unabhängigkeit gelten. In den Robinson-Figuren obsiegt ein extremer Individualismus, der dem einzelnen als von der Gesellschaft losgelöstem Ich einen Lebensraum und eine Existenzberechtigung schafft.

Individualismus ist nicht mehr an klösterliche Abgeschiedenheit gebunden. «Defoes Buch ist ein fast triumphierender Hinweis auf die Größe des Menschen, dem auch das größte Mißgeschick nichts anhaben kann, ein optimistisches Bekenntnis zur Autarkie des Einzelnen, der sich gewissermaßen aus dem Nichts eine kleine Welt schafft [...]. Robinson ist als das Ideal eines selbständigen, ganz in sich und auf sich beruhenden, ganz auf sich selbst angewiesenen Menschen dargestellt. [...] Die Einsamkeit ist hier also schon ganz im Geist des Rationalismus erfaßt: als Raum und Möglichkeit für die Entfaltung individuellen Könnens und persönlicher Leistung, und − ganz aufklärerisch-optimistisch gedacht − als Medium zu einer besseren und höheren Form der Lebensweise und Kultur.»[43]

Robinson sucht jedoch die Einsamkeit, anders als der religiöse Einsiedler, nicht freiwillig. Die Bedeutung der Insel als Gefängnis für das Ich gewinnt für den insularen Einsiedler überdimensionale Bedeutung: Im Gegensatz zum Klausner hat er nicht die Möglichkeit, den Versuch der Selbstkonfrontation aufzugeben und sich zurück in die Gesellschaft zu flüchten. Der für den Eremiten symbolisch versperrte Rückweg in die Welt, der durch undurchdringliche Vegetation und unwegsames Gelände, durch Schluchten und über Berge auf kleinen Pfaden immer am Rande des Abgrundes entlang führt, ist für Robinson in der Tat ungangbar, denn das Meer stellt ein Hindernis dar, das ohne Schiff, und das heißt ohne fremde Hilfe, nicht zu bezwingen ist. Robinsons Selbstüberwindung ist in dieser ausweglosen Abgeschiedenheit noch totaler als die eines x-beliebigen Einsiedlers: Die das Klausnertum überschreitende Metapher Robinson erzählt davon, wie unentrinnbare Einsamkeit ohne Perspektive zu einem wirklichen Kerker werden kann, es sei denn, der Insasse vermag sich aus den psychischen Fesseln zu befreien, in die eine solche Situation das Gemüt legt. Dieses Kunststück gelingt Defoes Gestrandetem.

Doch um sein nacktes Leben zu retten, verfällt der Schiffbrüchige wider Wissen auf die Lebensform der Einsiedler, die tatsächlich auf eine Urform des Seins zurückgehen, diese explizit nachempfinden und sich so dem Willen der Schöpfung unterstellen wollen. Der Eremit setzt sich bewußt den Gefahren der Natur aus, indem er sich in den Wald zurückzieht, um den seelischen Kampf mit den dort hausenden Dämonen aufzunehmen und seine Angst zu überwinden; er verkriecht sich in eine Höhle, existiert wie ein Fötus im Mutterleib und wird so buchstäblich vom Schoß der Natur aufgenommen; er hat nichts als eine kleine Hütte, die ihn notdürftig vor übergroßer Hitze, Kälte und Nässe schützt; er legt ein kleines Gärtlein an, das ihn mit den Früchten des Bodens nährt; der Eremit wird eins mit Mutter Erde und überantwortet sich so ganz dem Willen Gottes. Was der wahre Einsiedler auf der Suche nach der Nähe des Schöpfers tut, wird für Robinson eine Frage von Gedeih oder Verderb: Das Dach über dem Kopf, der Garten und die Höhle sichern ihm notdürftig das Überleben, sogar die Geister der mittelalterlichen Troglodyten treten wieder in Erscheinung, sie nehmen auf seiner Insel menschliche Gestalt an und bedrohen ihn als Kannibalen.

An Robinsons Welt, die alles andere als metaphysisch ist, sondern durch und durch real, fasziniert die Rezipienten und Nachahmer dieses Buches nicht der Ausdruck der eremitischen Gottesfürchtigkeit, die den einzelnen als kleines Glied in einem universalen Schöpfungsplan sieht. Vielmehr der außerordentliche Individualwille, der den Menschen eine ungeahnte Autonomie von Staat und Gesellschaft zu eröffnen vermag, reißt Leser und Epigonen in Bann. In der Geschichte des Robinson sieht man die Vorlage, die dem Individualisierungsprozeß vom Beginn des Jahrhunderts an den Weg weist: heraus aus dem kollektiven Sein und hinein in das Universum des Ich.

Vor allem der Eskapismus in ferne Länder und Religionen trägt der Entwicklung zur Individualität Rechnung. Inselstaaten schweben als Vision einer vollkommen neuen Gesellschaft vor dem geistigen Auge der Dichter, die aus dem Nichts in ein Nichts sich gründen, als eine gedankliche Spielwiese für Theorien aller Art. Die Prämissen, nach denen sich die Staatsgebilde formieren, sind revolutionär; das Territorium, auf dem sie sich verwirklichen, liegt auf dem Papier. In der Imagination findet sich immer wieder – gewollt oder ungewollt – auf einem unbewohnten Fleckchen Erde ein kleines Häufchen von Menschen zusammen, um dort ein neues Gemeinwesen aufzubauen. Da gilt es, neue Richtlinien des Zusammenlebens zu entwerfen. Auf diesen fiktiven Inseln ist gedanklicher Raum für politische Modellversuche, die, über den einzelnen hinausweisend, auf den ganz neuen Menschen zielen, einen mikrokosmischen Menschen, dem schon aufklärerische Prinzipien Vorbild sein sollen und der noch in der Sozialität seine eigene Individualität bewahren kann.

Als Bewährungsprobe auf die Reife der Gesellschaft für soziale Umwälzungen erscheint ein Stück von Marivaux, in dem eine Handvoll politisch Verfolgter, die sich nach einer neuen Heimat umsehen, auf einem menschenleeren Eiland landen, um dort eine «Kolonie» zu gründen. Der Autor stellt hier nichts Geringeres in Frage als die Stringenz und Folgerichtigkeit der Geschichte. Seine Absicht ist, den Fortschritt in revolutionäre Zustände zu wagen, die in einer prähistorischen Zeit des Matriarchats schon einmal Realität gewesen sind: Das erzwungene Exil wird für eine Minderheit, die eigentlich Mehrheit ist, zur großen Chance – für die Frauen. Angesichts des staatlichen Niemandslandes stehen Mann und Frau mit gleichen Startchancen vor dem Neuanfang. Die Ausgewogenheit des Kräfteverhältnisses zwischen den Geschlechtern erscheint zumindest den Frauen als Urzustand der Natur.

«*Artemis*: Seit wir uns mit ihnen auf diese Insel gerettet haben, hat die Regierungsform unseres Heimatlandes aufgehört zu existieren. *Madame Sorbin*: Ja, wir brauchen eine ganz neue, und die Stunde dafür hat geschlagen; endlich können wir Gerechtigkeit haben und uns von der lächerlichen Abhängigkeit befreien, die man uns seit Beginn der Welt aufgezwungen hat.»[44] Die aufmüpfigen Damen rütteln jedoch nicht nur an den Grundfesten des Patriarchats, sondern mit ihm wird gleichzeitig die ihm entsprechende autoritäre Staatsform einer Überprüfung unterworfen, der Absolutismus mitsamt seinem unumschränkten Herrscher steht auf dem Spiel. Sämtliche Protagonisten der «Kolonie» fordern die Verwirklichung der aufklärerischen Schlagworte ein: Freiheit und Gleichheit müssen von einem demokratisch gewählten Gremium, das aus Adeligen und Bürgerlichen gleichermaßen bestehen soll, in Gesetzen niedergelegt und durchgesetzt werden. Doch an der Gleichberechtigung der Geschlechter scheiden sich die Geister der weiblichen und männlichen Bevölkerung. Ginge es nach den Herren der Schöpfung, wäre das selbsternannte starke Geschlecht das einzige, für welches das Gleichheitsgebot gelten soll. Was die zu neuem Bewußtsein gelangte Bürgerin Sorbin darauf zu antworten hat, ist ein eindeutiger Angriff auf die Intention der Männer, die Welt wieder nach chauvinistischen Vorstellungen zu gestalten: Sie kündigt die einstigen Geschlechterverhältnisse durch eine vollkommen neue Interpretation menschlicher Stellung und Verantwortung auf dem Erdball auf, die sich vom königlichen Gottesgnadentum, ja selbst von der katholischen Lehre abwendet, indem sie nicht den allein seligmachenden Gott für Schaffung und Existenz der Welt heranzieht, sondern sich nach mythologisch-heidnischem Vorbild eine göttliche Vielfalt als Erdenwächter vorstellt: «*Madame Sorbin*: [...] die Welt ist ein Pachthof, die Götter da oben sind die Herren, und ihr Männer wart immer, solange es Leben gibt, allein die Pächter, aber das ist nicht gerecht; gebt uns unseren Teil vom Pachthof, bestimmt ihr, bestimmen wir, gehorcht ihr, gehorchen wir; teilen wir Gewinn und Verlust; seien wir gemeinsam Herren und Knechte; mach das, Frau, mach das, Mann, so muß es heißen, das ist die Form, in die Gesetze gebracht werden müssen, wir wollen es, wir verlangen es, wir bestehen darauf. Wollt ihr es nicht? In dem Fall erkläre ich dir, daß deine Frau, die dich liebt und die du lieben solltest, die deine Gefährtin ist, deine Freundin und nicht deine Dienerin, es sei denn du wärst ihr Diener, ich erkläre dir also, daß du sie los bist, daß sie dich verläßt, daß sie das Band der Ehe zerreißt und dir den Hausschlüssel zurückgibt.»[45]

Utopia als ein Land, in dem sich die weibliche Emanzipation entwickeln kann, ist unter den Aufklärern der ersten Generation eine weit gewöhnlichere Vorstellung als in den nachfolgenden. Was aufgeklärte Denker wie Condorcet theoretisch darlegen und nicht mit der Veranlagung der Frauen erklären, sondern auf ihre Erziehung zurückführen, vollzieht Marivaux archetypisch auf der Bühne nach: den Prozeß der Unterjochung der Frauen. Denn die Befreiung der Frauen ist nur von kurzer Dauer, schnell werden sie wieder an ihren ihnen von den Männern bestimmten Platz verwiesen: ins Heim. Marivaux erweist sich in diesem Stück nicht nur als historischer Analytiker, sondern er nimmt auch ahnungsvoll die Entwicklung in und nach der Revolution vorweg. Mehr denn je sind die Frauen nach den umstürzlerischen Ereignissen an ihren häuslichen Wirkungskreis gebunden, obwohl (oder gerade weil) sie sich im Rokoko eine verhältnismäßig unabhängige Stellung erkämpft haben, die in ihre herausragenden Aktivitäten in der revolutionären Frühzeit münden.

Und es ist immer wieder die alte Melodie, nach der die Männer den Kanon über ihre Herrschaftsrechte anstimmen, bei Marivaux wie auch in der realen Politik. Im Feuer des Geschlechterkampfes unterliegt der weibliche Teil der Menschheit einem kleinen Manko, das sie nach Meinung der Männer für die Führung eines Staates disqualifiziert: ihrer Körperschwäche und der daraus folgenden Kriegsuntauglichkeit. All die Schrecken eines vermeintlich bevorstehenden Krieges in den grellsten Farben an die Wand zu malen reicht in den Zeiten noch aus, um das labile, gerade erwachte Selbstbewußtsein der Frauen wieder in die Unterordnung zu zwingen. Doch reduzieren die Männer so ihren eigenen Herrschaftsanspruch wie eh und je auf ihre Muskelkraft. Es siegt der Geist der Intrige über die natürliche Vernunft: Die Männer fingieren einen Angriff von Wilden und unterwerfen die Frauen durch diese List.

Unwille zur Integrierung des Unterschiedlichen ist keineswegs eine Schwäche der Frauen, sie ist an die realpolitische Ordnung männlicher Herrschaft geknüpft. Das Mißlingen der Utopie von der Gleichberechtigung verdeutlicht soziale Mißstände. Die Forderung nach Gleichheit zwischen Mann und Frau scheitert an den Differenzen, die sich damals in Frankreich durch die ganze Gesellschaft ziehen und immer lautstärkere Aufmerksamkeit erheischen. Jedes utopische Staatssystem stellt auch die Vorrechte herrschender Gesellschaftsgruppen in Frage. Der eine träumt sich in ferne Jahrhunderte, wie Louis Sebastian Mercier, der andere in unbewohnte Länder, wie Restif de la Bretonne.

Die Entwicklung des Menschen in einer vollkommen verwandelten sozialen Umgebung steht bei ihnen zur Diskussion. Visionen von der Republik erleben ihre ersten Erscheinungsformen, aber ebenso erhebt der Totalitarismus, wenn auch noch zaghaft, sein Medusenhaupt. Ist der Phantasie bei Mercier zeitlich keine Grenze mehr gesetzt, so ist sie durchaus noch in der Imagination vom freien, mündigen Menschen beschränkt. Die ersehnten Machthaber des Jahres 2440 glauben den Geist ihrer Untertanen immer noch mit (sanfter) Gewalt formen zu können. Über die Hintertreppe hält die auch von Mercier vielgeschmähte Zensur radikalen Einzug in das Musterland: Bücherverbrennungen, *das* Symbol des gemordeten Geistes schlechthin, sind ein verherrlichtes und praktiziertes Mittel seiner Menschen der Zukunft. Die größten Werke der wichtigsten Dichter aus allen Epochen werden auf ihren ethisch-erzieherischen Wert hin untersucht, verstümmelt, moralischer Verschönerung unterworfen oder gegebenenfalls ganz auf den Scheiterhaufen getragen: «Mit dem Einverständnis aller haben wir alle Bücher, die wir als seicht, nutzlos oder gefährlich erachteten, auf einem weiträumigen, ebenen Platz zusammengetragen; wir haben daraus eine Pyramide aufgeschichtet, die an Höhe und Masse einem gewaltigen Turme glich: Ganz gewiß war das ein neuer Turm von Babel. Die Journale bildeten die Spitze dieses absonderlichen Gebäudes [...]. Es bestand aus fünf- oder sechshunderttausend Wörterbüchern, 100 000 juristischen Bänden, aus hunderttausend Gedichten, einer Million sechshunderttausend Reisebeschreibungen und aus einer Milliarde Romanen. Diesen ungeheuren Haufen haben wir angezündet, als ein Sühneopfer, das wir der Wahrheit, dem guten Geschmack und dem gesunden Verstande brachten. Die Flammen haben Sturzbächen gleich die Dummheiten der Menschen, alte und moderne, verschlungen. Die Verbrennung dauerte lang. Einige Schriftsteller haben sich noch zu Lebzeiten brennen gesehen, aber ihr Geschrei hat uns nicht zurückgehalten. Allerdings haben wir mitten in der Asche einige Seiten aus den Werken von P..., de La H..., des Abbé A... gefunden [wahrscheinlich Charles Pallisot, Jean-François de la Harpe, Père Jean André; Anm. d. Verf.], die wegen ihrer außerordentlichen Kälte nicht verbrannt werden konnten.»[46] Auf groteske Weise wiederholt sich die Geschichte: Die politischen Vorzeichen ändern sich, die Repression aber bleibt die gleiche. Trotz fortschrittlichster Bekenntnisse, für die Freiheit aller Menschen einzutreten, wird der einzelne weiterhin für so unmündig gehalten, nicht über die Qualität seiner Lektüre entscheiden zu können.

Der transparente und uniforme Mensch, der sich widerstandslos in eine vereinheitlichte Gesellschaft einordnet, muß das Ziel jeder utopischen Gesellschaftsordnung sein. Die Ideologie eines solchen Staates umfaßt immer ein imaginäres Glück und einen ominösen Freiheitsgedanken, der, von wenigen definiert, zur Unterordnung aller gedacht ist. Ein Leben in unumschränkter Harmonie gilt als oberstes Gebot. Totalen Konsenszwang verankern die Gesetze dadurch, daß sie gesellschaftliche Gegensätze, die sich zwangsläufig aus dem Miteinander der Individuen ergeben, negieren, ignorieren oder brutal beseitigen. Verschweigen der Realität ist Programm. «Die Sicherheit ist mit der Vermeidung von Spannungen verbunden, mit der unmittelbaren Befriedigung der Wünsche, denen man nicht einmal Gelegenheit gibt, sich zu äußern: die Kinder schlafen im Mutterleib. So daß das Paradox einer Rückkehr zur Natur und ihren Gesetzen, zu Unschuld und Fülle, die in den Utopien neben der Herrschaft der Mathematik, der absoluten Reglementierung, der Technik und der Rationalität existieren, nur verständlicher erscheint, wenn man die Utopien als Versuch betrachtet, die Phantasie einer Rückkehr zur Mutter zu verwirklichen und dabei den unvermeidlichen gesellschaftlichen Charakter zu berücksichtigen», erklärt Janine Chasseguet-Smirgel[47], eine Psychologin, die sich eingehend mit utopischen Stadtstaaten beschäftigt hat, den manischen Versuch der Utopisten, alle gesellschaftlichen und menschlichen Auseinandersetzungen aus ihren Idealgemeinschaften zu eliminieren und die Gesellschaft zu einer vollkommenen Einheit zusammenzuführen. Alle Menschen sollen zu einem Körper verschmelzen: zu einem überdimensionalen Embryo, der schwerelos im Mutterschoß Staat dahindämmert und von keinerlei Reibereien gestört wird. Gewalt muß die Antwort auf Bürger sein, die aus der Reihe tanzen, denn «das geringste Hindernis – ich wage nicht zu sagen: die geringste Dissidenz – bedroht das ganze System, da es jeder Nummer (sprich jedem Bürger) die megalomanische Identifizierung seines Ichs mit der gesamten Masse unmöglich macht. Daher muß jedes Sandkorn im Getriebe der riesigen Maschine erbarmungslos ausgemerzt werden.»[48] Diese Labilität des Identifikationsprozesses der Bürger mit der Entität des Staates macht die öffentlichen Selbstbezichtigungen und das Bezeigen von Reue der Dissidenten *coram publico*, welche Mercier in seinem «Das Jahr 2440» genüßlich exerzieren läßt, unerläßlich.

Die Grundmauern der utopischen Staaten bauen sich aus psychischer wie körperlicher Gewalt auf, denn «auch wenn die Utopien Anspruch auf Universalität erheben, sind sie in erster Linie für eine Gruppe von Auserwählten gedacht. Sie beinhalten den vorherigen Ausschluß und die Beseitigung eines Teils der Bevölkerung. Alles, was der Errichtung des utopischen Glücks im Wege steht, muß vernichtet werden.»[49] Doch erweitert sich der versteckte Terror, der auch schon von einigen Autoren des 18. Jahrhunderts erdacht wird, von der bewußten Formung des Geistes, der Kastrierung der Gedankenwelt im Hinblick auf die Realisierung einer Idee von einem perfekten Menschen, bis auf den Traum von der Zucht einer neuen Menschenrasse. In diese Gefilde ufert Restif de la Bretonnes Phantasie aus: Sein Held, der «fliegende Mensch», raubt die Geliebte, segelt mit ihr auf eine unbewohnte Insel in einem fremden Ozean, um sich daselbst niederzulassen. Alles läuft prächtig bis zu dem Zeitpunkt, als die Früchte ihrer Liebe an den Mann und an die Frau gebracht werden müssen. Der tapfere Vater schnallt sich also seine Flügel wieder auf den Rücken, um auf benachbarten Inseln passendes Ehematerial für seine Kinder zu suchen und dadurch die Population in seinem Herrschaftsbereich zu sichern und diesen vielleicht auch noch auszudehnen. Dies gelingt ihm, doch nun ist er auf den Eroberungsgeschmack gekommen, und die Katastrophe für eine Reihe von eigenwilligen Menschentypen beginnt. Gewaltsam werden die Frauen von «Nachtmenschen», «Affenmenschen» und von Riesen und Wilden auf

*Fliegender Mensch aus «Entdeckung des Südens durch einen
fliegenden Menschen», Paris 1791*

die Insel der «fliegenden Menschen» verschleppt, um dort Kreuzungs-experimenten unterworfen zu werden. «Hierauf machten die fliegen-den Männer ihnen [den Schiffbrüchigen; Anm. d. Verf.] eine Beschrei-bung von den Einwohnern dieser Insel und schlugen dem Schiffsvolke vor, sich der Mädchen der Nachtwilden zu bedienen, weil daraus gewiß eine vermischte Gattung entstehen würde, die man zahm machen könnte. Alles dies wurde in der Folge ins Werk gerichtet. [...] Als diese neue Kolonie im Gange war, begaben die Schiffsleute sich zur großen Höhle der Nachtmenschen und suchten sich da die schönsten Mädchen aus, die sie am hellen Tage wegführten, damit sie im Dunkeln um so folgsamer wären. Das Vergnügen machte diese sonderbaren Weiber bald zahm – die Mannspersonen hingegen schienen unverbesserlich.»[50] Min-derwertige Arbeitsmonstren werden mit den Giganten gezeugt, geist-lose Sklaven entspringen der Mesalliance mit den Wilden, ganz zu schweigen von den versuchten Kreuzungen zwischen Affen- und Bärenmenschen – und über allen herrscht der Mensch-Mensch, der al-les «humane» Leben in der Umgebung in eine Hierarchie von Unter- und Übermenschen sortiert.

Die Spekulation des Autors zielt auf eine Epoche, in der bisher Un-denkbares möglich wird. Aber sein wie auch Merciers Anliegen ist, eine ideale Staatsform zu finden, die den Menschen zu größerem Glück ver-hilft. Doch verliert sich in diesen großen Zukunftsgemälden jedes hu-mane Maß, die Utopie schießt über sich selbst hinaus; die utopischste Utopie führt sich in ihrem Wollen ad absurdum. Entspricht dem menschlichen Ideenreichtum das technisch Mögliche, wird der Traum zum Trauma. Der Mensch zerstört mit seinen Ausgeburten der Phanta-sie, der keine realen Grenzen gesetzt sind, wieder Arkadien, das zutiefst ersehnte. Das Paradies ist ferner denn je, von Harmonie in der Schöp-fung kann in den Visionen der Zukunft keine Rede mehr sein. Arka-dien, das Land der Mäßigung, ist nicht der Menschen Sache. Sozialuto-pie ist der Versuch, Arkadien durch politische Maßnahmen und durch die Umgestaltung der Gesellschaft wiederzufinden – auch wenn die Prämissen diesen Versuch immer wieder zum Scheitern verurteilen.

Der Phantast versetzt sich aus der Gegenwart heraus in die Zukunft eines Goldenen Zeitalters. Die Verkleidung in einen Schäfer oder Hir-ten kennzeichnet eine solche Reise ebenso wie die Reise der aben-teuerlustigen Seefahrer, die die Ozeane durchqueren auf der Suche nach dem irdischen Paradies.

Die Insel aller Inseln, Tahiti, liegt unter dem Schleier fremdländischer Exotik als eingelöster Wunschtraum im Bewußtsein einer ganzen Generation von Arkadiensuchenden. Aber dieser Garten Eden geht den Weg aller Paradiese, die von Menschen betreten werden. Von unstillbarem Drang nach Wissen geplagt, sind sie nicht bereit, ihren Ehrgeiz am Tor zum Elysium aufzugeben, um im Glück sich selbst zu vergessen: Auch Tahiti wird zum verlorenen Paradies, von Angehörigen einer sogenannten Zivilisation zerstört, die außerstande sind, die Unschuld unberührt zu lassen. Die Fatalität aller Utopie erfährt hier die brutalste Entsprechung: In ihrer Verwirklichung lauert Vernichtung. Der Geist der Sehnsucht scheint unvereinbar mit den Anforderungen des Wirklichen. Kaum betreten die europäischen Seeleute zum erstenmal Tahiti, ist es um den Zauber des Inselreiches geschehen. Die Reisenden in Sachen Utopie verbreiten Angst und Schrecken unter den Einwohnern, beuten sie aus und bringen der Insel mitsamt ihrer eigenen betörenden Fiktion vom seligen Fabelland buchstäblich den Tod. Im Rausch ungebundener Liebe hinterlassen die Abendländer ein Andenken, dem das Naturvolk hilflos ausgeliefert ist: die Syphilis. «Wir kannten nur eine Krankheit, nämlich diejenige, zu der Mensch, Tier und Pflanze verurteilt sind: das Alter. Du aber hast uns eine andere gebracht; du hast unser Blut verseucht. Vielleicht müssen wir nun mit unseren eigenen Händen unsere Töchter, Frauen und Kinder ausrotten, sowohl diejenigen, die mit deinen Frauen zusammengekommen sind, als auch diejenigen, die mit deinen Männern verkehrt haben. Unsere Felder werden mit jenem unreinen Blut getränkt sein, das aus deinen Adern in unsere eigenen übergegangen ist; oder unsere Nachkommen werden verurteilt sein, jenes Übel zu nähren und fortzupflanzen, das du auf ihre Väter und Mütter übertragen hast, und werden es weiter vererben. Unglücklicher, du bist schuld an den verheerenden Folgen, welche die verhängnisvolle Umarmung deiner Leute noch haben wird, oder an den Morden, die wir begehen werden, um eine weitere Vergiftung zu verhüten. [...] Mit dir ist die Vorstellung des Verbrechens, mit dir ist die Gefahr der Krankheit zu uns gekommen. Unsere Genüsse, früher so hold, sind jetzt von Reue und Angst begleitet», denkt sich der Aufklärer Diderot[51] in die aufgewühlte Seele der verratenen Gutgläubigen hinein. Doch damit längst nicht genug, die wohlmeinenden Reisenden belasten das Zusammenleben des Volkes nicht nur durch den schleichenden Tod, sondern sie verehren ihnen auch eine Waffe, die sie zum unpersönlichen

Mord befähigt und ihrem alten Brauch des Zweikampfs von Angesicht zu Angesicht hohnlacht: Sie tauschen Früchte gegen Eisen und Schießpulver, die Leben massenhaft vernichten können; und das ist erst der Anfang vom Ende.

Auf ganzer Linie unterliegt die Utopie der Realität. Der Fall Tahiti zeigt nicht nur für die Einheimischen des erkorenen Paradieses exemplarisch, wie die großen Ideale von Freiheit und Ursprünglichkeit an dem Felsen des Tatsächlichen zerschellen. Im Jahre 1787 stechen englische Seeleute mit der legendären «Bounty» in See, um das neue Kythera mit eigenen Augen zu erblicken und sich der Gunst der tahitianischen Aphroditen hinzugeben – und Setzlinge der vielversprechenden Brotfrucht als Futter für die Sklaven in die Kolonien zu schaffen. Dort nach fast einjähriger Fahrt angelangt, genießen Matrosen und Offiziere fünf Monate lang die amouröse Freizügigkeit der Eingeborenen, und einige beschließen insgeheim, dieses Abenteuer ewig dauern zu lassen und Arkadien nicht mehr freiwillig zu verlassen. Gut zwei Dutzend auf ihr zukünftiges Glück Verschworene rotten sich zusammen zu der berühmt gewordenen Meuterei auf der Bounty. Sie gelingt, die fünfundzwanzig Männer bekommen das begehrte Schiff in ihre Hände, setzen Kapitän Bligh und einige unverbesserlich loyale Schiffsleute in ein kleines Beiboot mit wenig Proviant, einem Kompaß und einem Quadranten und schicken sie höhnisch auf die Heimreise nach England. Wunder über Wunder: Er kommt dort auch tatsächlich an. Weniger Glück haben die Rebellen, sie begeben sich aus Furcht vor Entdeckung durch ihre Landsleute auf eine Odyssee mit dem Ziel Paradies. Sie erreichen es nie. Einige enden in Portsmouth am Galgen, die anderen lernen die Hölle auf andere Art und Weise kennen. Auch sie werden meist unsanft ins Jenseits befördert. Was ist geschehen?

Als Geisterschiff segelt die «Bounty» unter neuem Kommando eine ganze Zeitlang durch die Südsee. Die Seeleute legen da und dort an, nirgends fühlen sie sich sicher, überall lauern Gefahren von kriegerischen Eingeborenen oder auch schlicht von Engländern, die die ganze Südsee durchstreifen, nicht zuletzt auch auf der Suche nach den Meuterern. Immer auf der Flucht, zieht es diese doch wieder zu der Insel ihrer Träume. Proviant benötigen sie und Frauen. Sechzehn «fliegende» Engländer haben ihren Fluch der ewigen Wanderschaft satt und bleiben auf dem Atoll des Glücks. Zwei von ihnen müssen diese Entscheidung gleich büßen, sie werden von dem vergötterten Naturvolk in die ewigen Jagdgründe befördert. Die übrigen können auch nicht lange die Früchte des Gartens Eden genießen, das Schicksal erscheint ihnen 1791 in Gestalt der Mannschaft der «Pandora», die die Fahnenflüchtigen in der Wildnis schnell aufspürt. Sie werden an Bord des Schiffes mit dem Unheil verheißenden Namen in einen kleinen Käfig gepfercht und angekettet zurück in die Heimat transportiert, wo sechs verurteilt, drei begnadigt und sogar vier freigesprochen werden. Aber immerhin drei Meuterer enden öffentlich durch den Strang.

Die übrigen neun Aufrührer haben vor Ankunft ihrer Landsleute auf Tahiti wieder die Flucht ergriffen mit der Absicht, auf einer unbewohnten Insel eine Kolonie zu gründen. Zu diesem Behufe zwingen sie neunzehn Polynesier, zwölf Frauen, sechs Männer und ein Kind, mit ihnen ins Ungewisse zu segeln. Pitcairn ist das auserwählte Eiland, und nach langer Irrfahrt gelangen sie dort auch an. Alles andere als ein Paradies, ertrotzt das spröde Vulkangestein erst einmal robinsoneske Anstrengungen von den Ankömmlingen, um das Lebensnotwendigste zu sichern. Notgedrungen lebt die ungleiche Gesellschaft erst einmal in Einigkeit. Der erste Schritt zur Verwirklichung der Utopie verläuft noch planmäßig, und der Beweis wird erbracht, daß der Mensch über die Widrigkeiten der Verhältnisse zu siegen vermag.

Ein trügerisches Glück, denn nachdem die dringendsten Versorgungsprobleme gelöst sind, brechen die vorprogrammierten Konflikte mit ungeahnter Heftigkeit los. Nicht nur das zahlenmäßige Mißverhältnis zwischen Männern und Frauen bietet ausreichenden Zündstoff für gewaltsame Eifersuchtskämpfe, sondern auch der schwelende Rassenhaß, den die beiden Völker gegeneinander hegen, führt zu Mord und Totschlag. Die Engländer fühlen sich den Tahitianern derart überlegen, daß sie diese zu Sklaven degradieren, ihnen kein Land zum Bebauen geben und sie zu Frondiensten herabwürdigen. Sogar die eigenen Frauen wollen sie ihnen vorenthalten. «Das Leben der Wilden ist doch so einfach, und unsere Gesellschaften sind so komplizierte Maschinen! Der Tahitianer steht am Anfang der Welt, der Europäer ihrem Greisenalter so nahe! Der Abstand, der ihn von uns trennt, ist größer als der Abstand zwischen dem neugeborenen Kind und dem Menschen in der Auflösung des Alters. Er versteht nichts von unseren Bräuchen und Gesetzen oder sieht in ihnen nur Fesseln, die in hunderterlei Formen gekleidet sind: Fesseln, die nur Empörung und Verachtung in seinem eigenen Wesen hervorrufen können, in dem das Freiheitsgefühl das tiefste der

Gefühle ist.»[52] Diderot sieht die Probleme eines Zusammenlebens zwischen beiden Völkern voraus, die immerhin einige Jahrzehnte später zu beispiellosen Machtkämpfen eskalieren und in deren Folge fast die ganze männliche Bevölkerung Pitcairns ausgerottet wird.

Des Dramas erster Akt rankt sich um die Gestalt einer polynesischen Frau: Sie ist dreien ihrer Stammesgenossen zugesprochen, wird aber nun von einem Weißen, dem seine Gattin weggestorben ist, zu alleinigem Besitz begehrt. Das gelingt nur über die Leichen zweier Polynesier, die sich gegen ihren Unterdrücker zusammengeschlossen haben. Im zweiten Akt nimmt das Morden allgemeine Formen an, denn: «Kurze Zeit später erschießt Teimoa aus Eifersucht seinen Landsmann Manari. Der Todesschütze wiederum wird von zwei Weißen ermordet. Da waren's nur noch sechs. Nun tritt zu den rassischen und sozialen Auseinandersetzungen eine weitere Form des Konflikts: der Kampf der Geschlechter. In archaischer Schlichtheit und Grausamkeit betreiben die Frauen den Tod der zwei noch lebenden Mörder. Teraura enthauptet den schlafenden Tetahite mit einer Axt; Nihau wird erschossen. Da waren's nur noch vier.»[53] Womit wir zum dritten Akt, dem der Betäubung vor der Wirklichkeit, kommen, denn den nächsten Einzelkämpfer erledigt der Alkohol, den er als gelernter Schnapsbrenner sich aus ti-Wurzeln brennt. Dieses Gebräu verwirrt seinen Verstand dermaßen, daß er sich im Vollrausch einen Stein um den Hals bindet und ins Meer springt.

Den Startschuß für den vierten und vorerst letzten Akt des Massakers gibt der Tod einer weiteren Frau: Obwohl jetzt zehn Frauen auf nur drei Männer kommen, bricht unter den drei übriggebliebenen Zeugungsfähigen erneut ein tödlicher Streit um das Begattungsrecht aus. Der Witwer reklamiert eine Frau für sich, die unter der Kuratel der beiden anderen Männer steht. Diese weigern sich, ihr Besitztum aufzugeben. Mörderische Rache ist der erste Gedanke des Geprellten, doch die anderen kommen ihm zuvor. Der Nebenbuhler wird zum Gastmahl geladen und mit Schnaps abgefüllt. Die Gelegenheit ist günstig, um sich eines unbequemen Rivalen zu entledigen. Man nimmt also, zum Letzten entschlossen, eine Axt zur Hand und schlägt dem Delirierenden kurzerhand den Schädel ein. Zurück bleiben nur noch zwei Kontrahenten, und dieses Problem löst kurze Zeit nach der blutigen Tat ausnahmsweise die Natur: Ein profaner Asthmaanfall rafft den vorletzten erwachsenen Mann des Inselstaates dahin. Das Nachspiel liest sich wie eine Vorwegnahme der Maximen der sittenstrengen englischen Königin Viktoria.

Im Jahre 1800, genau zehn Jahre nach der Landung, ist das Ziel Hobbesscher Theorie vom Naturstaat ohne Gesetz und Ordnung erreicht, die Siedler haben sich aus egoistischen Motiven nicht nur bis aufs Blut bekämpft, sondern bis auf den letzten Mann vernichtet. Wie ein Pascha im Harem herrscht nun ein männliches Wesen über zehn Frauen und dreiundzwanzig Kinder. Erst er wird es sein, der die Gesellschaft strukturiert, der allgemeingültige Gesetze verabschiedet, der der Gemeinschaft einen Lebenssinn vermittelt. Und da John Adams Brite ist und zudem mit einer schweren Schuld beladen, schafft er ein Staatssystem nach englisch-puritanischer Machart, basierend auf der Bibel und dem «Book of the Common Prayer». Und was bleibt von den paradiesischen Zuständen Tahitis? Die polynesischen Frauen setzen einige praktische, den weiblichen Bereich des Hauses betreffende Bräuche auf Pitcairn durch. Auch werden gewisse, ebenso das schwächere Geschlecht betreffende Tabus beibehalten: Der schönere Teil der Menschheit darf mit dem kräftigen auch weiterhin die Mahlzeiten nicht einnehmen. Aber von den sexuellen Freiheiten, die die Südseeinsel zum erotischen Mekka haben werden lassen, nimmt der Patriarch größten Abstand. Er setzt sogar ein Mindestalter für die Heirat durch. Dieses Eheversprechen für ein Leben in Monogamie geben sich die Verliebten in einem merkwürdigen Kauderwelsch aus Englisch und Tahitianisch.

Der Traum von der Rückkehr in die Ursprünglichkeit ist spätestens zu diesem Zeitpunkt ausgeträumt. Die Utopie vom seligen Leben starb im Blutrausch. «Wenn es [das Hoffen; Anm. d. Verf.] aber nach außen geht, wenn es durchgeführt wird, dann kann Entsetzen und Hölle einbrechen, oder es kann das Bestgemeinte durch die fehlende Vermittlung mit der Außenwelt und den realen Möglichkeiten entweder vereitelt werden oder − noch schlimmer − durch scheinbare Erfüllung in sein Gegenteil umschlagen. An diesem Ort wimmelt es von Gefahren der Realisierung, die eng zusammenhängen mit Undeutlichkeiten, Unvermitteltheiten der Antizipation, also mit dem abstrakten Utopisieren, das keine Vermittlung zum Geschichtsablauf und zum Weltlauf hat. Wird diese fehlende Vermittlung, dieser fehlende historische Segen, der Segen der Fälligkeit − daß es an der Zeit dazu ist −, nun durch Gewalt ersetzt und der Strom mit Peitschen gegen seine Flußrichtung aufwärtsgetrieben oder auch nur in seiner eigenen Richtung ungeheuer beschleunigt, so daß die Menschen und ihr Glück nicht mitkommen, sondern im Strom untergehen: dann bricht Hölle und Entsetzen ein.»[54]

Die Geschehnisse um die «Bounty» haben als Probe aufs Exempel musterhaften Charakter. Die Experimentierlust einer Epoche kulminiert, als das Jahrhundert sich schon seinem Untergang zuneigt, in der Meuterei und der Gründung der Kolonie Pitcairn. Die Exzesse, die die Zerschlagung einstiger Lebensumstände und die Konsolidierung einer neuen, von Idealen inspirierten Gesellschaft mit sich bringen, sind die konsequente Eskalation allen utopischen Scheiterns. Schon in dem Fluchtversuch der Gesellschaftsmüden in eine imaginäre Hirtenwelt deutet sich die spätere Katastrophe von Pitcairn in Chiffren an. Denn die gegen Autorität und Härten des Daseins rebellierenden Seeleute nehmen die Schriftsteller ihrer Elterngeneration, die sich im Geiste derartige Umwälzungen ausgemalt haben, beim phantastischen Wort. Christian Fletcher und seine Kumpane setzen sich den Gefahren utopischen Seins mit Leib und Seele aus. Was in Robinson Crusoes Fall nur Hypothese ist, ist hier bittere Wirklichkeit. Das experimentelle Laboratorium literarischer Prägung findet auf dieser steinigen Insel irgendwo in fernen Meeren seine absolute Entsprechung: Zwanzig Jahre lang verbringt das kleine Völkchen sein Leben in vollkommener Isolation, ohne daß irgendwer irgendwo auf dem Erdball von der Existenz dieser Menschen auch nur die leiseste Ahnung hätte. Im Jahre 1806 landet ein überraschter amerikanischer Kapitän an den Gestaden des Schauplatzes barbarischer Geschehnisse. Aber erst 1814 überbringen britische Kriegsschiffe die Kunde von dem Inselstaat der ehemaligen Meuterer und der tahitianischen Frauen dem Rest der Welt. Bis dahin blieben sie von äußeren Einflüssen unbehelligt und nur ihren eigenen menschlichen Prozessen überlassen. Die Selbstsucht setzt die Grenzen des Machbaren. Dieses Ergebnis eines Experiments mit größtmöglichem Beweiswert stimmt verblüffend mit den Prognosen der poetischen Traumtänzer überein.

Über Fehlschlag oder Gelingen der gelebten oder simulierten Utopie regiert die menschliche Psyche: ihre Fähigkeit und Bereitschaft, sich vollkommen auf die Prämissen des Versuchs einzulassen. Die «Aufgabe» des Ich, um sich zu einem höheren, übergeordneten Sein, das in eine mythische Dimension schweift, emporzuschwingen, liegt selten in den Möglichkeiten der einzelnen oder einer ganzen Gruppe. Die Erkenntnis desillusioniert: Die Zivilisationsgeschichte ist nicht umzudrehen, der

Mensch ist mit seiner Sozialisation verschweißt. Erlernte Verhaltensformen fordern vom paradiessüchtigen Seemann ebenso ihr Recht wie vom Hofmenschen, der mittels Kostüm und Maske seiner Sehnsucht nach dem Hirtendasein frönt. Obwohl sich die Edenreisenden in den vermeintlichen Urzustand zurücksehnen, den die Südseebewohner für sie verkörpern, fühlen sie sich ihnen gegenüber überlegen – und verraten dadurch ihre Utopie. Die Schiffsbesatzung erhebt sich selbst zu Herrenmenschen, obwohl sie sich auf das Stadium der Naturmenschen «herab»begeben wollte, in sich schon ein Anachronismus. Gleichermaßen drückt die zivilisatorische Last auch die Pseudohirten immer wieder aus dem anakreontischen Himmel auf den Boden der Tatsachen zurück.

Die Hirtenutopie der sich travestierenden Hofleute lebt per se von der Endlichkeit. Im Bewußtsein der Vergänglichkeit ihrer fiktiven Reise in das Land der Unschuld gelingt ihnen die Metamorphose von Höfling in Schäfer zwangsläufig nur oberflächlich. Zwar können sie ihre Prachtgewänder ablegen, aber im Herzen bleiben sie die, die sie sind: Simulanten. So ist der Widerspruch von vornherein Teil des illusionistischen Projekts; die Schöpfer der Idylle zerstören ihr Werk zugleich wieder, indem sie den ihr immanenten Gesetzen zuwiderhandeln: Dringt der Mensch in das Paradies ein, dann dringen sein ganzes Elend, seine ganzen Qualen, dringen alle Zivilisationskrankheiten in den Garten Eden ein. Es wiederholt sich in jedem Schäferspiel, wie auch später auf Tahiti, die uralte Geschichte von Adam und Eva: Sie beschmutzen das unberührte Paradies durch ihre Menschlichkeit, denn für den Menschen mit seinen Bedingtheiten ist im Reich der Vollkommenheit kein Platz. Intrige, Bosheit, Wankelmut und Untreue sind die Schattenseiten seines Wesens; betritt der Mensch die Idylle, ergreifen dessen Negativeigenschaften von ihr Besitz. Sie ist entweiht.

Glücksüchtige Höflinge, die der Brutalität der Etikette entfliehen wollen, machen das Paradox ihrer Wirklichkeitsflucht vollkommen, weil sie der Masse nur in der Masse entkommen können und in die Einsamkeit gleich den ganzen Hofstaat mitnehmen. «Die Einsamkeit ist für den Anakreontiker (Naturpoet) nur als Bühnenraum da, auf und in dem das gesellige, wein- und liebesfrohe Treiben ihrer Rokokofiguren vor sich geht. Selten ist sie wahrhaft als Einsamkeit empfunden, meist ist es eine Einsamkeit in Anführungszeichen, durchaus peripher erlebt.»[55]

Wie mit einem Schutzwall gegen die Gefahren der Abgeschiedenheit

Antoine Watteau: Italienische Komödianten. Um 1720
Washington, National Gallery of Art

umgeben die Gesellschaftsflüchtlinge sich mit Begleitern. Mit gutem Grund vermögen sie sich nur im Kollektiv in die Landschaft der Einkehr zurückzuziehen, denn der Rokoko-Mensch scheut noch die Urgewalt der Natur – und das heißt der Ich-Erfahrung. Die Ursprünglichkeit in sich selbst wiederzuentdecken und den Urzustand wiederherzustellen bleibt Programm und muß es auch bleiben. Die Klarsichtigen dieser Zeit ahnen das, und Abgründe tun sich auf zwischen der Sehnsucht nach Unverfälschtheit des Seins und der Wahl der Mittel, diesen Zustand zu erreichen: der Verstellung.

Als grausamer Antagonismus schwebt die Realität über der endlichen Halluzination, ein schmerzhaftes Erwachen erwartet die Schauspieler ihres großartigen Traumes, denn um so erschöpfender dessen Inszenierung angelegt war, desto sicherer wird die Desillusionierung ihr folgen:

Das Scheitern des visionären Experiments liegt in der Natur der Sache. «Die Seele erschöpft sich in der Bewegung der Flucht», beschreibt Starobinski die «Enttäuschung vor einer Wirklichkeit, die uns nur um so scheußlicher vorkommt, je mehr sie vorher durch täuschende Verführung überdeckt worden war»[56]. Dichter, Maler und Schriftsteller wissen um das Mißlingen des programmatischen Eskapismus in die Pastorale und thematisieren es. «Dort stehen die Idylliker und die Schäferdichter, die sogar den Hofleuten gefallen, weil sie ihnen eine Art Muße vorgaukeln, die ihnen abgeht, und weil sie Höflinge in Schäfertracht vorführen», kritisiert Montesquieu[57] die neue Mode. Die Analytiker unter den Künstlern verinnerlichen in ihren den lebenden Ebenbildern nachempfundenen Kunstfiguren den Widerspruch der Schäferspiele: Die Flucht in das Arkadien der Utopie stößt mit dem Wahrheitsanspruch der Naturgewalten zusammen.

In den Gesichtern von Watteaus Figuren spiegelt sich die Ahnung vom Ausgang des schizophrenen Vorhabens wider, die Vision vom verlorenen Paradies mit den Mitteln des Schau-Spiels zu realisieren: Sie sind erstarrt in der Erwartung, daß sich das auf die Vollkommenheit des Flüchtigen hin inszenierte Wunschbild in harte Wirklichkeit auflöst. Gerade Watteaus Schauspieler der Comédie italienne sind in eine doppelte Dimension des Scheins verwoben: Sie ziehen in eine idyllisch verklärte Landschaft, um dort, Gipfel des Anachronismus, Theater zu spielen. Eine übergeordnete Wahrheit offenbart sich in diesem Akt der vielschichtigen Wirklichkeitsverfremdung und des Naturmißbrauchs: Der Schauspieler, das Symbol der sich verstellenden Menschen, ist, seit er sich aus seiner Authentizität gelöst hat, ein Fremdkörper in der Schöpfung. Eine wissende Melancholie scheint sich der Watteauschen Protagonisten bemächtigt zu haben. «Die Figuren sind wie eingefroren in einen inneren Traum vertieft, der uns auf Distanz hält.»[58]

Der berühmte Gilles mit seinen unter Anstrengung hängenden Armen, ins Leere sinnenden Augen und den leicht geröteten Nasenflügeln steht wie verloren auf exponiertem Posten im Bild wie in der Landschaft. Abgesondert auf einem kleinen Erdhügel, ist er an dem Geschehen auf dem Gemälde vollkommen unbeteiligt und nicht nur räumlich, sondern auch physisch von den anderen Schauspielern getrennt, die sich um einen Esel scharen. Der «Kapitän aus der Farce» zergt mit einem Strick an dem Tier, der Dottore reitet gar süffisant lächelnd auf ihm, während Leandre mit dem sinnbildlichen Hahnenkamm leicht geöffne-

Antoine Watteau: Gilles. Um 1718/19
Paris, Musée du Louvre

ten Mundes in die Gegend glotzt und Isabella (?) eine Bewegung auf das Langohr zu macht. Das Grautier selbst scheint sich seiner Denaturierung bewußt zu sein: sein Auge, «rund und traurig, dem in der ‹Ruhe auf der Flucht nach Ägypten› von Carravaggio ähnlich, verbindet die beiden Ebenen des Gemäldes»[59] und vermittelt eine gewisse Affinität zwischen dem Schicksal des gezähmten Haustiers und dem Tölpel. Wie ein Monument der Einsamkeit ragt der bewegungslose Pierrot aus dem Bild, in dessen Mundwinkel sich die Ironie der Desillusionierung eingegraben hat. Die Größe der Naturutopie vereinigt sich in diesem Gemälde mit der fürchterlichen Ahnung von der betrogenen Hoffnung. Der Untergang der Epoche, kaum daß sie in vollem Glanz erstrahlt, ist bei Watteau schon vorgezeichnet.

Die Truppe scheint durch den Wald zu ziehen – befindet sie sich aber auf der Flucht, zieht sie ihres Weges in die Verbannung der Comédié italienne? Die Welt scheint aus ihren Fugen gebrochen. All die trügerische Zukunft der Hirtenutopie bröckelt auseinander. In den ersten Jahrzehnten schon erfüllt eine Vorahnung vom grausamen Paradox der arkadischen Sehnsucht jene Maler und Schriftsteller, deren Werke in leiser Trauer erstrahlen: Die Utopie als letztes Aufbegehren gegen die Hoffnungslosigkeit, gegen einen frühzeitig eintretenden Tod, erstirbt in einer brutalen Ernüchterung nach mißglückter Imagination. Klar liegt in der Demaskierung des Scheins zutage, was unter der Oberfläche tändelnden Seins im Bewußtsein lauert und verdrängt werden will: die Angst vor dem Ende, die Ahnung des Nichts. Und so ist die Sehnsucht nach dem vollkommen anderen immer auch die Beschwörung des Aufhaltens des inneren und äußeren Zerfalls.

Doch unerbittlich altert das Jahrhundert. Und mit ihm erschöpft sich der Geist in immer grandioseren Überlebenskonstruktionen. Im Laufe der Epoche steigt die Phantasie von der Begierde nach den mythologischen Höhen des Reiches der Venus hinab in die irdische Sehnsucht eines zu revolutionierenden Gemeinwesens und eines neuen Menschenbildes. Doch der Tod hält unerbittlichen Einzug in die Gesellschaft, die vergreist und verfault. Durch die Hintertür schleicht er sich unter die Lebenden. Auf den Sarkophagen umspielen zunächst harmlos erscheinende Eroten die letzte Wohnstatt der Gestorbenen und geleiten die Toten in himmlische Höhen. Diese kleinen Todesgefährten entbehren nicht gerade einer graziösen Delikatesse. Als vom Tode auferstandene und in Engeln inkarnierte Kinder spenden sie, die zu frühzeitig das Leben lassen mußten, als Lichtgestalten Trost und Schutz. Erstaunliches geschieht hier: Diese Amoretten verbinden vorausschauend das Reich des Eros mit dem des Todes. Sie künden als Vorboten die Rückkehr der Todesengel an, die Ende des Jahrhunderts mit ungeahnter Vehemenz die Gedanken (und die Realität) der Menschen beherrschen werden.

Judith enthauptet Holofernes, Salome verlangt den Kopf des Jochanaan – und erhält ihn. Der abgeschlagene Kopf als drohende Ankündigung künftiger Schlächterei ragt wieder aus Gemälden, die männermenschenmordenden Gestalten werden für die Maler wieder zum Thema. Schon 1733 setzt Tiepolo das vom Rumpf getrennte Haupt des Johannes als Blickfang an exponierte Stelle eines Bildes. Äußerster Triumph des Menschen über einen Menschen ist, das gemordete Zentrum seines Denkens und Seins in den Händen zu halten. Die Menschen lassen ihre Masken fallen und enthüllen blutsüchtige Fratzen. Aus den kerzenerleuchteten, Tausende von Lichtern widerstrahlenden Spiegelsälen des öffentlichen Flirts, der zarten Tändelei verziehen sich die Sinnenfeste in die verborgenen Orte geheimnisvoller Schlösser oder sinisterer Klöster. Dunkel ist die Atmosphäre, in der sich die animalischen Triebe gemäß der Phantasie der Schriftsteller austoben; in schwach beleuchteten, unterirdischen Grüften finden die Greuel ihrer Lustmorde statt. In diesen piranesischen «Carceri», die de Sades Herzog von Noirceuil in «Juliette» nachzubauen scheint, werden die seelischen Schlächtereien der Marquise de Merteuil am Leib vollzogen.

Das utopische Menschenbild der Aufklärung findet hier seine extremste Ausformung. Der Mensch erhebt sich über sich selbst und exerziert seinen freien Willen über andere. Im Gewand des Todesengels übt er einen neuen Auftritt; als Spielgröße im Geschlechterkampf führt er einen Vernichtungsfeldzug. Juliette und ihre Schergen setzen das Leid und das Drama des Sterbens gezielt als letztes Demonstrationsmittel ihrer Macht ein; den Tod geben zu können, wenn es einem beliebt, ist die Krönung jeder Herrschaft. Der Wille des anderen wird zwar schon vor dem Tod ausgelöscht, doch der Sieg über jedes Tabu der Gesellschaft wie über das eigene Ich liegt in der Fähigkeit, selbst einen Geliebten genüßlich mit allen erdenklichen Foltern ums Leben zu bringen. Juliette ist die perverse Erfüllung des aufklärerischen Gedankens von der Übertretung aller moralischen und ethischen Schranken. «Das anti-autoritäre Prinzip muß schließlich ins eigene Gegenteil, in die Instanz ge-

Giambattista Piranesi: Carceri. Um 1745.
Kupferstich

gen die Vernunft selber umschlagen: die Abschaffung alles von sich aus Verbindlichen, die es leistet, erlaubt es der Herrschaft, die ihr jeweils adäquaten Bindungen souverän zu dekretieren und zu manipulieren. Sie steigert das szientifische Prinzip ins Vernichtende.»[60]

Die Überwindung des Todes wird hier geprobt, indem die Mörder sich mit kalter Mitleidlosigkeit gegen seine Schrecken wappnen. Denn nur er widersetzt sich als letztes Monument der Egomanie und unumschränkten Selbstbestimmung des Menschen, seine Kraft gilt es zu bannen. Es bleiben zur zwei Wege, entweder die Verleugnung des Sensenmannes oder ihn ad absurdum zu führen. Der Herzog von Noirceuil lehrt seiner Schülerin Juliette den Sinn seiner meuchelmörderischen Liebespraxis: Die Potenz des Thanatos wird in der perversen Ergötzung an seinem schmerzverzerrten Angesicht banalisiert. In der Abstumpfung allen libertinen Fühlens erregen nur mehr die letzten Zuckungen eines zu Tode gefolterten Leibes Orgasmen, das Leiden und das Ableben des anderen läßt den Folterer sich lebendig fühlen. Der Tod wird zum überdimensionalen und einzigen Lustspender für die letzten Roués, in ihm liegt die perverse Erfüllung ihres Selbst. Der Sieg ist ein dreifacher: über sich, über die Sentimentalität des Sterbens und nicht zuletzt über Gott. Der zur Lehre erhobene Sadismus stellt nicht das politische System in Frage, sondern die Humanität.

Der Tod bezeichnet die Auflösung des leichtlebigen Augenblicks in die Tragödie der Ewigkeit. «Der letzte Laut eines Lebens ist ein Aufschrei», klagt die Salondiva Julie de Lespinasse[61]. Eine unsympathische Vorstellung für den wahren Rokoko-Menschen. Also versucht man dem verheerenden Wirken des Todes auf die Spur zu kommen. Der tote Körper steht dabei im Zentrum des Interesses. Allerseits macht man sich an anatomische Sektionen. Und das nicht nur in öffentlichen Anstalten, sondern auch den Privatmann befällt medizinische Erkenntnissucht. Nur, Leichen sind Mangelware. Wer läßt schon den Körper eines Familienangehörigen auseinandernehmen, und das mit fragwürdigem Erfolg. «Jede Familie will, daß ein Toter zu seinem Leichenbegräbnis kommt, und duldet nicht oder sehr selten, daß er der öffentlichen Belehrung geopfert werde; höchstens erlaubt sie in bestimmten Fällen, daß es zu ihrer privaten Belehrung oder vielmehr ihrer Neugier geschehe.»[62] Um dem Leichenmangel abzuhelfen, begeben sich Mutige – meist Studenten – des Nachts heimlich mit der Schaufel in der Hand auf den Friedhof, um frisch zugeschüttete Erdhügel über Gräbern zu lüften und den Körper wieder aus seiner letzten Wohnstatt zu hieven. Wem der Mumm für solch waghalsige Unternehmungen fehlt, dafür aber das nötige Kleingeld nicht, der bittet einen bestechlichen Friedhofswärter, der Wissenschaft und ihm den kleinen Dienst einer Grabschändung zu erweisen. Nach getaner Arbeit verlassen die Diebe mit ihrer Beute die letzte Ruhestätte auf dem Weg, den sie gekommen sind, sie wuchten den starren Leib über die Mauern, und ab geht's ins anatomische Kabinett.

Auf diese Weise gibt es «Leichen in Hülle und Fülle, und billig sind sie auch. Besonders wohlfeil werden sie im Winter; der Chefanatom bezahlt dann für einen Körper zehn bis zwölf Francs und verkauft ihn für einen Louis oder zehn Taler an seine Schüler weiter. Zwischen den Friedhofsraben und den Jüngern der großen Chirurgen geht ein emsiger Schacher hin und her. Dergestalt, daß, wer eine Gratislektion in Anatomie nehmen will, riskieren muß, seinen am Tag zuvor begrabenen und beweinten Vater, Bruder oder Freund auf der Marmorplatte wiederzufinden.»[63]

Von einigen Friedhöfen verschwinden so viele Leichname, daß gar deren Schließung gefordert wird. Umsonst. Von der heiligen Ruhestätte Saint-Jean hört man, daß trotz aller Beschwerden bei Kirchenvorstand und Ministerium für öffentliche Angelegenheiten weiterhin die sterblichen Reste gerade Dahingeschiedener verschwinden. So hat es in der Nacht vom 12. auf den 13. Januar 1786 wieder «Diebstähle von sieben großen Leichen und drei Kindern gegeben»[64]. Denn auch die Kleinsten werden keineswegs von dem Geschäft mit der Sektion ausgeschlossen. Als allerdings im Jahre 1734 «fünfzehn bis sechzehn Kinder» im Leichenhaus Châtelet auftauchen, ist die Öffentlichkeit doch schockiert: «[...] dieses neuartige Schauspiel hat einen großen Zulauf von Leuten verursacht und hat das ganze Volk erschreckt. [...] Wie sollte man alle diese Kinder zusammen und im selben Augenblick gefunden haben? [...] Man hat gemunkelt, daß es der Arzt, der den Jardin Royal unter sich hat, sei, der alle diese toten Kinder beim Chirurgen gesammelt hatte [einem Arzt, der nicht selber seziert; Anm. Ariès], um sie zu Anatomien zu verwenden.»[65]

Fürchterliche Entdeckungen macht die vom Glück nicht gerade verfolgte Marquise de Grange, nachdem sie von den reizenden Freunden ihres Gemahls in eines jener furchterregenden Schlösser nach Manier des Schauerromans entführt worden ist: «Entsetzlich erregt eilte sie quer durch diesen großen Saal [...], als sie eine kleine Tür, die halb offenstand, zu sehen glaubte. Es war noch Nacht. Sie eilt zu dieser Tür. [...] Beim Licht einer Lampe, die am Verlöschen ist, kann sie gerade das Kabinett erkennen, das von der Tür geschlossen wird, die sie eben entdeckt hat; sie tritt ein... Aber welch schrecklicher Anblick bietet sich ihr! Sie sieht auf einem Tisch einen halbgeöffneten Leichnam, der fast gänzlich zerfetzt ist und an dem eben noch der Chirurg des Schlosses gearbeitet hat, dessen Werkstatt dieser Raum ist.»[66] Ausnahmsweise entspringt diese Szene nicht der Phantasie des Marquis de Sade; er hat sie einer Zeitungsnotiz entnommen.

Die Passion für den toten Körper nimmt in der Literatur und gelegentlich auch in der Realität noch ganz andere Formen an. Da taucht schon in Andréa de Nerciats «Les Aphrodites»[67] ein schrulliger Engländer auf, der seine mumifizierte Gattin in einer Glasvitrine mit sich herumführt und dem sexuelle Erregung und Befriedigung nur bei ihrem Anblick gelingen. Da bringen eifersüchtige Liebhaber ihre Angebetenen um, die aber auf verschlungenen Wegen wieder zum Leben erwachen und erneut in des Mörders Blickfeld, wenn auch unerkannt und verkleidet, gelangen. Kaum sehen die Verbrecher ihre Opfer, begehren sie sie wieder von neuem. Die Botschaft solcher Konstellationen ist klar: Sie wollen mit Toten schlafen. Einige in der aufklärerischen Amoral weiter Fortgeschrittene sind in der Umsetzung ihrer Wünsche in Handlungen nicht so zimperlich: Sie verlustieren sich mit Leichen – als Herausforderung an die Macht der Sexualität.

Nekrophilie wird zu einer beliebten – literarischen – Spielart der Liebe. Eros und Thanatos umarmen sich. In der Geschichte, die der Chirurg Louis erzählt, kehrt ein zu seinem Stand gezwungener Mönch in einer Wirtschaft ein, in der um die gerade verstorbene Tochter des Hauses getrauert wird. Die Eltern bitten den jungen Ordensbruder, die nächtliche Totenwache bei dem jungen Mädchen zu halten. Voller Neugier, ob die Berichte von der außergewöhnlichen Schönheit der Dahingeschiedenen stimmen, schlägt der Geistliche das Leichentuch zurück – und ist so geblendet von den entzückenden und noch keineswegs leblos wirkenden Zügen der Toten, daß er sein Gelübde vergißt. Er legt sich zu dem Leichnam... Kaum hat sich der wackere Nekrophile des Morgens wieder auf die Wanderschaft begeben, erwacht wie durch ein Wunder die Beglückte wider Wissen aus ihrem Todesschlaf. Doch damit der Mirakel nicht genug; kurze Zeit später fühlt sich die vermeintliche Jungfrau Mutter werden. Wie es der Zufall will, kommt just in der hohen Zeit der Vater des «unbefleckt Empfangenen» des Weges und klärt die Zusammenhänge auf. Er löst sein Gelübde, um statt dessen ein anderes einzugehen, jenes der Ehe.

Die Geschichte der geschundenen Justine geht nicht so glimpflich aus. Sie soll, als sie sich am Ende ihrer Leidensgeschichte glaubt, auf dem Altar einer Orgie geopfert werden. Der Herzog von Noirceuil, langjähriger Triebverbrecher, Gespiele und Verschworener ihrer glücklicheren und skrupellosen Schwester Juliette, hat die zündende Idee: «‹Ein furchtbares Gewitter ist im Anzug, übergeben wir sie also dem Blitzstrahl.› ‹Wundervoll›, rief alles aus. Der Blitz zuckte, der Wind heulte und die Wolken schoben sich durcheinander. Es schien, als ob die Natur alle Elemente durcheinander mengen wollte, um neue Formen zu schaffen. Man warf also Justine zur Türe hinaus, ohne ihr etwas mitzugeben. Die Unglückliche war, trotzdem sie die Undankbarkeit kränkte, glücklich, weiteren Niederträchtigkeiten entschlüpft zu sein und dankte Gott, als sie die Landstraße erreicht hatte. Kaum war sie angelangt, als ein Blitzstrahl sie in zwei Hälften teilte. ‹Sie ist tot›, riefen die Verbrecherfreunde strahlend aus, ‹sehen Sie Madame, wie der Himmel die Tugend belohnt.› Unsere vier Wüstlinge umgaben den Leichnam, und obgleich er furchtbar entstellt war, befriedigten sie dennoch ihre abscheulichen Begierden an den bleibenden Resten ihrer Grausamkeit. Die niederträchtige Juliette stachelte sie an, ihr die Kleider auszuziehen, der Blitzstrahl war ihr durch den Mund hineingefahren und durch die Scheide herausgekommen. Furchtbare Scherze wurden nun über diesen Weg des himmlischen Feuers gemacht.»[68] Verhöhnung des «Licht»-Bildes der Aufklärer ist die Absicht von de Sade. Der Blitz als Symbol des erleuchteten Geistes wird in einen anderen Dienst gestellt: in den der Vernichtung.

Utopien vom glücklichen Leben und das verheißungsvolle Land der Hirten rücken in unerreichbare Ferne. Licht und hell überstrahlte die Utopie die Realität, sommerlich erglänzte die Hoffnung, funkenwerfend über glitzernden Bäumen in schmeichelndem Wind. Gewalt und Brutalität ebnen nun der Wahrheit den Weg: Das fiktive Sein zerbröckelt. Vernichtende Stürme der Leidenschaft peitschen durch die Gassen und über die Felder. Einst Sprachlose schreien auf unter der Folter der Affekte. Der Himmel über den lichten Höhen der Aufklärung verdunkelt sich. Mit Vehemenz braut sich das Unwetter über den

Etienne-Louis Boulleé; Entwurf eines Grabmals. 1790

Häuptern der Aufklärer zusammen. Hinweggefegt wird die Leichtigkeit einer frühlingshaften Zeit, und Hagel des Aufruhrs zerstören das lichtdurchflutete Jahrhundert. Die Gesellschaft liegt im Todeskampf. Überall lauert der Verfall. Der Tod, der lang verdrängte, behauptet seine Präsenz; im Kleid des Winters, dem man lange nur in den pastellenen Allegorien der Rosalba Carriera ins Antlitz zu blicken vermochte, hält er Einzug in das Zeremoniell des Daseins. Valmont aus den «Gefährlichen Liebschaften» läßt im Dezember sein Leben. Herbst und Winter als Metaphern des Vergehens und des Todes künden vom Untergang des Sonnenreiches. Der Geist der Verneinung fordert als revolutionäre Utopie sein Recht, und eine Welle der Massaker überrollt das Land. Die Herrschaft des Knochenmanns ist überwältigend und tritt so sehr ins Bewußtsein, daß Nekropolen ersonnen werden, wie sie nahezu 5000 Jahre zuvor die Dynastien Ägyptens errichtet haben. Gigantische Kapellen des Todes ragen, wenn schon nicht aus der Erde, so doch aus den papierenen Entwürfen eines Boullée. Die Sepulkralarchitektur wird, wo die Masse zur Macht kommt, monumental.

«Wie? Noch schlägt dieses Herz? Noch nicht vernichtet? Zu neuen Qualen erwacht! O das ist hart, sehr hart – mir bitterer als der Tod.»[69] Todessehnsucht quält die Pamina der «Zauberflöte». Die Komplementärfigur von de Sades Juliette ist dem Tode anverwandt: Sie sinkt in eine todesähnliche Ohnmacht, als Monostatos ihr mit unzweideutigem Ansinnen zu nahe tritt; resignative Selbstmordgedanken geben ihr den Dolch in die Hand, da Tamino und Papageno sich von ihr, den Statuten der Eingeweihten folgend, abwenden; symbolisch tritt sie den Weg in die Unterwelt an, wenn sie Tamino durch die drei sinnbildlichen Elemente Feuer, Wasser und Luft führt. Pamina überlebt den Tod, wie es der Mythos von Isis und Osiris erzählt: Osiris, der ägyptische Pharao, wird von seinem neidischen Bruder Seth hinterhältig ermordet und zerstückelt. Der Mörder wirft die sterblichen Überreste des kinderlosen Königs in den Nil und reißt die Herrschaft an sich. Verzweiflung treibt die Schwester und Gemahlin des Opfers, Isis, an den Fluß. Sie sammelt mit Helfern die Stücke ihres Gatten, setzt die gefundenen Teile wieder zusammen und mumifiziert den wieder vollständigen Körper. Treue und Liebe vollbringen das Wunder: Des Toten Glied ragt steif in die Höhe. Isis schwingt sich auf es – und empfängt von der Mumie. Horus, der Gott mit dem Falkenkopf, wird neun Monate später geboren. In ihm, der den teuflischen Seth ein für allemal bezwingen wird, kommt das Prinzip Hoffnung auf die Welt. Mozarts «Zauberflöte» vollzieht den ägyptischen Mythos beschwörend nach. Pamina, als «Eingeweihte» in die Zeremonien des Osiris, ist am Ende des Rokoko Inkarnation der Zukunft: die wundersame Fruchtbarkeit aus dem Tod. Denn jenseits des Todes harrt das Paradies. Was aber wäre das Paradies, wenn nicht Freiheit?

ANMERKUNGEN

1 Amor
Die Kinder

1 So im Gemälde «Die Geburt der Venus» von François Boucher
2 Platon: Symposion. In: Sämtliche Werke. Bd. 2, Hamburg 1957, S. 233
3 Honoré Fragonard: Die Schaukel
4 Jean Bérulle: Opuscule de Piété; zit. nach Elisabeth Badinter: Die Mutterliebe. Geschichte eines Gefühls vom 17. Jahrhundert bis heute. München 1981, S. 41
5 Jacques Bénigne Bossuet: Méditation sur la brièveté de la vie; zit. nach Badinter: Mutterliebe, a. a. O., S. 41
6 Georges Louis Buffon, zit. nach Roger Mercier: L'enfant dans la société. Paris 1961, S. 55
7 Emile d'Epinay: Pseudo-Mémoires. Bd. 1, Paris 1951, S. 290
8 Ebenda, S. 295
9 Alexandre de Tilly: Mémoires. Bd. III, Paris 1929, S. 31
10 Ebenda, S. 220
11 Louis Sébastien Mercier: Tableau de Paris. Bd. V, Genève 1979, S. 465
12 Zit. nach Philippe Ariès: Geschichte der Kindheit. München 1975, S. 98
13 Statistiken siehe L. Lenoir, Generallieutnant von Paris: Détails sur quelques établissements de la ville de Paris... Paris 1780, und Prost de Royer, Polizeidirektor von Lyon: Mémoire sur la conservation des enfants. Paris 1778
14 Zahlen s. Badinter: Mutterliebe, a. a. O., S. 48 ff; S. 119 ff
15 Verdier-Heurtin: Discours sur l'allaitement. 1804, S. 50
16 Ebenda, S. 52
17 Madame de Coudray
18 Prost de Royer: Mémoire, a. a. O., S. 14
19 Ebenda, S. 15
20 Ebenda
21 Ebenda
22 Zit. nach François Lebrun: L'enseignement. Paris 1978, S. 72

23 Georges Louis Buffon: Histoire naturelle. Bd. IV, S. 190; zit. nach Jean-Jacques Rousseau: Emile oder Über die Erziehung. Stuttgart 1963

24 Gilibert: Dissertation sur la dépopulation. O. O. 1770, S. 286

25 Jean-Jacques Rousseau: Emile, a. a. O., 1. Buch, S. 119

26 Zit. nach Lebrun: L'enseignement, a. a. O., S. 67

27 Rousseau: Emile, a. a. O., 1. Buch, S. 120

28 Zit. nach Lebrun: L'enseignement, a. a. O., S. 67

29 Bérulle: Opuscule de Piété, a. a. O.

30 Denis Bucquet, zit. nach Lebrun: L'enseignement, a. a. O., S. 89

31 Zit. nach Mercier: L'enfant dans la société, a. a. O., S. 115

32 Platon: Symposion, a. a. O., S. 233

33 Louis Sébastien Mercier: Mein Bild von Paris. Frankfurt a. M. 1979

34 Jean-Jacques Rousseau: Bekenntnisse. Frankfurt a. M. 1985, S. 484

35 Mercier: Mein Bild, a. a. O., S. 175

36 Lebrun: L'enseignement, a. a. O., S. 85

37 Mercier: Mein Bild, a. a. O., S. 176

38 Ebenda, S. 174

39 Jean-Jacques Rousseau: Correspondance. C. 2, S. 144

40 Mercier: Mein Bild, a. a. O., S. 174

41 Rousseau: Bekenntnisse, a. a. O., S. 501

42 Claude Humbert de Chamousset: Œuvres complètes. Paris 1783, S. 236f

43 Mercier: Mein Bild, a. a. O., S. 175

44 Arlette Farge: Das brüchige Leben. Verführung und Aufruhr im Paris des 18. Jahrhunderts. Berlin 1989, S. 70f

45 Pierre Carlet de Marivaux: Die Streitfrage. Frankfurt a. M. 1981, S. 7f

46 Margaret Mahler: Symbiose und Individuation. Psychosen im frühen Kindesalter. Stuttgart 1986, S. 15

47 Ebenda, S. 20−23

48 Ebenda, S. 44f

49 Charles Maurice, Duc de Talleyrand-Périgord: Memoiren des Fürsten Talleyrand. Köln, Leipzig 1891

50 Denis Diderot: Briefe an Sophie Volland. Leipzig 1988, S. 183f

51 Michel Eyquem de Montaigne: Essais II, 8; zit. nach: Ariès: Geschichte der Kindheit, a. a. O., S. 98

52 Talleyrand-Périgord: Memoiren, a. a. O.

53 Badinter: Mutterliebe, a. a. O., S. 93

54 Denis Diderot: Der natürliche Sohn oder Die Proben der Tugend. In: Das Theater des Herrn Diderot. Leipzig 1981, S. 77f

55 Pierre Carlet de Marivaux: Das Leben der Marianne. München 1968, S. 57f

56 Pierre Augustin Caron de Beaumarchais: Figaros Hochzeit. Frankfurt a. M. 1981, S. 224

57 Henri Joseph du Laurens: Mathieu. Nördlingen 1988
58 Beaumarchais: Figaros Hochzeit, a. a. O., S. 226
59 Andréa de Nerciat: Les Aphrodites. Bd. 2, Nördlingen 1988, S. 123 f
60 Beaumarchais: Figaros Hochzeit, a. a. O., S. 191
61 Nerciat: Les Aphrodites, a. a. O., S. 125 f
62 Leo Balet, E. Gerhard: Die Verbürgerlichung der deutschen Kunst, Literatur und Musik im 18. Jahrhundert. Frankfurt a. M., Wien, Berlin 1972
63 Giacomo Casanova, Chevalier de Seingalt: Geschichte meines Lebens. 7. Bd., Berlin 1985, S. 276 f
64 Ebenda, S. 265 f
65 Honoré-Gabriel Riqueti, Comte de Mirabeau: Der gelüftete Vorhang oder Lauras Erziehung. Frankfurt a. M. 1971
66 Zit. nach Jean Orieux: Talleyrand. Die unverstandene Sphinx. Frankfurt a. M. 1987, S. 43
67 Charles de Secondat, Baron de la Brède et de Montesquieu: Perserbriefe. Frankfurt a. M. 1988
68 Herzog von Lauzun: Memoiren. München 1912, S. 3
69 Badinter: Mutterliebe, a. a. O., S. 100 f
70 Henri-François d'Aguesseau: Lettres inédites. Bd. 1, 1823, zit. nach Badinter: Mutterliebe, a. a. O., S. 100
71 Edmond und Jules de Goncourt: Die Frau im 18. Jahrhundert. München 1986, S. 67
72 Madame de Sévigné: Ausgewählte Briefe. Frankfurt a. M. 1979, 18. 9., 22. 12. 1671, 10. 5. 1672
73 Talleyrand-Périgord: Memoiren, a. a. O.
74 Charles Pinot Duclos: Geheime Memoiren zur Geschichte der Regierung Ludwig XIV. und XV. Berlin 1792, S. 10 f
75 Talleyrand-Périgord: Memoiren, a. a. O.
76 Ariès: Geschichte der Kindheit, a. a. O.
77 Lebrun: L'enseignement, a. a. O., S. 132
78 Condorcet, zit. nach Christine Touaillon: Der deutsche Frauenroman. Wien, Leipzig 1919
79 Ebenda
80 Charles de Secondat, Baron de la Brède et de Montesquieu: Vom Geist der Gesetze. Bd. II, Tübingen 1951, S. 129
81 Voltaire: L'éducation des filles. In: Œuvres complètes. 1922, Bd. 24

2 Cherubim
Mädchen und Jünglinge

1 Die Bibel. Die heilige Schrift des alten und neuen Bundes. Freiburg i. B. 1965, S. 923 f

2 Beaumarchais: Figaros Hochzeit, a. a. O., S. 117

3 Lorenzo da Ponte, Wolfgang Amadeus Mozart: Die Hochzeit des Figaro. Leipzig 1984 (Klavierauszug)

4 Ebenda

5 Elisabeth Badinter: Ich bin Du. Die androgyne Revolution. München 1987, S. 210

6 Encyclopédie, Bd. 8, Nachdruck, Stuttgart–Bad Cannstatt 1967, S. 167

7 Honoré-Gabriel Riqueti, Comte de Mirabeau: Erotikon Biblion. Hamburg 1989, S. 179

8 Siehe Platon: Symposion, a. a. O., S. 221

9 Mirabeau: Erotikon Biblion, a. a. O., S. 213

10 Encyclopédie, a. a. O., Bd. 8, S. 165

11 Ebenda, S. 166

12 Badinter: Ich bin Du, a. a. O., S. 71

13 Beaumarchais: Figaros Hochzeit, a. a. O., S. 140

14 Jean-Baptiste Louvet de Couvray: Die Liebesabenteuer des Chevalier de FBublas. München 1984

15 Pierre Carlet de Marivaux: Die falsche Zofe. In: Das Spiel um Liebe und Zufall und andere Komödien. Frankfurt a. M. 1985

16 Pierre Carlet de Marivaux: Triumph der Liebe. Frankfurt a. M. 1980

17 Louvet de Couvray: Faublas, a. a. O., Bd. 2, S. 167

18 Zit. nach M. Frantz Funck-Brentano: Les lettres de cachet de Paris. Etude suivie d'une liste des prisonniers de la Bastille (1659–1789). Paris 1903, S. XLI

19 Honoré-Gabriel Riqueti, Comte de Mirabeau: Lettre de cachet und Staatsgefängnisse. In: Mirabeau. Der Redner der Revolution, Reden, Briefe, Schriften. Frankfurt a. M. 1989, S. 64 f

20 Jules Michelet, zit. nach André Chassaigne: Des lettres de cachet sous l'ancien Régime. Paris 1903, S. 2

21 Siehe auch Claude Quetel: De Par Le Roy. Essai sur les lettres de cachet. Toulouse 1981

22 Siehe Hans Mayer: Außenseiter. Frankfurt a. M. 1981, S. 177

23 Voltaire, zit. nach Hansferdinand Döbler: Kultur- und Sittengeschichte der Welt. Eros, Sexus, Sitte. München 1971, S. 254

24 Vgl. Quetel: De Par Le Roy, a. a. O., S. 39

25 Casanova: Geschichte meines Lebens, a. a. O., Bd. 4, S. 25

26 Paul Englisch: Geschichte der erotischen Literatur. Wiesbaden 1987, S. 485
27 Ernst Fuchs: Illustrierte Sittengeschichte vom Mittelalter bis zur Gegenwart. Berlin o. J., S. 366
28 Arlette Farge, Michel Foucault: Familiäre Konflikte. Die «lettres de cachet». Frankfurt a. M. 1989, S. 17
29 Vgl. Chassaigne: Des lettres de cachet, a. a. O., S. 151
30 Mirabeau: Der gelüftete Vorhang, a. a. O., S. 5
31 Donatien Alphonse François Marquis de Sade: Justine oder Die Leiden der Tugend, gefolgt von Juliette oder Die Wonnen des Lasters. Nördlingen 1987, S. 136
32 Talleyrand-Périgord: Memoiren, a. a. O.
33 Chassaigne: Des lettres de cachet, a. a. O., S. 151
34 Denis Diderot: Die Nonne. Frankfurt a. M. 1973, S. 173
35 Montesquieu: Perserbriefe, a. a. O., S. 200
36 Godard d'Aucourt: Thémidore. München 1967, S. 151
37 Denis Diderot: Die indiskreten Kleinode. München 1968
38 Thévenau de Morante: Die Briefschatulle der Madame Gourdan. Berlin o. J., S. 170
39 Mirabeau: Der gelüftete Vorhang, a. a. O., S. 10
40 Ebenda, S. 190
41 Pierre Ambroise François Choderlos de Laclos: Schlimme Liebschaften. Frankfurt a. M. 1972, vgl. S. 63
42 de Morante: Die Briefschatulle, a. a. O., S. 38
43 Im Vorwort zu Mirabeau: Der gelüftete Vorhang, a. a. O.
44 Louvet de Couvray: Faublas, a. a. O., S. 138
45 Jacques Cazotte: Biondetta. Der verliebte Teufel. München 1982
46 Abbé de Galiani: Briefe. 2 Bde., München, Leipzig 1907, zit. nach Döbler: Kultur- und Sittengeschichte, a. a. O., S. 338
47 Mozart, da Ponte: Die Hochzeit des Figaro, a. a. O.
48 Zit. nach Jean Starobinski: Die Erfindung der Freiheit, 1700–1789. Frankfurt a. M. 1988, S. 86

3 Don Giovanni
Verführer und Verführte

1 Balet, Gerhart: Die Verbürgerlichung, a. a. O., S. 370
2 Mozart, da Ponte: Don Giovanni
3 Louis de Rouvroy, Duc de Saint-Simon: Memoiren. 4 Bde., Frankfurt a. M., Berlin, Wien 1985
4 Briefe der Liselotte von der Pfalz. Hg. von Helmuth Kiesel. Frankfurt a. M. 1981, S. 170, Versailles, 8. Juni 1709

5 Werner Krauss. Gesammelte Aufsätze. Frankfurt a. M. 1949

6 Jürgen von Kruederer: Die Rolle des Hofes im Absolutismus. Stuttgart 1963

7 Ebenda

8 Briefe der Liselotte von der Pfalz, a.a.O., S. 77, 26. August 1689

9 Ebenda, S. 109, 7. März 1696

10 Ebenda, S. 119, 16. März 1698

11 Casanova: Geschichte meines Lebens, a.a.O., Bd. 5, S. 81

12 Chronique scandaleuse des Pariser Hofes seit den Zeiten Ludwigs XIV., Theil 3–5. Der Hirschpark oder Das Serail Ludwig XV. Eine Galerie geheimer Memoiren. Leipzig 1834

13 Zit. nach Döbler: Kultur- und Sittengeschichte, a.a.O., S. 322

14 Balet, Gerhart: Die Verbürgerlichung, a.a.O., S. 110

15 Ebenda, S. 370

16 Mercier: Mein Bild von Paris, a.a.O., S. 153

17 Jean de Lafontaine: Die Fabeln. Wiesbaden 1982

18 Zit. nach Fuchs: Illustrierte Sittengeschichte, a.a.O., Bd. 2, S. 292

19 de Morante: Die Briefschatulle, a.a.O., S. 21

20 de Tilly: Mémoires

21 Choderlos de Laclos: Schlimme Liebschaften, a.a.O., S. 273

22 Jean de la Bruyère: Die Charaktere oder die Sitten. Leipzig 1871, S. 165

23 Ebenda

24 Zit. nach Döbler: Kultur- und Sittengeschichte, a.a.O., S. 338 f

25 Zit. nach Fuchs: Illustrierte Sittengeschichte, a.a.O., S. 332

26 Pierre Carlet de Marivaux: Betrachtende Prosa. Frankfurt a. M. 1979, S. 13

27 Marquis d'Argenson, zit. nach Max von Boehm: Rokoko. Frankreich im XVIII. Jahrhundert. Berlin 1919, S. 381

28 Starobinski: Erfindung der Freiheit, a.a.O., S. 64

29 Julien Offroy de La Mettrie: L'art de jouir; zit. nach Fuchs: Illustrierte Sittengeschichte, a.a.O.

30 Arno Schoenberger, Halldor Soehner: Die Welt des Rokoko. München o. J., S. 66

31 La Morlière, zit. nach Starobinski: Erfindung der Freiheit, a.a.O., S. 86

32 Robert Tomlinson: La Fête galante. Watteau et Marivaux. Genf, Paris 1981, zit. nach: Programmheft Schaubühne am Lehniner Platz, «Triumph der Liebe», Berlin 1985, S. 28

33 Claude Crébillon fils: Die Memoiren des Herzogs von Meilcour. In: Das Gesamtwerk. 8 Bde., Berlin 1968–1970, Bd. 2, S. 181

34 Choderlos de Laclos: Schlimme Liebschaften, a.a.O., S. 222 f

35 Ebenda, S. 395

36 Ebenda, S. 420

37 Fuchs: Illustrierte Sittengeschichte, a.a.O., Bd. 2, S. 195 f
38 Ebenda
39 Montesquieu, zit. nach Starobinski: Erfindung der Freiheit, a.a.O., S. 39
40 Crébillon fils: Memoiren des Herzogs von Meilcour, a.a.O., S. 189
41 Marivaux: Das Leben der Marianne, a.a.O.
42 Pierre Carlet de Marivaux: Der Bauer im Glück. München 1968
43 Niklas Luhmann: Liebe als Passion. Frankfurt a.M. 1982, S. 125
44 Starobinski: Erfindung der Freiheit, a.a.O., S. 10
45 Die Polizeiberichte an den König. In: Franz Blei: Die Sitten des Rokoko. München 1921, S. 298
46 Vivant-Denon: Nur eine Nacht. In: Meistererzählungen des französischen Rokoko. Hg. von Walter Widmer, München 1970, S. 302 f
47 Camus de Mézières, zit. nach Starobinski: Erfindung der Freiheit, a.a.O., S. 40
48 Vivant-Denon: Nur eine Nacht, a.a.O., S. 302
49 Diderot: Die indiskreten Kleinode, a.a.O., S. 87
50 Pierre Carlet de Marivaux: Die Streitfrage. Frankfurt a.M. 1981, S. 9 f
51 Marivaux: Das Leben der Marianne, a.a.O., S. 58
52 Marivaux: Die Liebesüberraschung (I,2), zit. nach Tomlinson: La Fête galante, a.a.O., in: Programmheft Schaubühne am Lehniner Platz, a.a.O., S. 29
53 Mozart, da Ponte: Così fan tutte
54 Crébillon fils: Die Nacht, a.a.O., S. 87 f
55 Heinrich Mann: Vorwort zu Choderlos de Laclos: Schlimme Liebschaften, a.a.O., S. 5 ff
56 Choderlos de Laclos: Schlimme Liebschaften, a.a.O., S. 56
57 Goncourt: Die Frau im 18. Jahrhundert, a.a.O., S. 233 f
58 Choderlos de Laclos: Schlimme Liebschaften, a.a.O., S. 482

4 Die Marquise de Merteuil
Intriganten und ihre Opfer

1 Gersaint, zit. nach Pierre Rosenberg: Die Gemälde. In: Katalog zur Watteau-Ausstellung. Berlin 1985, S. 244
2 Abbé Galiani: Briefe. 2 Bde., München, Leipzig 1907
3 Zit. nach Fuchs: Illustrierte Sittengeschichte, a.a.O.
4 Abbé Galiani: Briefe, a.a.O.
5 Nicolas Chamfort: Ein Wald voller Diebe. Nördlingen 1987, S. 60
6 Choderlos de Laclos: Schlimme Liebschaften, a.a.O., S. 312
7 Chamfort: Ein Wald voller Diebe, a.a.O., S. 56

8 Vivant-Denon: Nur eine Nacht, a.a.O., S. 294
9 Godard d'Aucourt: Themidor, a.a.O., S. 94
10 Zit. nach Tomlinson: La Fête galante, a.a.O., II, 1
11 Choderlos de Laclos: Schlimme Liebschaften, a.a.O., S. 228
12 Ebenda, S. 230
13 Ebenda, S. 117
14 Mozart, da Ponte: Don Giovanni
15 Ariès: Geschichte der Kindheit, a.a.O., S. 563
16 Charles Thévenau de Morande, zit. nach Ivan Nagel: Gedankengänge als Lebensläufe. Versuch über das 18. Jahrhundert. München, Wien 1987, S. 87
17 Mozart, da Ponte: Don Giovanni, II.1
18 Ebenda, I.1
19 Nagel: Gedankengänge, a.a.O., S. 13
20 Victor Klemperer: Geschichte der französischen Literatur im 18. Jahrhundert. Berlin 1954–1956, S. 159
21 Mozart, da Ponte: Don Giovanni, II.1
22 Boehn: Rokoko, a.a.O., S. 408f
23 Balet, Gerhart: Die Verbürgerlichung, a.a.O., S. 490
24 Ivan Nagel: Autonomie und Gnade. Über Mozarts Oper. München, Wien 1985, S. 38
25 Ebenda, S. 44
26 Cazotte: Biondetta, a.a.O.
27 Marivaux: Das Leben der Marianne, a.a.O., S. 140
28 Julien Offroy de La Mettrie, zit. nach Englisch: Geschichte der erotischen Literatur, a.a.O., S. 414
29 Luhmann: Liebe als Passion, a.a.O., S. 23
30 Marivaux: Betrachtende Prosa, a.a.O., S. 110
31 Crébillon fils: Die Nacht und der Augenblick oder Die Morgenfeiern auf Kythera, a.a.O., Bd. 3, S. 19
32 Ders.: Die Memoiren des Herzogs von Meilcour, a.a.O., Bd. 2, S. 255
33 Ders.: Das Spiel am Kaminfeuer, a.a.O., Bd. 3, S. 127
34 Heinrich Mann: Vorwort zu Choderlos de Laclos: Schlimme Liebschaften, a.a.O., S. 8
35 Vincent Descombes: L'Inconscient malgré lui. Paris 1977. S. 54
36 Choderlos de Laclos: Schlimme Liebschaften, a.a.O., S. 435
37 Ebenda, S. 62
38 Ebenda, S. 63
39 Ebenda, S. 106
40 Ebenda, S. 144f
41 Ebenda, S. 313
42 Chamfort: Ein Wald, a.a.O., S. 86

43 Beaumarchais: Der Barbier von Sevilla, a.a.O., S.39f
44 Fuchs: Illustrierte Sittengeschichte, a.a.O., Bd.II, Seite 434
45 Mercier: Mein Bild von Paris, a.a.O., S.119
46 Hamilton: Der Chevalier von Gramont, a.a.O., S.201
47 Franciscus Philippus Florinus: Oeconomus prudens et legalis oder Allgemeiner kluger und Rechts-verständiger Hauß-Vater, bestehend aus
   9 Büchern. Nürnberg, Frankfurt a.M., Leipzig 1750f
48 Mercier: Mein Bild von Paris, a.a.O., S.119f
49 Mirabeau: Der gelüftete Vorhang, a.a.O., S.187
50 Casanova: Geschichte meines Lebens, a.a.O., Bd.IV, S.153f
51 Florinus: Oeconomus, a.a.O.
52 Madame de Sévigné: Ausgewählte Briefe, a.a.O., S.167
53 Döbler: Kultur- und Sittengeschichte, a.a.O., S.211
54 Casanova: Geschichte meines Lebens, a.a.O., Bd.IV, S.93ff
55 Choderlos de Laclos: Schlimme Liebschaften, a.a.O., S.328
56 Mirabeau: Der gelüftete Vorhang, a.a.O., S.56
57 Ebenda, S.55
58 Zit. nach Fuchs: Illustrierte Sittengeschichte, a.a.O., Bd.II, S.289
59 Charles de Montesquieu: Des Herrn von Montesquieu persianische Briefe.
   Berlin 1920, S.289
60 Marivaux: Betrachtende Prosa, a.a.O., S.70
61 Crébillon fils: Das Spiel, a.a.O., Bd.III, S.150
62 Ebenda, S.158
63 Crébillon fils: Die Nacht, a.a.O., Bd.III, S.88
64 Goncourt: Die Frau im 18.Jahrhundert, a.a.O., S.226
65 Chamfort: Ein Wald voller Diebe, a.a.O., S.100
66 Mann: Vorwort zu Choderlos de Laclos: Schlimme Liebschaften, a.a.O.,
   S.12
67 Pierre Carlet de Marivaux: Die Kolonie, in: Ders.: Das Spiel von Liebe und
   Zufall und andere Komödien. Frankfurt a.M. 1985, IX.Szene, S.270
68 Ebenda
69 Alexander Gleichen-Russwurm: Kultur- und Sittengeschichte. Das Jahrhundert des Rokoko. Wien, Hamburg, Zürich 1929–1931, S.460
70 Ninon de Lenclos: Briefe. Frankfurt a.M., Berlin, Wien 1980, S.25
71 Denis Diderot: Briefe. 1742–1781. Frankfurt a.M., Brief vom 10.Mai 1759
72 La Bruyère: Die Charactere und die Sitten, a.a.O., S.339
73 Abbé Coyer, zit. nach Boehm: Rokoko, a.a.O., S.398
74 Vivant-Denon: Nur eine Nacht, a.a.O., S.308

5 Arkadien
Utopie und Tod

1 Hermann Jung: Die Pastorale. Studien zur Geschichte eines musikalischen Topos. Bern 1980, S. 249
2 Zit. nach Jurgis Baltrusaitis: Imaginäre Realitäten. Fiktion und Imagination als produktive Kraft. Köln 1984, S. 136
3 Ebenda, S. 118
4 Ebenda, S. 118
5 Ebenda, S. 136
6 Chamfort: Ein Wald voller Diebe, a.a.O., S. 51
7 Ebenda, S. 78
8 Starobinski: Erfindung der Freiheit, a.a.O., S. 195
9 Jung: Die Pastorale, a.a.O., S. 228f
10 Händel, Pertharite: Rodelinda. Drama nach Corneille, 3. Akt, 3. Bild
11 Jurgis Baltrusaitis: Der Spiegel. Entdeckungen, Täuschungen, Phantasien. Gießen 1986, S. 24
12 Ebenda, S. 28
13 Alexander Pope: Sämtliche Werke. Bd. 10, Mannheim 1780, S. 231
14 Brüder Goncourt: Madame de Pompadour. Ein Lebensbild. Berlin o. J., S. 95
15 Ebenda
16 Ebenda, S. 102
17 Mozart, Metastasio: Il Re pastore, 1. Akt, 8. Szene
18 Fuchs: Illustrierte Sittengeschichte. Bd. II, a.a.O., S. 462
19 Ernst Benz: Geist und Landschaft. Stuttgart 1972, S. 19
20 Marivaux: Die Streitfrage, a.a.O., S. 8
21 Louis-Antoine Bougainville: Reise um die Welt, 1766–1769. Berlin 1972, S. 181f
22 Ebenda, S. 199
23 Zit. nach Goncourt: Die Frau im 18. Jahrhundert, a.a.O., S. 202
24 Bougainville: Reise um die Welt, a.a.O., S. 188
25 Ralph-Rainer Wuthenow: Das Bild und der Spiegel. Europäische Literatur im 18. Jahrhundert. München 1989, S. 28
26 Ebenda, S. 29f
27 Gluck, Metastasio: Le Cinesi
28 Wolfgang Amadeus Mozart: Die Entführung aus dem Serail. Texte, Materialien, Kommentare. Reinbek 1983, S. 68
29 Ebenda, S. 71
30 Nagel: Autonomie und Gnade, a.a.O., S. 21
31 Madame Deffand an Horace Walpole

32 Hans Blumenberg: Höhlenausgänge. Frankfurt a. M. 1989, S. 23

33 Daniel Defoe: Robinson Crusoe. Zürich 1985, S. 79

34 Ebenda, S. 218 f

35 Ebenda, S. 220 f

36 Ebenda, S. 194

37 Blumenberg: Höhlenausgänge, a. a. O., S. 450

38 Vergil: Georgika. IV. Buch, 507–509, in: Sämtliche Werke. München 1972, S. 97

39 Blumenberg: Höhlenausgänge, a. a. O., S. 46

40 Denis Diderot: Anhang zu philosophischen Gedanken. In: Philosophische Schriften. Bd. 1, Berlin 1984, S. 47

41 Cazotte: Biondetta, a. a. O., S. 17

42 Defoe: Robinson, a. a. O., S. 219

43 Leo Maduschka: Das Problem der Einsamkeit. Hildesheim 1978, S. 37

44 Marivaux: Die Kolonie, a. a. O., S. 253

45 Ebenda, S. 283

46 Louis-Sébastien Mercier: Das Jahr 2440. Ein Traum aller Träume. Frankfurt a. M. 1989, S. 154

47 Janine Chasseguet-Smirgel: Zwei Bäume im Garten. München, Wien 1988, S. 129

48 Ebenda, S. 125

49 Ebenda, S. 132

50 Nicolas E. Restif de la Bretonne: Der fliegende Mensch. Dresden, Leipzig 1785, S. 125 f

51 Denis Diderot: Supplement zu Bougainvilles Reise oder Gespräch zwischen A und B über die Unsitte, moralische Ideen an gewisse physische Handlungen zu knüpfen, zu denen sie nicht passen. In: Philosophische Schriften, Bd. II, Berlin 1984, S. 207

52 Ebenda, S. 202

53 Theo Stemmler, in: Zeit-Magazin, XI, 1990, S. 44

54 Ernst Bloch: Abschied von der Utopie. Frankfurt a. M. 1980, S. 50 f

55 Edgar Mills: Die Geschichte der Einsiedlergestalt vom mittelalterlichen Epos über Barock und Empfindsamkeit bis zum Roman der Romantik. Wien 1968, S. 50

56 Starobinski: Erfindung der Freiheit, a. a. O., S. 86

57 Montesquieu: Perserbriefe, a. a. O., S. 238

58 Tomlinson: La Fête galante, zit. nach: Programmheft Schaubühne am Lehniner Platz, a. a. O., S. 30

59 Katalog der Watteau-Ausstellung, a. a. O., S. 434

60 Theodor W. Adorno, Max Horkheimer: Dialektik der Aufklärung. Frankfurt a. M. 1968, S. 91

61 Julie de Lespinasse: Die Liebesbriefe der Julie de Lespinasse, 1773–1776. München, Leipzig 1908, S. 91

62 Encyclopédie, a. a. O., Artikel «Leichnam»

63 Mercier: Mein Bild von Paris, a. a. O., S. 71 f

64 Joly de Fleury, zit. nach Philippe Ariès: Geschichte des Todes. München 1980, S. 470

65 Barbier, zit. nach Ariès: Geschichte des Todes, a. a. O., S. 471

66 de Sade: Marquise de Gange, zit. nach Ariès: Geschichte des Todes, a. a. O., S. 468

67 Nerciat: Les Aphrodites, a. a. O., 2. Bd., S. 82 ff

68 de Sade: Juliette, a. a. O., S. 268

69 Mozart, Schikaneder: Die Zauberflöte, 1. Aufzug, 13. Auftritt

Quellennachweis der Abbildungen

Archiv für Kunst und Geschichte, Berlin: S. 6, 13, 39, 59, 103, 129, 169, 210, 224, 249, 251

Bibliotheque Nationale, Paris: S. 20, 240 (beide nach: Th. Ariès und G. Duby: Geschichte des privaten Lebens. 3. Band: Von der Renaissance zur Aufklärung. Frankfurt a. M. 1991, S. 574 und S. 387), 25 (nach: F. Lebrun u. a.: Histoire générale de l'enseignement en France. Tome II de Gutenberg aux Lumières. Paris 1981, S. 94), 259

The Eighteenth Century. Europe in the Age of Enlightenment. London 1969, S. 287 und S. 158: S. 31, 220

Bildarchiv Preußischer Kulturbesitz, Berlin: S. 45, 94, 96, 105, 123, 142, 158, 162, 182, 200, 202

Musée Carnavalet, Paris: S. 63 (nach: F. Lebrun u. a.: Histoire générale de l'enseignement en France, a. a. O., S. 413)

Privatarchiv Hamburg: S. 119, 199, 252

Bayerische Staatsgemäldesammlungen, Alte Pinakothek: S. 137

Istituto Fotografico Editoriale Scala, Antella / Florenz: S. 204